U1015183

本书由中央民族大学管理学院出版经费支持，受国家自然科学基金（72102250）资助

怀旧消费研究

基于群体和个体的视角

樊亚凤◎著

中国经济出版社
CHINA ECONOMIC PUBLISHING HOUSE
·北京·

图书在版编目（CIP）数据

怀旧消费研究：基于群体和个体的视角 / 樊亚凤著. -- 北京：中国经济出版社，2022.9
ISBN 978-7-5136-7083-8

Ⅰ. ①怀… Ⅱ. ①樊… Ⅲ. ①消费者行为论 - 研究 Ⅳ. ① F713.55

中国版本图书馆 CIP 数据核字（2022）第 165415 号

责任编辑 牛慧珍
责任印制 马小宾
封面设计 任燕飞

出版发行 中国经济出版社
印 刷 者 北京科信印刷有限公司
经 销 者 各地新华书店
开　　本 710mm × 1000mm 1/16
印　　张 18.5
字　　数 256 千字
版　　次 2022 年 9 月第 1 版
印　　次 2022 年 9 月第 1 次
定　　价 98.00 元
广告经营许可证 京西工商广字第 8179 号

中国经济出版社 网址 www. economyph. com 社址 北京市东城区安定门外大街 58 号 邮编 100011
本版图书如存在印装质量问题，请与本社销售中心联系调换（联系电话：010-57512564）

版权所有 盗版必究（举报电话：010-57512600）
国家版权局反盗版举报中心（举报电话：12390） 服务热线：010-57512564

前言

普鲁斯特在《追忆似水年华》中写道：当一个人不能拥有的时候，他唯一能做的便是不要忘记。时间的列车飞速向前，科技在进步，文明在发展，但人们貌似对未来日益失去了信心，好像我们越来越不敢期待美好的明天。2022 年上半年，新冠肺炎疫情仍在全球肆虐，在我国范围内呈现局部爆发的态势；俄乌战争拉开序幕，全球形势紧张，引发的诸如能源危机、粮食危机等一系列连锁反应让各国深受影响；互联网大厂裁员风波不断，求职者对就业前景无比担忧……外部世界的动荡不安让焦虑、恐惧、无力感笼罩着每一个人。于是人们把目光转向过去，尝试从过去的回忆中寻得一些安慰。人们怀念疫情前的生活，怀念年少时期的事物，怀念传统文化……想从旧时光的事物中获得安全感和归属感。人们的怀旧倾向日益凸显，越来越多的怀旧商品、服务、商业模式和影视作品等出现在日常生活中并受到消费者的欢迎，怀旧消费成为值得关注的消费现象。

“泪因生别兼怀旧，回首江山欲万行”（元稹《赠吴渠州从姨兄士则》），自古以来“怀旧”一词经常出现在文人墨客的诗词中。怀旧是生活中一种极为常见的心理状态，无论年龄、性别如何，都常常会产生怀旧的情绪体验。研究显示，80% 的人每周都至少有过一次怀念过去的体验。根据《现代汉语词典》的定义，怀旧是指“怀念往事和旧日有来往的人”；根据《牛津英文词典》的解释，怀旧是个体对过去饱含深情的渴望。长期以来，怀旧的概念受到了来自历史学、心理学、社会学、人类学和营销学等社会科学领域学者的广泛关注。根据学者对怀旧概念的分类，存在个人怀旧 / 集体怀旧、真实怀旧 / 模拟怀旧 / 集体怀旧、简单怀旧 / 反思怀旧 / 解释怀旧等多种划分类型。总体而言，我们可以从宏观的群体视角和微观的个体视角来对怀旧这一概念进行解析。群体怀旧是人们对文化、国家和社会时代的大事件具有共性的怀旧，同时也包括对历史时代和传统文明的怀旧。个体怀旧是个人对过去真实经历过的生活的怀旧，具有更多的个人特征，围绕自我这一中心展开，例如个体对自己童年生活、学生时代、重要纪念日等的怀念。

研究显示，怀旧可以帮助个体缓解孤独感、排斥感、无意义感等负面情绪，同时可以提升个体的自尊、感知生活意义、乐观、自我连续性等积极心理状态，因而，怀旧经常被个体用于对抗外部世界带来的消极心理影响，在处于孤独、不安、无意义等负面情绪时，个体常常通过怀念过去的人和事来获得心理上的安宁。作为一种十分普遍的情感，怀旧不仅被人们当成一种情绪体验，更是被消费者寄托在各类消费活动中。人们常常通过购买和体验怀旧品牌、产品和服务等来追溯过去，获得心理的满足与安慰。

在消费活动中，衣食住行、文艺作品、沟通传播等处处可以看到怀旧元素的影子，而怀旧消费也成为一股不可忽视的消费潮流。在消费市场中，主打怀旧主题的各类营销形式，无论是品牌、产品、服务还是广告、电影、电视剧等都能掀起广大消费者的追捧。因此，许多商家和企业对怀旧元素的运用乐此不疲，越来越多的运用怀旧元素的商品和服务重新回到消费者的视野中，成为一股推动消费潮流和消费升级的重要力量。其中，群体性的怀旧消费活动表现在大众中流行的具有怀旧情怀的消费品、影视广告作品等，这些消费品能够引起某一群体的记忆与共鸣，主要包含大众消费中老字号品牌的传承和发展、怀旧老品牌重现生机、复古潮流和汉服热、主打怀旧主题的餐饮旅游服务、贩卖怀旧情怀的广告和影视作品等。个体性的怀旧消费活动表现在消费者对于自己年轻时期流行物品的怀旧偏好和怀旧情绪对后续各类消费行为的影响中。

一、群体视角下的怀旧消费

老字号品牌具有浓厚的怀旧色彩，能够引起几代人的怀旧记忆和情感共鸣。其所拥有的悠久品牌历史、传统经典的制造工艺、正宗的原料配方、鲜明的商号和牌匾，无一不彰显着浓厚的时代印记和历史文化价值。随着国家对老字号品牌扶持政策的实施、国内国际双循环格局的逐渐形成和年轻一代文化自信的提升，很多老字号品牌在“怀旧”和“创新”两大策略下迎来新的发展契机，同仁堂、内联升、张小泉、百雀羚、大白兔等老字号品牌在保持品牌原有的价值与魅力的同时，寻求转型升级，有的开展多元化经营，有的玩转跨界联名，有的延续匠人之心，有的新旧结合，有的专注打造东方传统美……这些转型都获得了大众市场的欢迎，受到众多消费者的追捧，让老字号品牌重新焕发了光彩。

许多经典老品牌虽然没有老字号品牌历史悠久，但在长期经营过程中受到了众多消费者的认可和喜爱，同样具有较高的怀旧价值和功能。这些老品牌可以引发大众的怀旧，消费者通过把无形的怀旧经历投射到有形的物品上，使他们通过某个品牌或产品看到过去生活的影子，勾起记忆深处共同的记忆符号。健力宝、北冰洋、梅花牌运动服、飞跃牌球鞋、回力鞋、美加净、永久牌自行车、英雄牌钢笔……一个个 70 后、80 后和 90 后耳熟能详的品牌和产品带给人们满满的回忆感。近几年随着怀旧潮流的发展，许多老品牌和老物件又重新回到大众的视野中。除了怀旧品牌和商品之外，许多怀旧主题的店铺、酒店和旅游也成为生活中常见的商业模式。北京的南锣鼓巷步行街集合了众多主打怀旧主题的小店，如“回味童年时光”“创可贴 8”“准时到校”等，陈列着众多 70 后、80 后和 90 后儿时熟悉的零食、文具和其他物件，让每一个到访的游人都能生出浓浓的怀旧情愫。怀旧旅游把人们带回一座古城镇、一幢老建筑、一条老街，让人们在游玩过程中寻找到对过去历史生活的回忆，找回曾经熟悉的感觉。

在怀旧消费潮流中，许多带有复古元素的产品也受到众多消费者的青睐。这些品牌或产品本身不具有怀旧价值，仅仅是通过复古的外形设计就能吸引消费者的目光。例如，一些家具品牌将家具设计成中外古风造型，吸引对复古家居感兴趣的消费者。近几年流行的“汉服热”，充分体现了时下年轻人对传统文化的喜爱，许多汉服设计师将中国传统文化元素融入作品中，引发人们对历史服饰、礼仪和传统的认同与热爱，是当今时代现代人的集体怀旧行为。此外，还有许多化妆品品牌如花西子在产品设计中把中国传统文化的古典元素融入其中，如小轩窗、屏风等经典的建筑元素、孔雀图腾等民族元素，浓厚的国风色彩淋漓尽致地体现在品牌内涵、包装设计和产品配方设计中，形成了别具一格的品牌形象，大受年轻消费者的欢迎。

随着时代的发展，传播方式日益多元化，自媒体、短视频、社交媒体等多元化传播媒体方式和内容丰富的电影、电视剧、综艺节目等文艺作品充斥着人们生活中的各个角落。移动互联网时代大量信息出现在消费者眼前，如何能从大量信息中脱颖而出，给消费者留下深刻印象，是企业营销的一大难点。对于企业而言，想要寻找一种能够引发大众共鸣的诉求方式，怀旧成为一种十分有效的手段。近几年，主打怀旧主题的广告、电影、电视剧和综艺节目等层出不穷，通过贩卖怀旧回忆，引发观众共鸣，取得了良好的市场反响。在广告方面，肯德基 2018 年春节期间在其广告中让 30 年前的偶像团体小虎队与当今 90 后、00 后的偶像团体 TF boys“隔空对唱”，唤起两代人的偶像记忆。可口可乐在“可口可乐重返中国三十五周年”之际，围绕 # 回忆的味道 # 这一话题在微博、微信、豆瓣等多个社交媒体平台开展了一系列的话题性互动传播活动，在社交媒体上掀起了可口可乐怀旧风；百事可乐则在其每年的新年广告中都将怀旧情怀运用得淋漓尽致，如 2016 年春节的《猴王世家》和 2017 年春节的《把乐带回家》广告。传统品牌百雀羚利用怀旧广告

《一九三一》在逐渐落寞的国产护肤品中脱颖而出，塑造了良好的品牌形象。在影视作品方面，电影《芳华》唤起了60后对于美好年华的回忆，获得了较高的票房和话题热度。《我的少女时代》《致青春》《匆匆那年》《同桌的你》等校园青春电影唤起了80后和90后对青春美好时光和成长中的遗憾的回忆。《我和我的祖国》《夺冠》等主旋律电影通过重现全国人民的时代记忆引发几代人的集体怀旧，收获了良好的票房成绩。

二、个体视角下的怀旧消费

个体视角下的怀旧消费主要是从个体心理视角看待与怀旧相关的心理变量对消费行为的影响，主要包含怀旧偏好和怀旧情绪两个心理概念。消费者的怀旧消费活动是消费偏好在行为决策终端的体现。怀旧偏好是指个体对于自身年轻时期（早期成年期、青少年时期、童年，甚至在出生前）更加普遍（流行、时尚、广泛流通）的客体（人、地点、物品）的偏好（喜欢、积极态度、喜爱之情）。学者发现消费者在年轻时期尤其是青少年时期所经历的流行元素和流行风格对其一生的怀旧消费偏好存在重要影响。怀旧偏好的研究主要围绕哪些因素会引发消费者的怀旧偏好及怀旧产品的购买，例如学者发现怀旧广告、怀旧情绪等与怀旧相关的因素和其他一些心理变量如不安全感、社会排斥、压力和低权力感等都会引发怀旧偏好。总体而言，关于怀旧偏好的研究较为成熟。

怀旧情绪是怀旧偏好和怀旧购买行为形成的关键因素，消费者在外部怀旧刺激的影响下激发怀旧记忆，继而产生怀旧情绪，进一步形成对于怀旧产品的偏好和购买。怀旧营销活动只有激发了消费者的怀旧情绪，才能促成消费者的怀旧消费。怀旧情绪是个体对于过去生活饱含深情的思念、向往与渴望。引发怀旧情绪的因素包含内部和外部两类。内部因素来源于个体的情感补偿机制，当个体处于孤独、无聊等负面状态时，往往会通过怀旧情绪来缓解情绪的负面状态；外部因素主要是环境带来的刺激，比如嗅觉、味觉等感官刺激和社交活动带来的刺激。研究发现，怀旧情绪不仅会引发对怀旧产品的购买行为，还会引起其他的消费行为。例如学者发现怀旧情绪会引发更多的捐赠行为和消费活动中的耐心，减少对金钱的欲望，弱化对外国品牌的评价等。

目前，已经有很多学者从怀旧因素角度对怀旧偏好和怀旧情绪展开研究，这部分研究成果已经较为充实。同时，也有一些学者跳出了怀旧相关因素的狭窄范围，从更为宽阔的视角探讨其他因素对于怀旧偏好的影响以及怀旧情绪对多种消费行为的影响。这一研究方向具有较强的理论创新性，扩展了怀旧研究的范围，打通了怀旧研究与其他领域研究之间的壁垒，同时也扩大了怀旧研究结论在现实生活中的应用广度。因此，在未来的研究中，从非怀旧因素视角探索影响怀旧偏好的因素和怀旧情绪对消费行为的影响是重要的研究方向。

三、研究空缺与研究方向

目前，在怀旧消费研究领域已经涌现了大量学术成果。虽然相关学术成果丰富，但研究角度各有侧重且较为分散，缺乏学术著作对该主题进行系统性的梳理、归纳和呈现。本书从群体视角和个体视角分别对怀旧消费进行系统性的分析和研究，一方面可以对丰富的实践案例和零散的学术研究成果进行总结归纳，另一方面能够进一步推进消费者行为领域怀旧的前沿研究。

群体视角下的怀旧消费研究主要从宏观层面出发，站在企业角度分析在品牌管理、产品设计、传播沟通、商业模式等管理活动中如何利用怀旧元素和怀旧诉求赢得消费者的青睐。群体视角下的怀旧消费研究多关注在实践层面怀旧消费的表现以及具体形式，已经达到较为成熟的程度。近年来，同仁堂、内联升、张小泉和百雀羚等老字号品牌在怀旧策略下重新焕发了光彩，健力宝、北冰洋、飞跃牌球鞋、回力鞋等老品牌和产品重新回到大众视野中，许多主打怀旧主题的影视作品热度不减。怀旧消费已经融入消费者的日常生活，成为一股不可忽视的消费潮流。在大众消费活动中，怀旧品牌、怀旧产品、旅游服务、餐饮服务、影视作品等频频出现，而且随着80后和90后逐渐成为消费主力，怀旧消费的潜力将进一步得到释放。然而，目前较少有学术著作对大众消费中的怀旧消费的背景、内涵、市场表现、典型案例等进行综合整理。本书的群体怀旧消费部分对怀旧消费活动中的典型案例、细分潮流、不同代际的怀旧人群等内容进行了详细的呈现。此外，相比个体视角，群体视角下的怀旧消费涵盖的类型和实践表现要更多样化，涉及的范围要更广。因此，该领域涌现的文献涉及多个细分主题，例如，群体怀旧的背景和类型、老字号品牌、怀旧旅游、怀旧广告和怀旧影视作品等，但由于文献涉及的细分主题多样化且分散，较少有学术著作对群体视角下的文献进行整合呈现。本书通过对群体视角下各类细分主题的回顾，对相关的理论文献进行了呈现，较好地展现了该视角下怀旧消费的相关文献，有助于增进读者对该领域的了解。

个体视角下的怀旧消费研究主要关注怀旧偏好和怀旧情绪两个心理变量，从个体层面出发，站在消费者角度探讨怀旧因素和非怀旧因素作为前置变量和后置变量在消费者偏好和选择中所发挥的作用。怀旧情绪是怀旧偏好和怀旧购买行为的重要前提，是怀旧营销引发消费者偏好和怀旧消费行为的重要机制，怀旧营销中的怀旧因素只有激发了消费者的怀旧情绪，才有可能促成消费者的怀旧消费。由此，只有把握了怀旧情绪对消费者行为的影响才能把握怀旧消费的核心。怀旧情绪在日常生活中十分普遍，尤其是在生活节奏日益加快、经济压力和工作压力不断增大的时代背景下，人们越发倾向于通过怀旧来舒缓内心的压力。生活中各种各样的因素都会激发消费者的怀旧情绪，除了怀旧营销活动之外，社会交往（与朋友交谈）、感官刺激、熟悉的场景和纪念日等都会引发个体的怀旧情绪。然而，已有文献显示，相比怀旧偏好，目前对于怀旧情绪的研究仍然存在较大的空缺。过多的研究聚焦于怀旧品牌、怀旧广告和怀旧产品等话题，忽视了怀旧情绪如何影响消费者行为选择这一研究视角。

鉴于此，本书的个体怀旧消费部分旨在探讨在消费活动中怀旧情绪对个体从众消费行为和一致性消费行为的影响。从怀旧情绪角度探讨怀旧对不同消费行为的影响可以帮助营销者更好地理解怀旧营销更适合在哪些情境下展开，以及怎样运用怀旧营销取得更好的营销效果。在科技发展日新月异、新事物不断涌现的背景下，企业层出不穷地推出新产品、新品牌和新的消费模式，五花八门的消费环境在一定程度上引发了消费者内在的不一致和焦虑感，也影响了其幸福感。减少决策的变化性、保持决策的一致性可以极大地减少决策中的困难。探讨怀旧营销的影响作用机制以及探讨如何更好地引导消费者保持一致的消费行为（从众行为与一致性行为）对于优化企业怀旧营销应用和提高消费者幸福感有着重要的实践意义。本书基于社会影响理论和一致性理论，同时结合社会联结、自我连续性和内外群体等心理学、社会心理学相关理论建立了怀旧情绪对消费者保持一致性行为的影响模型，深入系统地对怀旧情绪对消费者保持一致性行为的影响及内部逻辑进行剖析，对于营销实践和理论研究都有十分重要的意义。

四、研究方法与研究思路

本书采用定性研究和定量研究相结合的方法。根据研究内容的不同，对群体视角的怀旧消费，本书采用文献研究法和案例研究法；对个体视角的怀旧消费，本书采用文献研究法和实验研究法。其中，文献研究法通过对怀旧概念、群体怀旧、个体怀旧、怀旧消费、怀旧产品与服务等的理论回顾，为全书的研究提供扎实的理论基础和背景；案例研究法通过对有代表性的案例进行系统的回顾，旨在呈现怀旧消费在市场中的具体表现，为全书提供生动直观的实践案例；实验研究法通过科学规范地收集数据，探究怀旧情绪对消费者行为的影响，旨在进一步推进怀旧消费的相关理论研究。

（1）文献研究法

通过对相关文献的搜集、整理，笔者系统深入地了解和把握了相关研究领域的研究现状。本书重点梳理和总结的文献包括：怀旧的概念与类型，群体怀旧和个体怀旧的概念与具体形式，老字号品牌的怀旧与创新策略，怀旧旅游、怀旧广告、怀旧文艺作品等概念与相关研究，怀旧偏好和怀旧情绪对消费者行为的影响，消费者从众行为、消费者一致性偏好和行为的概念与测量等内容。综合而言，文献研究法在本研究中的作用体现在四个方面：第一，为整体研究提供了宏观理论框架和扎实的文献基础；第二，呈现了研究现状和现有研究不足，明确了本研究的理论贡献和研究意义；第三，本研究在深入分析相关概念和变量的研究范式后，熟练掌握了在具体的实验研究方法中如何对具体概念进行操控和测量，为后续科学规范地运用实验研究法提供了扎实的基础；第四，通过对相关概念理论的深入研究并结合实践案例，从理论角度提出了实践性较强的营销建议，提升了实践意义。

（2）案例研究法

当前，怀旧消费已经融入人们的日常生活，成为一股不可忽视的消费潮流。在实践中涌现出大量优秀的怀旧营销案例，如同仁堂、百雀羚、大白兔、健力宝、回力等老字号和经典老品牌，这些品牌一方面保持品牌和产品的怀旧色彩，另一方面积极顺应市场的新变化，受到大众消费者的欢迎。除此之外，一些以怀旧为主题的餐服、旅游、住宿等服务行业和主打怀旧牌的文艺作品也涌现了许多成功的案例。然而，很少有学术著作对这些成功案例进行全面的总结和深度的分析。本书在群体消费视角部分，采用案例研究法对怀旧消费活动中大众流行的怀旧现象、老字号品牌、怀旧品牌、怀旧主题的服务活动、怀旧主题的影视作品等一系列典型案例进行具体的说明与阐释。通过全面系统的案例回顾，读者可以从宏观上对怀旧消费活动的背景和市场表现有一个较为清晰的了解。

（3）实验研究法

本书把实验研究法作为个体视角下怀旧消费研究的方法，是由于下列原因：第一，从关于怀旧情绪的国内和国外的学术研究成果来看，多数研究都倾向于采用实验研究法对变量间的关系进行检验。第二，在怀旧营销相关的实践活动中，通过将怀旧元素用于产品设计、广告宣传和品牌形象塑造等方面，根本目的是激发消费者的怀旧情绪，进而提高消费者对产品和品牌的好感度。因此，通过实验方法激发消费者的怀旧情绪避免了形式多样的怀旧营销活动带来的困扰，可以较为纯粹地考察怀旧营销及其引发的怀旧情绪对消费者行为的影响。第三，通过在实验方法中严谨地操控和测量怀旧情绪、社会联结感知、自我连续性偏好、从众行为和一致性行为等变量，在实验室和网络调查平台中完成实验，可以较为严谨科学地获得研究结论，具有较高的可信度。

在研究结构上，本书分为三个部分，共六个章节。第一部分“怀旧总论”包含第一章的内容，该章是关于怀旧概念及怀旧消费的总体论述，对怀旧概念的内涵与分类、群体怀旧、个体怀旧、怀旧消费等内容进行了介绍。第二部分“群体视角下的怀旧消费”包含第二章、第三章和第四章的内容。第二章对老字号品牌的概念、怀旧与创新策略、发展机遇和典型案例进行了回顾和分析。第三章首先对当前消费市场上的怀旧品牌和产品、复古潮流、汉服热和中古品消费潮进行了介绍，接着对每一代人的怀旧物品进行回顾，最后对服务行业中怀旧主题的餐厅、酒店和旅游等业态进行了分类介绍。第四章对传播活动中具有怀旧元素的广告、传播方式、影视作品等进行了回顾，对典型案例进行了详细介绍。第三部分“个体视角下的怀旧消费”包含第五章和第六章的内容，这两章内容基于前沿文献采用实验研究法对怀旧情绪对消费者行为的影响展开了进一步探索。第五章关注怀旧情绪对个体从众消费行为的影响，在回顾社会联结、从众行为、所属群体等学术概念的理论基础上，采用 4 个实验对研究假设进行了验证。第六章关注怀旧情绪对个体一致性消费行为的影响，在回顾一致性偏好、一致性选择等学术概念的理论基础上，采用 3 个实验对研究假设进行了验证。两章的最后都对研究的理论贡献和实践启示进行了总结归纳。

在国内国际双循环经济格局下，如何通过细分市场和挖掘消费需求带动经济增长成为企业面临的新挑战。在这一背景下，怀旧消费成为值得关注的消费现象。伴随着新冠肺炎疫情带来的影响，个体的心理压力、经济压力和竞争压力不断增大，越来越多的人选择通过怀旧消费来消解内心的焦虑与不安。人们通过购买和体验怀旧品牌、产品和服务等来追溯过去，从旧事物中获得安全感和归属感，怀旧消费成为一股不可忽视的消费潮流。在理论方面，本书一方面可以为对怀旧消费主题感兴趣的学者提供系统的研究框架、清晰的理论脉络和丰富的实践案例，有助于学者在未来开展进一步的深入研究，另一方面可以推进怀旧情绪对消费者行为影响的学术研究，进一步填补相关研究空白。在实践方面，本书可以帮助那些想运用怀旧营销方式获取消费者青睐的商家和企业更好地理解怀旧消费的内涵与表现，有助于商家和企业在市场策划、产品设计、沟通传播等环节中灵活、恰当、有效地运用怀旧元素，从而在激烈的市场竞争中获得优势。

本书是在笔者博士论文的基础上进一步充实、修改和完善而完成的，感谢我的博士生导师——中国人民大学商学院蒋晶副教授在本人博士毕业论文撰写过程中给予的指导和帮助。感谢我在中央民族大学的研究助理陈安迪、鲍璇、杨茗涵和韦凤婷同学，他们帮我收集了许多资料。本书写给营销专业研究人员、从业人员以及对怀旧话题感兴趣的大众人群，希望能帮助他们理解怀旧消费现象及背后的原理。如果读者能从本书中获取些许启发与收获，将是笔者莫大的安慰。

目录

怀旧总论

群体视角下的怀旧消费

第 1 章
怀旧与怀旧消费

1.1　怀旧

怀旧的英文单词“Nostalgia”来自希腊语中的两个词根的组合。“nostos”指的是“回到一个人的故乡”，“algos”指的是“疼痛、痛苦、悲伤”（Holak & Havlena，1992）。而在汉语中，根据《现代汉语词典》中的定义，怀旧是指“怀念往事和旧日有来往的人”。自古以来，“怀旧”一词经常出现在文人墨客的诗词中，如“泪因生别兼怀旧，回首江山欲万行”（元稹《赠吴渠州从姨兄士则》）。同时，怀旧长久以来也是学术研究中的重要话题，受到了来自历史学（Hobsbawm，1983）、心理学（Nawas & Platt，1965）、社会学（Davis，1979）、人类学（McCracken，1988）和营销学（Holbrook，1993）等社会科学领域学者的广泛关注。

“怀旧”一词有着丰富的含义与内涵。从词性上分析，“怀旧”一词可以是动词，后接怀念的人与事；怀旧也可以是名词，指代一种怀旧的情感；怀旧还可以是形容词，后接包含怀旧元素的事物，如怀旧广告、怀旧营销等。不同时代的不同学者都尝试过给怀旧赋予定义，怀旧的定义也经过了不断的转化。表 1-1 是在前人研究的基础上对怀旧定义的演化进行了整理归纳而得来的。从表中可以看出早期怀旧被视为一种思乡病或心理上的疾病，后期学者们逐渐把怀旧的与疾病的概念区分开。同时，学者们定义的怀旧也涵盖了多种含义。例如，Holbrook 和 Schindler（1991）的定义“消费者怀旧是一种对事物的喜爱，而且这些事物更常见于人们比较年轻的时候，如成年早期、青春期、儿童时代甚至是出生以前”认为怀旧是一种偏好，而 Wildschut 等（2006）的定义“对理想化的过去、对剔除了不好印象的过去的渴望”则认为怀旧是一种情感。

表 1–1　怀旧定义的演化

年份	提出学者	怀旧定义
1688	Hofer	怀旧是一种痛苦而强烈的思乡病，因向往回归原籍产生的情愫，包括持续地想家、多次哭泣、焦虑、心律不齐等病症
1979	Davis	怀旧是一种正常的人类反应和一种社会学现象，是人们对过去生活的向往
1990	Belk	一种被一件物品、一个场景、一种气味和一段音乐激发的情绪
1991	Holbrook & Schindler	消费者怀旧是一种对事物的喜爱，而且这些事物更常见于人们比较年轻的时候，如成年早期、青春期、儿童时代甚至是出生以前
1993	Holbrook	个体心理变量的一种、生活方式的一面、消费者的特征之一
1994	Baker & Kennedy	怀旧是指对过去经历的体验、产品或服务的伤感的、苦涩的企望。怀旧具有对过去的憧憬和酸甜两面性的特点
1998	Holak & Havlena	一种复杂的、正向的感觉、情感和情绪，由与过去相连的事物引起，包括物品、人、经历和想法等
1998	New Oxford Dictionary of English	一种对过去饱含深情的渴望
2001	Goulding	怀旧是消费偏好的一种，是一种消费体验，一种暂时性的记忆重现，也代表逃离社会得到解脱
2006	Wildschut et al.	对理想化的、剔除了不好印象的过去的渴望

资料来源：作者根据相关文献整理。

如前所述，怀旧情绪是个体对过去饱含深情的渴望（牛津英文词典，1998）。由于怀旧情绪来源、对象和程度的不同，学者们对怀旧存在不同的分类。

首先，按照怀旧对象是个人生活还是集体生活，怀旧情绪可以分为个人怀旧和集体怀旧（Davis，1979）。个人怀旧是个体对个人过去生活的怀旧，具有更多的个人特征，围绕“自我”这一中心展开。例如，对个人童年生活、学生时代、重要纪念日等的怀念。集体怀旧是过去的符号象征在一定条件下引起成千上万的人同时产生怀旧情绪。集体怀旧以社会集体的共同记忆和共同经历为基础。在目前怀旧相关的学术研究中，个人怀旧是怀旧研究的主要对象，在不强调集体怀旧时，一般提及怀旧情绪主要是指个人怀旧情绪。

其次，从怀旧的来源出发，怀旧可以分为真实怀旧、模拟怀旧和集体怀旧（Baker & Kennedy，1994）。真实怀旧是指个人对个体所经历的真实经历的怀念，例如儿时的旧照片引发对童年时代的怀念。模拟怀旧是指人们通过历史事件、历史人物传记、历史文物等对没有直接经历的历史的怀旧，例如个体通过古董和收藏唤起的对唐宋元明清等历史时代的向往和怀念。集体怀旧是对文化、国家、社会的时代的大事件的怀旧，例如北京 1990 年举办亚洲运动会、2008 年举办奥运会等。

再次，按照社会层面（集体 VS 个人）以及怀旧来源（直接 VS 间接）两个维度，可以将怀旧情绪分成四类（Holak & Havlena，1998）。第一种是个人且直接的怀旧；第二种是个人但间接的怀旧，即这种怀旧经历可来自父母或祖父母，也可来自其他人；第三种是集体且直接的怀旧；第四种是集体且间接的怀旧，是一种虚拟怀旧，是基于想象、书籍或影视资料等完成的。

最后，按照个体的怀旧程度，怀旧情绪由浅到深可以分为三个层次（Davis，1979）。第一个层次为简单怀旧，即个体简单地认为过去好于现在，想要回到过去的美好时光里。第二个层次是反思怀旧是对怀旧内容进行认真深入的分析，对引发怀旧情绪的对象和主题进行自我意识的思考。第三个层次是解释怀旧，即个体对怀旧本身做进一步分析，包含怀旧特质、来源、重要性、心理目的等。

怀旧包含如下核心特征：

第一，怀旧是被广泛经历的情感。怀旧是一种极为普遍的情感，研究发现 80% 的被调查者每周都至少有过一次怀念过去的体验（Wildschut et al., 2006）。怀旧是一种被所有群体在所有年龄阶段经历和体验的情感。研究表明，儿童、未成年人和所有年龄段的成年人都有可能产生怀旧情绪（Zhou et al., 2008）。怀旧情绪可以被生活中各种各样的因素所激发。除了情绪因素，社会交往（同朋友的交谈）、感官刺激、物品、纪念日、相似的事件和熟悉的场景等都能引发怀旧情绪（Wildschut et al., 2006）。

第二，怀旧情绪具有社会属性。怀旧是一种与他人紧密相关的情感。通过对个体怀旧经历进行内容分析，学者们发现人们怀旧的记忆总涉及与他人在重要时刻的互动沟通，比如团聚、度假、纪念日、毕业、婚礼、孩子出生等（Holak & Havlena，1992；Wildschut et al., 2006）。这说明无论是怀旧记忆还是怀旧情绪，都是以社会交往为大背景的。

第三，怀旧情绪中自我是主角。怀旧情绪是一种以个体自我为核心的情感。在怀旧记忆中，虽然个体被自己的亲人和朋友所围绕，但主角仍然是自己。在人们回忆与他人的互动经历中，总是从自我的角度来看周围的人与事，“自我”是被重点特写的对象，怀旧记忆包括了自我成长和个人成就等主题。怀旧内容大多是个人人生中的有意义的事件，如毕业、婚礼、生日等（Wildschut et al., 2006）。

第四，怀旧情绪具有积极属性。关于怀旧情绪的效价，学者们一直存在争论。有的学者认为怀旧情绪主要是一种负面的情感（Hertz, 1990），即在怀旧过程中人们意识到怀念的经历不能再现，因此产生一种“怅然若失”之感。有的学者则认为怀旧主要是一种正面的情感（Sedikides et al., 2008）。这是因为，怀旧让人们再次在脑海中回想那些温馨快乐的事件，由此带来一种快乐的感觉。有的学者认为把怀旧情绪看作是积极或消极情感缺乏准确性，也过于简单，他们认为怀旧是一种复杂且充满矛盾的情感（Cavanaugh，1989）。Hepper 等（2012）认为怀旧情绪是一种苦乐参半的情感，包含了愉快和不愉快的特征，而前者往往掩盖了后者。学者 Holak 和 Havlena（1998）通过对 62 个参与者的

164 个回忆经历的文本分析，认为怀旧是一种融合了温暖、愉快、喜爱、感激和悲伤、欲望等的情感。由此可见，怀旧情绪在成分构成上具有复杂性。虽然学者们关于怀旧情绪是积极还是消极存在争议，但是大多数学者都认为怀旧是一种偏向正面的情感，即积极情感相比于消极情感可以更好地代表怀旧经历。有学者认为在怀旧情绪中主要是积极情感（如快乐），消极情感（如悲伤、焦虑）是边缘情感（Hepper et al.，2012）。

第五，怀旧回忆具有“抽象”和“具体”双重属性。Sedikides 和 Wildschut（2012）在一项研究中通过两个实验对怀旧回忆的文本进行了分析。实验 1 中，参加者分为“怀旧组”和“控制组”两组，怀旧组被要求写下一段怀旧的文字描述，而控制组要求写下一段普通的文字。实验 2 在实验 1 基础上增加了“积极回忆组”，该组的参加者被要求写下一段积极的回忆。实验完成后，研究者根据语言分类模型（Linguistic Category Model）对参加者写下的怀旧文字进行了文本分析。实验 1 的结果表明，怀旧回忆相比一般的回忆，文字描述中多了更多的抽象和具体的词语。实验 2 的结果表明，怀旧回忆提高了个体更加抽象的建构水平和更加具体的建构水平，将现在与过去联系在一起。

1.2　群体怀旧

群体的传统定义是指一群彼此有互动且居住在共同区域的人，而今常用来指具有共同价值观或者因有共同地域关系而产生团体凝聚力的一群人。群体怀旧是指过去的记忆在一定条件下引发成千上万人同时感到怀旧的现象（薛婧，2011）。也可以是对文化、国家、民族或世代的记忆，如因北京 2008 年奥运会、中国女排五连冠而引发的怀旧。群体怀旧的源头是“群体认同”，而群体认同的前提是“群体记忆”。群体记忆是指一个具有特定文化内聚性和统一性的群体对自己过去的记忆（陈东，2015）。群体认同在时间和空间两个维度上的一致性保证了认同的连续性。任何社会单位都存在群体认同的问题，小到一个团队，大到一个国家。只是连续性在个体认同中表现为个人的记忆，在群体中则表现为历史感。在群体怀旧中，集体怀旧是过去的符号象征在一定条件下引起成千上万的人同时产生怀旧情绪。集体怀旧以社会集体的共同记忆和共同经历为基础，怀念的内容一般是文化、国家、社会的时代性大事件，例如北京 1990 年举办亚洲运动会、2008 年举办奥运会等。群体记忆具有公众化程度很高的符号象征，某些群体在特定年代和历史环境下共同经历过某些历史事件，使用过某些流行的品牌，拥有过共同的精神世界等，当这些共同经历过的事情再次重现时就会引起该群体的怀旧回忆。例如，许多 80 后和 90 后在童年都使用过小霸王游戏机，当小霸王主题的商品再次回到市场后就引起了该群体的童年记忆和浓浓的怀旧之情。因此，群体怀旧对于大众消费活动中怀旧产品的流行有着重要的影响。

1.2.1 群体怀旧的社会背景与维度划分

随着现代社会科技的不断进步，现代文明快速发展，伴随着新冠肺炎疫情肆虐和逆全球化潮流的涌动，人们感到前所未有的不安。社会的快速变迁和外部世界的动荡不安带来的不适感使人们需要安放“当下”。安放“当下”有两种时间模式：一种是指向未来，设想美好的未来生活；另一种是指向过去，怀念曾经的美好过往。但在当下，人们日益失去了关于未来美好社会的信心，并认为未来即使不比现在更糟，也不一定比现在更好。如果未来不能给人们带来希望，人们往往会把目光转向过去，即怀旧。因此，现代人对“过去”的怀念与现代社会的“不可承受之重”有关，这种“不可承受之重”包括社会科技的进步、社会压力的增大、现代文明迅速发展、全球化浪潮等，它们会推动群体对传统共同体（如公社、单位以及乡村社会中的家族、宗族等）所带给人的安全、归属等的渴望。例如工业文明迅速崛起对传统农业的冲击使得以“田园风光”为主题的作品层出不穷；出生在改革开放时期的 80 后，成年后经历着互联网时代、房价飞涨、传统文化设备受冷落等问题，承受着各种焦虑和不安，他们经常通过老歌曲、旧影视作品、老照片等怀旧方式“放下”；全球化带来人员的全球流动，也引发了碰撞和冲突，它让一些国家获利，也使一些国家受损。对逝去的美好的追寻，使某一群体的人开始怀旧，如俄罗斯人对苏联时期的怀念。

群体怀旧包含时间和空间维度。在时间维度上，群体怀旧是关于“过去”的想象，它在群体的当下与过去之间建立联系，赋予“过去”特定的意义。在空间维度上，群体怀旧是关于“地方”的想象。但时间和空间并非绝对割裂的，两者通常同时在群体怀旧中体现：怀旧的地方通常是处于一个时间节点上的地方。尽管如此，不同类型的群体怀旧仍有一定的偏向，有的群体怀旧是群体明确怀念一段过去的“黄金时代”（如知青年代怀旧），有的群体怀旧则指向一个具体的地方或者某种与地方相关的生活方式（如罗大佑的《鹿港小镇》唱出了台北青年对故土的怀念）。结合时间维度和空间维度，我们把群体怀旧分为国家群体怀旧、地域群体怀旧和代际群体怀旧。

1.2.2　国家群体怀旧

国家是有共同生活习惯和文化的集体，不同国家的人们由于国家历史、民族文化、民族集体观念、经济发展水平、现代化推进进程等不同，会有不一样的群体怀旧。历史背景、经济发展、文化生活等的差异会导致不同国家的人们有着不同的群体记忆，从而产生不一样的群体怀旧。同一国家的人们或因为经历过相同的社会变化或国家辉煌时期，或从学习中了解自己的国家发生过的社会变化或国家辉煌时期，当再次谈及相关事件时，人们会不自觉与当下进行对比并由此产生群体怀旧。举例来说，英国因为加入欧盟而造成的一系列变化促使“脱欧派”支持英国脱欧。“脱欧派”认为大不列颠是世界上最强大和富有的国家，而那些来自波兰等国家的劳工却长期居住在英国，抢占了一部分英国人的工作。除此之外，大量外国人涌入英国，也给英国带来环境问题、宗教问题、语言问题、文化问题等。曾经生活的地方变了模样，对想象中的“过去”

的留恋引发了“脱欧派”的群体怀旧，他们怀念加入欧盟以前那个富强的英国。在美国，对保持强大地位的渴望引发了群体怀旧。如在2016年美国大选中，特朗普的竞选口号“Make America Great Again”让一大批美国人意识到当下的美国与过去的美国存在差距，他们不满当下美国地位的下滑而怀念过去那个更强大的美国，这也是特朗普选举成功的一个重要原因之一。在俄罗斯，俄罗斯人普遍感到苏联解体之后俄罗斯的国际地位明显下降，俄罗斯民族的国家认同出现了问题，再加上贫富差距悬殊等问题，他们将当下与过去的生活进行对比，认为过去的苏联人比当下的俄罗斯人要好，便产生了群体怀旧。群体怀旧在俄罗斯人群中呈现流行的态势，如2004年，俄罗斯的一家电视台不断播放一些怀念苏联的节目（如《生于苏联》），引发了俄罗斯人的群体怀旧。该电视台的节目《之前与之后》在2009年入围俄罗斯国家电视奖最高电视成就奖决赛圈，这充分说明了俄罗斯人对苏联的怀念。而除了电视台之外，一些苏联时代的象征符号也在俄罗斯呈现越来越流行的趋势，如一些苏联时代的流行歌和服装重新受到了很多年轻人的喜爱。就连最新最潮的科技产品里也有俄罗斯人怀念苏联的影子，如有一款在俄罗斯特别受欢迎的虚拟现实（VR）游戏就是带人重游苏联时代的莫斯科，让人们重温一些已经消失的苏联时代的标志性建筑。

对于中国情境而言，我们的群体记忆既包含那些不堪回首的痛苦记忆，又包含令人激动难忘的经典时刻。重大社会变故往往会给国人留下深刻的群体记忆，当国人再次回忆起这段历史时，难免会想起那些不幸的经历，因这段经历而带来的成长而产生群体怀旧，例如汶川地震和“非典”。2008年5月12日，四川省汶川县发生8.0级大地震。这是中华人民共和国成立以来破坏性最强、波及范围最广、灾害损失最重、救灾难度最大的一次地震。此次地震引发了一系列问题，如人员伤亡问题，经济损失问题，自然环境破坏问题，文物损失问题，次生灾害问题（如地震余震及交通堵塞）等。在危难关头，海外中华儿女纷纷伸出援助之手。一大批中华儿女主动奔赴救灾一线，不计其数的国内外个人或团体组织主动捐款。截至 2008 年 9 月 25 日，全国共接收国内外社会各界捐赠款物总计 594.68 亿元，实际到账款物总计 594.08 亿元，已向灾区拨付捐赠款物合计 268.80 亿元。除此之外，“手刨同学”“游人互救”“善良教师”“敬礼娃娃”“废墟女孩”“最美女警”等词语层出不穷，成为一段佳话。为纪念汶川大地震，国务院决定，将 2008 年 5 月 19 日至 21 日设为全国哀悼日，每年 5 月 12 日被定为“全国防灾减灾日”，防灾减灾教育馆、地震纪念馆拔地而起。可以说，2008 年汶川大地震是中国人的一次深痛群体记忆，同时国人为自己生活在一个“一方有难，八方支援”的国家而庆幸，为中华民族有难同当的精神而欣喜。与汶川大地震有关的电影如《5.12 汶川不相信眼泪》《汶川故事》《妈妈别哭》《生死时刻》，百米国画人物长卷《震起之丰碑》，漫画《汶川地震》，摄影展《再生——国际摄影师看汶川地震灾后重建》等成了国人群体怀旧的符号象征。2003 年 2 月下旬，非典型肺炎疫情在我国迅速传播与蔓延，4 月下旬波及 26 个省（自治区、直辖市）。此次疫情造成大量人员病亡，经济损失惨重。但小汤山医院七天拔地而起，全国各族人民万众一心、同舟共济、迎难而上、共克时艰的精神成了国人的群体记忆。与非典型肺炎疫情相类似的是暴发于 2019 年末的新冠肺炎冠情。这次疫情是持续时间更长、波及范围更广、破坏性更强、造成的损失更严重的一次疫情，是中华民族史上的一次大灾难。幸运的是，在灾难面前，我们看到的不是哀鸿遍野，而是井然有序。在疫情暴发之际，党中央迅速做出反应，武汉一夜封城，多个省份对口支援湖北，无数党员成为抗疫排头兵，10 天建成火神山医院，12 天建成雷神山医院。国士钟南山、院长张定宇、人民子弟兵、医护人员、志愿者主动奔赴抗疫一线，为世界树立了抗击疫情的中国榜样。与非典型疫情相关的电影如《非典人生》《隔离日》，与新冠肺炎疫情相关的电影如《战疫英雄》《中国医生》等能激起国人对这两次疫情的群体记忆。两次疫情给国人留下了深刻的群体记忆，国人怀念疫情之下举国上下共克时艰的记忆，怀念中华民族不屈不挠的伟大精神，怀念 10 天左右建成大型医院的中国速度，怀念那些为人民无私奉献的国土。

相比于中国社会的重大变故，反映社会进步的里程碑事件也常常引发群体怀旧。国家里程碑事件之所以会引起群体怀旧，是因为里程碑事件是一种很难发生的事件，对国家具有重大意义。该类群体怀旧一般与国际地位提高、科技的突破、民族团结、民族荣辱有关，是国人群体怀旧的重要组成部分，如改革开放、女排五连冠、香港澳门回归、2008 年北京奥运会等。1978 年 12 月十一届三中全会后，中国开始实施改革开放政策，即“对内改革，对外开放”。对内改革包括国企改革、教育改革、住房改革等，对外则从沿海向内地发展，形成全方位、多层次、宽领域的对外开放格局。改革开放使我国发生了翻天覆地的变化，经济高速发展，一栋栋高楼拔地而起，人民生活水平显著提高。中国的经济成就不仅写在了中国历史之上，也在世界历史上刻下了辉煌的一页。简而言之，改革开放使中国从此走向富强之路。改革开放是国人的群体记忆，当谈及改革开放时，安徽凤阳小岗村 18 户农民按手印，大批农民工下海等画面就会浮现在国人面前，一大批参与到改革开放浪潮的 70 后、80 后的群体怀旧由此产生。没有参与到改革开放浪潮的国人敬佩小岗村村民敢为人先的精神，敬佩 70 后、80 后勇于开辟新天地的精神，感恩先辈用汗水创建了富强中国，他们也愿意参与到改革开放的群体怀旧浪潮中。在改革开放 30 周年、40 周年纪念日来临之际，国人会以不同的方式进行群体怀旧，如举办书画展、开展知识讲座、举办图片集邮展、举办诗朗诵大会、观看纪录片等。观看与改革开放相关的电影《照相师》《大路朝天》《中国合伙人》《天渠》《热土》等也是国人群体怀旧的一种形式。

1981 年 11 月 16 日傍晚，当中国女排以 17∶15 赢得最终的胜利时，宋世雄的激情解说在全中国扩散开来（王志春，2019）。神州大地上，中华儿女热血沸腾，不少国人涌出家门，在广场、街道上争相庆祝，北京大学挂上了“中国万岁”的标语，学生唱起了国歌。之后，中国女排接连获得 1982 年世界锦标赛、1984 年洛杉矶奥运会、1985 年世界杯和 1986 年世界锦标赛的冠军，这就是家喻户晓的“女排五连冠”。在改革开放初期，中国女排夺得世界上第一个“五连冠”是国家强盛和民族振兴的标志。一时间，全国上下掀起一股学习女排精神的浪潮。在那个年代，女排所代表的“强国振兴”精神、“百折不挠”精神激励着国人抒发爱国主义情怀，女排精神逐渐成为社会群体所追崇的精神。中国女排是改革开放以来中国人精神世界中不可或缺的部分，也是几代中国人的群体记忆。女排五连冠给国人带来的是国家荣誉，更是那一段学习女排精神、勇于面对挑战的青春记忆。当排球比赛出现在国人的视野时，国人不禁被中国女排不屈不挠、迎难而上的精神所振奋，怀念一次次升起的五星红旗，怀念女排给国人带来的青春回忆。

与中国女排相关的电影如《沙鸥》《夺冠》，新中国成立 70 周年献礼片《我和我的祖国》中 7 个子片之一的《夺冠》以时代视角剖析女排精神，是国人怀念中国女排的形式之一。《沙鸥》作为一部体育剧情片，体现的是顽强拼搏的体育精神和为国争光的信念（崔白露，2021）。《夺冠》通过一系列的蒙太奇镜头、充满年代感的照片和属于那个年代的发型、服饰，把 20 世纪 80 年代的一件件历史大事件展示给观众，以化繁为简的历史符号激发国人对那个年代、对女排夺冠的群体记忆（林茜，2021）。除此之外，《夺冠》记录了从 1981 年到 2016 年中国女排经历的腾飞、低谷、重生三个阶段，为不同年代的国人提供了对女排记忆的交流场所，不仅重新唤起 70 后、80 后尘封已久的群体记忆，还带领一大批 90 后、00 后观众重新进入历史，赋予女排精神崭新的含义。《我和我的祖国 • 夺冠》选取 1984 年夏天中国女排夺得洛杉矶奥运会冠军，成就“三连冠”为背景（刘琳，2021），再现了国人为女排夺冠而欢呼的场景，激起无数国人的群体怀旧。在这几部影片中，运动员的服装、球场上的标语、大街小巷悬挂的横幅、站在领奖台上的女排群像、国旗、国歌、机场等许多具有象征性的符号，承载了国人对历史、时代、女排、女排精神的群体记忆。

观看中国女排参加比赛是国人对中国女排群体怀旧的另一种形式。2016 年 8 月 21 日上午，中央电视台直播中国女排与塞尔维亚女排决赛，占收视份额约 74%，相当于当天那个时间段看电视的人群中有四分之三的国人在看女排决赛（王志春，2016）。在决赛当天 9:00 至 14:00，与女排决赛相关的网络微博话题互动高达 5500 万次。女排夺冠后，相关夺冠视频更是在网络上迅速走红，放映量高达 1.85 亿次（王志春，2016）。能引起国人对女排五连冠群体怀旧的符号象征的还有中国邮政为庆祝中国女排在日本夺冠而专门出的一套邮票——女排夺冠的老照片。除此之外，相关的“女排精神”文化展、纪念会议等也会引发国人的群体怀旧。

图 1–1　女排夺冠邮票

1997 年 7 月 1 日中华人民共和国恢复对香港地区行使主权，1999 年 12 月 20 日中华人民共和国恢复对澳门行使主权。随着中华人民共和国国歌的奏响，中华人民共和国国旗在香港和澳门升起，香港和澳门回到祖国的怀抱，激发了国人的爱国热潮。港澳回归洗刷了中华民族的百年耻辱，完成了祖国统一的关键一步，感动了无数国人。国人怀念国旗在港澳升起时举国狂欢的时刻，怀念浮现在青春记忆里的《七子之歌》。

1993 年北京仅以两票之差与 2000 年奥运会的举办权失之交臂。2001 年 7 月 13 日，国际奥委会主席宣布北京成为 2008 年奥运会主办城市，该消息一传出，举国上下热血沸腾。经过多年的努力，中国终于取得了奥运会的举办权。北京奥运会于2008年8月8日至24日在北京举行，中国以 51 枚金牌居金牌榜首位。中国申奥成功，激发了国人的民族自豪感，在国人的脑海中留下深刻记忆。北京冬奥会成功举办，中国运动员取得的辉煌成就极大地振奋了国人。从运动员到志愿者，从歌手到观众，国人怀念申奥成功的那段历史，怀念 2008 年北京奥运会开幕式盛典，怀念那段大街小巷、家家户户的电视机都在播放奥运会的日子。国人怀念刘欢和莎拉·布莱曼演唱奥运会主题曲《我和你》，怀念中国运动员姚明手举国旗带领中国代表团进场时全场沸腾的那一刻，怀念升空的巨人脚印，怀念体操王子李宁飞天点火的那一幕，怀念中国运动员获奖的黄金时刻……

1.2.3　地域群体怀旧

不同地域的人因为地理位置、气温气候、生活习惯、历史印记、集体观念、文化生活等的不同，会产生不一样的群体怀旧。本书以北京和台湾为例对地域的群体怀旧进行说明。

1. 北京人的群体怀旧

由于现代化大都市的演进加快，社会急剧变化，城市不断扩张，大量外来人口迅速涌入北京，多种文化在北京交汇，北京人的衣、食、住、行发生了很大的变化，传统的北京变了味，一时间对老北京的怀念成了北京人的情结，由此掀起一波北京人的群体怀旧浪潮。外来人口在大量涌入北京的同时带来了他们的饮食文化，湘菜、川菜、新疆菜、外国菜等外来菜系迅速占领北京的一大部分餐饮市场，对当下的不满与对过去老北京饮食文化的怀念引发了北京人的群体怀旧。馅香鲜美炸回头，松软有弹性的墩饽饽，满口酥脆糖螺蛳转，豆面卷子驴打滚，脆嫩清鲜芫爆散丹，不粘盘子、不粘筷子、不粘牙齿的“三不粘”，爽脆弹牙的爆肚，馅多皮薄的烧卖，清宫御膳红娘自配，皮酥肉嫩的烤鸭，卤煮火烧，炒肝儿，涮羊肉，灌肠儿，糖葫芦，豆汁儿……这些都是北京声名远播的代表性美食，也是北京人的群体记忆。

首都的建设与发展，意味着高楼大厦拔地而起，对传统老北京建筑的怀念引发了北京人的群体怀旧。雅致的胡同、清香的茶馆、落日下的长城、铺满雪的故宫、静谧的四合院、古朴的老街区等往往能引起北京人怀旧。值得一提的是，胡同寄托了老北京人的乡愁，是许多老北京人的记忆载体。通过一个个大大小小的胡同，北京人可以回忆起以前的生活方式、和睦的邻里关系。因为这些传统北京建筑承载了北京人的群体记忆，近年来一些保护北京老城风貌的法律不断出台。如《北京历史文化名城保护条例》规定，北京历史文化名城保护对象包括世界遗产、文物、传统胡同、历史街巷和传统地名等。保护北京老城风貌，不仅是对老北京人群体记忆的保护，更是旅游开发的重要举措，老北京人希望通过保留这些古老建筑为外地游客展现最真实的老北京景观。外地游客也可能因为真实的呈现而有更强的代入感，从而加入这场怀旧浪潮中。

社会急剧变化，生活节奏加快，当北京人将现状与老北京悠闲的生活方式进行对比时就会产生心理落差，从而产生群体怀旧。他们怀念老北京慢节奏的生活和亲如一家的邻里关系。老北京胡同虽窄，挨挨挤挤的人们如同在赶大集一样，却十分温馨。那时候，一壶老酒，小酌几杯，几个老人便可以在胡同下聊上一天，生活悠闲而富足。一些关于老北京生活的作品如《城南旧事》《茶馆》《四世同堂》《北京秋天下午的我》生动形象地描写了老北京人的悠闲生活，这些作品成了北京人群体怀旧的符号象征。一些京味十足的老电影如《北京你早》，老北京人看完百感交集，怀念万分。

2. 台湾人的群体怀旧

台湾人的群体怀旧大致可以分为以下两种：一种是由现代工业文明引起的群体怀旧，另一种是由两岸分离所引起的部分台湾群体的群体怀旧。

随着台湾经济的发展、社会的转变，许多老店铺、老餐馆、复古商店逐渐消失不见，对现实感到不满引发了台湾人的群体怀旧。一时间，台湾刮起一股怀旧风，人们听老歌、看老电影、玩老玩具，重温简朴美好的旧日时光。“柑仔店”是台湾早年的杂货店，而经济的发展导致一家家小型超市或便利店等取代了“柑仔店”。在怀旧浪潮的推动下，一些便利店又打起了“柑仔店”的招牌，卖起了些以前在“柑仔店”才能买到的东西，如复古玩具和零食，像弹弓、毽子、万花筒、麦芽糖和王子面等（文心，2003）。有的人通过在一些聚会中摆放一些复古零食等来表达对过去的怀念。歌手重唱或翻唱老歌，老牌歌星重新进入人们的视线，餐厅布置得又旧又土，餐具十分简陋，这些都与台湾人的群体怀旧有关。

除此之外，看老电影也是台湾人群体怀旧的方式之一，老电影如《梁山伯与祝英台》《少林三十六房》再次回到台湾人的视野。罗大佑的经典歌曲《鹿港小镇》将现代化的台湾与传统的"鹿港小镇"进行对比，唱出了台湾人对过去的怀念。在这场怀旧浪潮中，《鹿港小镇》可以说红极一时。

历史原因导致两岸分离，被迫留在台湾的外省人因为对大陆的思念而产生了群体怀旧。他们追寻在大陆的回忆，怀念在大陆的亲人，眷恋大陆的壮丽美景。20 世纪 70 年代，外省人思乡而不得归的情绪日益浓厚，许多文艺作品开始歌颂祖国山河及表达对故土的怀念，怀旧文学风靡一时。著名诗人余光中创作了《乡愁》《乡愁四韵》等表达乡愁的经典诗歌，此外，当时知名的怀乡诗歌作家还有郑愁予、杨焕、席慕蓉等（黄诗娴，2021）。随着怀旧文学盛行，以台湾校园民谣为代表的怀旧歌曲迅速走红。这些歌曲主要有以下几类：一是改编自外省籍诗人的怀乡诗歌，如由余光中的诗歌改编成的民谣；二是改编自中华传统诗词的诗歌，如陆游的《钗头凤》；三是表达对祖国大好山河的歌颂，如《龙的传人》；四是以迷茫和童年怀想为主题的歌曲，如罗大佑的《童年》（黄诗娴，2021）。

1987 年开放探亲后，台湾掀起了一股"大陆热"，回大陆寻亲、祭祖、旅游等活动成了一部分台湾人必做的几件事。大陆热掀起了另一股怀旧热——返乡文学作品达到高潮。许多作家在返乡旅游时找到了历史书上或从父辈口中听到的"家国图景"，并由此引发返乡文学创作，如郑愁予的《苦力长城》、余光中的《登长城》。在电影方面，《海峡两岸》《香蕉天堂》也表现了这股对大陆的群体怀旧（黄诗娴，2021）。

1.3　个体怀旧

1.3.1　个体怀旧的类型

个体怀旧主要是从个体心理视角定义的怀旧相关概念，包括了人格特质、个体偏好和情绪等多种内涵。本研究在前人文献的基础上将个体怀旧归纳为怀旧倾向、怀旧偏好和怀旧情绪三种类型。以下将针对这三种定义的类型分别进行和阐述。

1. 怀旧倾向

Holbrook（1993）认为怀旧倾向是个体心理变量的一种，生活方式的一面，也是消费者的特征之一。怀旧倾向是人格特质之一，一些个体总是呈现出比他人更高的怀旧倾向。怀旧倾向较高的人在生活中进行怀旧的频率和程度要高于怀旧倾向较低的人。个人怀旧倾向的形成不仅与环境相关，还与个人的内部因素相关。研究者通过脑电图法发现个人的怀旧倾向与右额叶皮层不对称性呈现一定程度的相关性，这说明怀旧倾向程度高低受到个体差异的影响（Tullett et al.，2015）。Luo 等（2016）则研究发现怀旧倾向具有遗传性。

学者们围绕着怀旧倾向进行各种维度的研究，得出了多种研究结论。Luo 等（2016）通过对 232 对双胞胎学生样本进行分析发现个体的怀旧倾向与自我强化紧密相关，怀旧倾向越高，越愿意进行自我强化。Batcho（1998）研究发现怀旧倾向高的人更喜欢那些与他人存在互动的活动，同时也更喜欢那些他人导向的歌词而非孤单的歌词。Cheung 等（2017）研究发现个体的怀旧倾向会减少偏见（无论是公然的偏见还是含蓄的偏见），这是由于怀旧倾向会增强个体的移情能力，进而使得个体增强了对偏见的控制。

此外，学者们还对怀旧倾向与性别的关系进行了研究，但是得出的研究结论存在差异。Reisenwitz 等（2004）的研究认为男性比女性更加怀旧。Davis（1979）则研究发现女性怀旧倾向要高于男性。Holbrook 等（1994）的研究表明，怀旧倾向是一种稳定的个人心理状态，与个人年龄大小并无直接关系。学者们研究发现消费者怀旧倾向越高，对品牌的依恋感也越高（Holbrook & Schindler，1989）。

在怀旧倾向的测量方面，国内外学者尝试开发了多种量表。最常用的是 SNS 量表（Southampton Nostalgia Scale；Barrett et al.，2010；Sedikides，et al.，2015）。该量表由 7 个测项组成，从怀旧倾向、怀旧频率、个人相关性三个方面对怀旧特质进行了测量。

2. 怀旧偏好

在人的一生中，对年轻时期流行事物的喜爱是一种非常普遍又稳定的偏好（Holbrook & Schindler，1989；Schindler & Holbrook，2003）。通过消费怀旧产品，个体可以与过去建立一种可触摸的联系（Brown et al. 2003）。关于怀旧偏好，目前应用最为广泛的是 Holbrook 和 Schindler（1991）的定义，他们把怀旧定义为"一种个体对于自身年轻时（早期成年期、青少年时期、童年，甚至在出生前）更加普遍（流行、时尚、广泛流通）的客体（人、地点、物品）的偏好（喜欢、积极态度、喜爱之情）"

Holbrook（1993）认为在怀旧偏好的定义中，需要重点强调以下四点内容：第一，这种偏好（preference）指的是消费者在消费中对产品的喜欢程度。第二，物品（objects）指的是任何一种产品，包含了物品和服务，同时包含关于文化的录制、电影或其他娱乐活动。第三，这一定义把怀旧对象出现的时间不局限于个体年轻时期，同时可以追溯到出生之前的历史。即使个体没有亲身体验或经历过相关的物品和事件，怀旧偏好也可以发生。第四，这一定义关注个体当前暂时的对产品的态度，关于旧时期产品的积极态度并不一定承载着多愁善感、苦乐参半、怀念等情感。

3. 怀旧情绪

日常生活中，人总是会频繁地产生怀旧情绪。在早期，怀旧情绪被西方学者定义为一种生理和心理上的疾病。17 世纪瑞士内科医生 Johaness Hofer 通过对远离家乡、在外作战的士兵的研究，将其表现出的精神不振等思乡症状解释为怀旧疾病。19 世纪到 20 世纪，学者们逐渐将怀旧定义为心理上的症状，怀旧被认为是一种忧郁症或忧郁症的变体，临床上表现为焦虑、虚弱、失眠等症状（Havlena & Holak，1991）。20世纪末，随着实证研究的发展，学者们将怀旧与疾病的概念区别开来。例如，Werman（1977）认为怀旧与思乡病不同，思乡病是个体随着生活环境的变化对家乡和亲人的思念而产生的心理问题或者心理障碍。而相比而言，怀旧心理的内涵更加广泛，它是个体对过去的渴望，这种渴望的对象，可能是一件事情、一个人或者一个地方，更多的是与温暖的过去时光、快乐的童年等联系（Davis，1979）。目前，关于怀旧情绪最普遍的定义是来自牛津词典的定义，即“一种对过去饱含深情的渴望”（牛津英文词典，1998）。怀旧情绪包含了对过去生活的思念、向往与渴望。而这种思念、向往和渴望是在一定情景下被外界环境激发的，激发怀旧的因素可以是环境中的各种因素，如一个场景、一个气味，一个音乐等。

怀旧总是可以唤起关于童年、亲密关系和值得纪念时刻的深情怀念。人们经常通过“玫瑰滤镜”（rose-colored glasses）来回忆过去并且思念那时的时光和人（Hepper et al.，2012）。当怀旧被定义为一种积极情绪体验时，其与积极记忆和积极情绪是不同的。对于积极记忆而言，积极的记忆只包含过去的事件，而怀旧不仅包含过去还包含了与过去相关的现在（Stephan et al.，2012）。对于积极情绪而言，积极情绪只包含单纯的积极情绪，而怀旧则是一种“苦乐参半”（sweet bitterness）的情感，这种“苦”是由于不能回到过去而引发的。

1.3.2 怀旧情绪的产生

引发怀旧的因素分为内因和外因两种类型。内因主要是从情感补偿角度而言，当个体处于孤独、无聊等负面状态时，需要通过怀旧情绪来缓解负面状态带来的消极影响；外因主要是外部世界带来的刺激，这种刺激可能是感官刺激，也可能是社交活动带来的刺激。

1. 引发怀旧情绪的内部因素

从现有文献来看，负面情绪和负面状态都会引发人们的怀旧情绪，如悲伤情绪，孤独感、无意义感或死亡威胁等都会引发怀旧。而之所以这些消极情感和负面情境会引发怀旧，主要是由于怀旧情绪可以起到缓解负面情感和负面情境带来的负面影响。

第一，孤独。Wildschut 等（2006）首次对孤独与怀旧的关系进行了研究并发现孤独会使人们产生怀旧情绪。具体而言，相比于低孤独水平的个体，高孤独水平的个体汇报了更多的怀旧情绪。Wildschut 等（2010）研究基于依恋理论发现，结果表明孤独与怀旧的联系受到个体依恋回避（Attachment-Related Avoidance）水平的调节。当依恋回避较低时，孤独会引起怀旧情绪，此时个体通过怀旧来缓解孤独带来的威胁；当依恋回避较高时，孤独与怀旧则没有联系。

第二，无聊。Van Tilburg 等（2013）研究发现当人们经历无聊状态时，会通过怀旧来寻找生活的意义。实验结果表明，高无聊组的被试相比于低无聊组的被试在怀旧记忆和怀旧情绪方面程度都更高，同时研究结果进一步证明了寻找生活的意义的动机是无聊状态引发怀旧情绪的中介机制。

第三，负面情绪。负面的情绪也是引发怀旧情绪的重要因素。Barrett 等（2010）研究发现个体的怀旧情绪与其悲伤情绪呈现高度的相关性。Wildschut 等（2010）研究发现相比于中性情绪和积极情绪组，负向情绪组（低落、悲伤、失望）的被试体验到了更多的怀旧情绪。

第四，自我非连续性。很多学者的研究都发现当个体感受到过去与现在不一致时，会产生强烈的怀旧情绪（Sedikides et al.，2008）。相比于那些自我非连续性较弱的个体，经历了强烈的自我非连续性的个体会表现出更高的怀旧倾向和怀旧情绪（Best & Nelson，1985）。

第五，生活无意义感知。个体对生活无意义的感知也会唤起个体的怀旧情绪。Routledge 等（2012）的研究表明当个体对生活意义的感知受到威胁时，怀旧情绪可以防御其带来的负面影响，削弱其给心理健康带来的负面影响。类似地，死亡威胁（Mortality）也会引起怀旧情绪。Routledge 等（2008）研究表明在面临死亡威胁时，个体会变得更加怀旧，也更会认为自己的生活是充满意义的。

2. 引发怀旧情绪的外部因素

激发消费者怀旧情绪的外部因素多种多样，学者们给出了不同归纳类型。Holak 和 Havlena（1992）将引发怀旧心理的元素分为人、物和事件三种类型。Holbrook 和 Schinder（2003）则把激发怀旧情绪的因素归纳为了 10 种类型，如感官体验、爱人和家乡等。项载霞（2008）则把怀旧情绪的触发机制分为情感补偿、社会交互和感觉输入三种机制。本研究认为消费者的怀旧情绪的激发因素主要来自外部世界的各种刺激和讯息，如生活中的社交活动、各种感官系统接受的刺激和商业环境下的怀旧广告等。这些信息和刺激经常会让我们回忆起过去的生活，产生怀旧情绪。接下来，本研究将对以上这三种不同的激发怀旧的因素分别进行阐述。

首先，社交活动可能唤起人们的怀旧回忆。在与家人或朋友的交谈中，人们很可能会谈及过去的人和事，进而引发对于过往时光的怀念。而对于怀旧话题的分享也常常是人们保持彼此亲近的原因之一（孙明贵，2015）。

其次，除了社交活动之外，人们的感官系统，如视觉、听觉和嗅觉等方面的刺激都可能会激发我们的怀旧记忆与怀旧情绪。例如，看到一个似曾相识的场景、一个熟悉的物件、一件儿时穿过的衣服、一件童年的玩具……都可能会把我们带到过去的时光里；听到一首曾经听过的歌曲也可能会唤起我们的怀旧情绪，在 Zhou 等（2012）的研究中，通过让被试收听怀旧的歌曲可以成功地唤起被试的怀旧情绪。Baumgartner（1992）对音乐与记忆之间的关系进行了研究，发现愉快活泼的音乐可以让人回想起曾经的快乐时光；同时，气味对于诱发怀旧情绪也有着显著的作用。相比于视觉和嗅觉记忆，气味记忆在大脑中的记忆要更为独立和持久存在，不容易被丢失（孙明贵，2015）。Hrisch（1992）研究发现，无论对于男性被试而言，还是对于女性被试而言，气味都是引发怀旧情绪的主要诱因。Orth 和 Bourrain（2007）研究发现香味对于德国消费者具有非常典型的影响，即在零售环境下香味可以引发消费者的怀旧情绪进而在后续的行为中表现出更多的探索性倾向。普鲁斯特在其小说《追忆似水年华》中指出，再次闻到童年时期的味道会唤起当时的记忆。这也说明了嗅觉对于唤起怀旧记忆的重要作用；Zhou 等（2012）研究发现低温知觉也会引发个体的怀旧情绪，实验结果表明，处于较低气温下的被试要比处于较高气温下的被试报告了更高的怀旧水平。

最后，商业环境下各种怀旧营销的元素也会很容易唤起消费者的怀旧情绪。例如，怀旧广告本质上就是一种激发消费者怀旧情绪的方式（Reisenwitz et al.，2004）。通过运用怀旧文字、图片、音乐等怀旧元素，怀旧广告唤起了消费者与品牌相关的美好回忆，进而使其对品牌产生积极的态度和购买意愿（Muehling & Pascal，2011）。

1.3.3　怀旧情绪的影响

怀旧情绪可以给个体带来诸多方面的影响，本研究将其影响归纳为个体层面和社交层面两部分。个体层面的影响主要是指怀旧情绪对于个体内部因素的影响，例如负面情绪、自尊和自我连续性等方面，并不涉及与外部群体的关系。而社交层面的影响则主要指怀旧情绪对于个体外部因素尤其是社会交往方面的影响，例如社会联结感知和社交动机等。

1. 怀旧情绪对个体层面的影响

怀旧情绪对于个体层面的影响表现为不同的形式，本研究将其分为四种类别进行阐述：第一类是对生理方面的影响，第二类是对负面心理的缓解作用，第三类是对个体积极性的提升作用，第四类是对个体产生的负面影响。以下将分别进行阐述。

第一，对生理方面的影响。大脑科学的研究者发现当个体从个人过去生活中调取和回想信息，大脑的海马部分（大脑的情感中心）会被激发，同时心率和血压会提高（Kotre，1995）。这表明怀旧情绪对个体最基本的影响在于生理方面的变化，同时怀旧情绪对个体的情感和行为产生一系列影响的最根本原因是其导致了个体生理上的变化。

第二，对负面心理的缓解作用。怀旧情绪是一种保护和促进个体心理健康的心理资源，其最基本和最主要的作用是缓解负面情绪和负面事件带来的影响。首先，怀旧情绪可以缓解个体的孤独感。Zhou 等（2008）的研究表明怀旧情绪可以缓解个体感受的孤独感，削弱孤独感对个体感知社会支持的负面影响。怀旧的这种缓解作用对于复原力强的人而言更加强烈。Routledge 等（2008）的研究结论表明，当个体遇到死亡威胁时，怀旧情绪可以减少个体产生的与死亡相关的想法。同时，怀旧情绪还可以缓解个体感受到的身体的不舒适感。例如，Zhou 等（2012）的研究发现怀旧情绪可以帮助个体抵御寒冷。实验结果表明，相比没有收听怀旧歌曲的被试，收听了怀旧歌曲的被试感受到了更多的心理温暖，对于室内温度的评价也更高。

怀旧情绪除了可以帮助个体缓解以上几种负面状态外，对于缓解其他的负面状态也有非常积极的作用，例如无聊感、负面情绪、非自我连续性、无意义感知等。如前所述，以上几种负面状态也是激发个体产生怀旧情绪的内部原因（如图 1-2 所示），当个体处于负面状态之中时，就会产生怀旧情绪，而怀旧情绪反过来又可以缓解个体的负面状态，二者之间是互相影响的关系。

图 1-2　个体负面状态与怀旧情绪之间的关系

第三，对个体积极性的提升作用。怀旧情绪不仅可以帮助那些处于负面状态的个体缓解心理上的不适感，还可以对普通的个体产生各种积极的作用，具体体现在以下几个方面：

怀旧情绪可以提高个体的自尊水平。关于怀旧情绪的一系列研究表明，怀旧情绪可以提高个体的自我报告自尊水平（Baldwin & Landau，2014；Cheung et al.，2013；Wildschut et al.，2006）。Vess 等（2012）通过隐形态度测试（IAT）发现了怀旧情绪使得个体用更快的速度将自我相关的词语与积极正向的词汇联系在一起。

怀旧情绪可以提高人们感知的生活意义。很多研究结论都表明了怀旧情绪与感知生活意义的正向关系，被唤起怀旧情绪的人在感知了生活的意义后，认为自己应该更好地生活下去（Routledge et al.，2011；Routledge et al.，2012）。Routledge 等（2011）的研究对怀旧情绪对感知生活意义正面影响的内在机制进行了探究。其研究结论表明，怀旧情绪首先增强了个体的社会联结感知，而增强的社会联结感知进一步让人们感受到生活的意义。Routledge 等（2012）则对怀旧情绪对感知生活意义的正面影响做了进一步的考察。其研究结果表明，被唤起怀旧情绪的被试，在提升了感知生活意义后会去追求和实现人生中更重要的目标。

怀旧情绪能够提升个体对未来的乐观程度。Cheung 等（2013）研究发现被唤起怀旧情绪的个体对未来表现出了更高的乐观程度。其背后的影响机制为：怀旧情绪增强了个体感受到的社会联系，进而提高了个体的自尊水平，最终使得个体对未来更加乐观。怀旧情绪帮助个体储存了一种内部资源，这种内部资源使其对自己和未来更加乐观，而不需要依赖自我成就或被外部世界认可。

怀旧情绪可以让个体感受到较好的自我连续性（self-continuity）。很多学者都对怀旧情绪与自我连续性的关系进行了研究，结论普遍认为怀旧情绪可以帮助缓解非自我连续性的影响，更好感受到自我连续性。学者 Davis（1979）最先提出怀旧情绪可能会影响个体的自我连续性。Milligan（2003）发现员工会通过怀旧情绪使自己调整好状态进而适应新的工作环境。Goodson 等（2006）研究发现学校的老师们会凭借怀旧情绪来应对组织的变化。Sedikides 等（2015）对二者关系进行了实证研究，结果表明怀旧情绪通过提高个体的自尊水平来缓解自我非连续性，提升自我连续性。Sedikides 等（2016）对怀旧与自我连续性正向影响关系的中介机制和导致的结果进行了研究，即怀旧情绪对自我连续性的影响是通过提高社会联结感知来完成的，最后会影响个体的心理幸福感。

怀旧情绪让个体更加了解内在自我。Baldwin 等（2015）研究表明怀旧情绪让人们感受到了更加真实的自我。具体而言，该研究认为怀旧情绪为个体打开了一扇可以看向自我内在世界的窗户，个体通过怀旧这扇窗户更加了解自我内心深处的想法，进而忽略外部世界施加的各种各样的关于自我价值的标准。

怀旧情绪会影响个体的防御型动机和促进型动机。Stephan 等（2014）研究发现，怀旧情绪与个体动机紧密相关。个体的防御动机引发了个体对于过去生活的怀念，产生了怀旧情绪，而怀旧记忆和怀旧情绪进一步地提高了个体的促进动机，具体表现在放置凳子时与他人离得更近，也更愿意做出帮助行为。

怀旧情绪还有利于提高个体的创造力。Van Tilburg 等（2015）的研究表明怀旧情绪可以影响个体的创造力。具体而言，被唤起怀旧情绪的个体思想更加开明，对各种经历和体验抱有更为开放包容的态度，进而提高了其创造力。

第四，怀旧情绪对个体的消极影响。虽然以上大量研究都证明了怀旧情绪对个体的各种积极影响，但是在某些情况下，怀旧情绪也会给人们带来一些负面影响。如 Hertz（1990）、Ortony 等（1988）认为个体在产生怀旧情绪之后可能会意识到自己怀念的经历将不会再现，由此产生一种“怅然若失”之感。如果当前的生活不如人意，过去美好生活与现实生活的强烈对比会使得个体当前的负面情绪更为强烈。Batcho 和 Shikh（2016）在其最新的一项研究中提出了一种新的概念“可预期的怀旧”，其内涵是指人们站在未来的视角怀念终将逝去的现在。Batcho 和 Shikh（2016）认为“可预期的怀旧”是一种有害的情绪，它过早地怀念现在，导致人们产生一种心理上的距离感，使个体不能以实际、具体的方式参与现在的生活。相关实验结果也表明“可预期怀旧”与人们的悲伤、难过和无助感等消极情绪相关。怀旧是人们日常生活中非常普遍和正常的一种心理现象。然而当怀旧情绪发生得过于频繁，会使个体过于沉溺于过去，逃避现实生活的挑战，不利于个体珍惜当前生活，开拓新的美好生活。

2. 怀旧情绪对社交层面的影响

怀旧情绪不仅可以在个体层面对个体自我产生各种正向的作用，在社会交往和群体态度等社交层面也可以发挥积极的作用。

首先，怀旧情绪可以满足个体的归属需求。根据马斯洛的需求层次理论，归属需求是人类最基本的需求之一。Gardner 等（2005）将个体满足和补偿归属需求的方式分为两种，即直接方式和间接方式。当环境中出现了合适的、可以进行互动的伙伴时，个体会采用直接互动的方式来建立和修复与这些伙伴的关系。例如，受到社会排斥的个体会在后续的社交活动中付出更多的努力。而当周围环境中没有适合的可以互动的伙伴时，人们则会通过在心理上呈现出社会联系（social bonds）的间接方式来满足和补偿其归属需求。怀旧则是个体通过间接方式来满足归属需求的主要表现形式之一。

其次，怀旧情绪可以提高个体的社会联结感知。从关于怀旧情绪特征的文献回顾中，我们可以看到怀旧情绪具有社会属性。学者在研究中发现在个体的怀旧经历描述中，与他人的互动沟通（如团聚、度假、纪念日等）是一个非常重要的部分（Holak & Havlena，1992；Wildschut et al.，2006）。研究表明，怀旧可以满足个体对人际关系的需求（Leary & Baumeister，2000），提供给个体安全感（Mikulincer，Florian & Hirschberger，2003）。Zhou 等（2008）通过对中国学生样本的研究，发现怀旧情绪可以极大地缓解个体的孤独感，使其感受到更多的社会支持。Wildschut 等（2006）的研究证明了怀旧情绪可以正向影响个体的社会联结感知。具体而言，被唤起个人怀旧记忆的人表现出更强的社会联结感知，感受到更多被爱和被保护的感觉，表现出更多的安全依恋风格并且认为自己有更高的人际交往的能力。

再次，怀旧情绪可以提高个体对于外群体的积极态度。研究表明，怀旧情绪可以使得个体对于特殊群体的态度变得更加积极。例如，怀旧情绪使得人们对精神病人的态度变得更加积极。这是由于怀旧情绪提高了人们的社会联结感知，使得个体更愿意把他人纳入自我，拉近了与精神病人的距离。此外，怀旧情绪还可以减少个体对于肥胖症患者的偏见（Turner et al.，2013）。这都表明怀旧情绪可以使得个体对于特殊群体变得更加友好。而除特殊群体外，个体对一般群体的态度也更加善意。例如，研究表明怀旧情绪可以增强个体对公益机构捐款的意愿（Zhou et al.，2012）。

最后，怀旧情绪可以提高个体的社交动机，有助于维系良好的社会关系。归属需求是人类的基本需求之一，因此人们总是努力维持社会关系（Baumeister & Leary，1995）。怀旧情绪可以帮助个体更好地维持人际关系。研究表明，怀旧情绪对于维持人际关系的促进作用通过两种路径来实现：一种是抽象的方式，即与当前不在场的但在个体过去生活中扮演了重要角色的人在大脑中产生联系；另一种是具体的方式，通过对现实生活中的他人表现出更为积极的态度和行为而展现出来（Wildschut et al.，2006）。此外，Abeyta 等（2015）的研究表明怀旧情绪会增强个体的社交效能感，进而使其在社交方面展现出较强的促进动机。在行为层面，这一作用具体表现为对实现社交关系这一目标更为乐观，更加愿意与他人取得联系，建立新的社会关系，同时更加愿意努力克服人际关系上的挑战。

综上而言，怀旧情绪对个体的影响表现在个体层面和社交层面，具体的影响包括生理影响、心理缓解、个体自我积极性、满足归属需求和增强社会联结感知等，本研究将怀旧情绪对个体的影响进行了整理与归纳，详见表 1-2。

表 1–2　怀旧情绪的影响

类型	因素	影响	文献来源
个体层面	生理影响	大脑的海马部分被激活，心率和血压会提高	Kotre（1995）
	心理缓解作用	缓解孤独感	Zhou et al.（2008）
		缓解死亡威胁的影响	Routledge et al.（2008）
		缓解无聊感	van Tilburg et al.（2013） Best & Nelson（1985）
		缓解负面情绪	Barrett et al.（2010） Wildschut et al.（2010）
		缓解非自我连续性	Sedikides et al.（2008）
	积极作用	提高自尊水平	Baldwin & Landau（2014） Vess et al.（2012）
		加强生活意义感知	Routledge et al.（2011，2012）
		提高乐观程度	Cheung et al.（2013）
		提高自我连续性	Sedikides et al.（2015，2016）
		了解内在自我	Baldwin et al.（2015）
		促进型动机	Stephan et al.（2014）
		提高创造力	van Tilburg（2015）
	负面影响	负面情绪	Hertz（1990） Ortony et al.（1988）
		过早怀旧	Batcho & Shikh（2016）
社交层面	满足归属需求		Gardner et al.（2005）
	提高社会联结感知		Leary & Baumeister（2000） Wildschut et al.（2006）
	提高对外群体的积极态度		Turner et al.（2013） Zhou et al.（2012）
	提高社交动机		Wildschut et al.（2006） Abeyta et al.（2015）

资料来源：作者根据相关文献整理。

1.4 怀旧消费研究

营销领域对于怀旧消费的研究由来已久。在实践中，怀旧消费广泛存在于人们的生活中，在市场营销活动中各种大小品牌利用怀旧诉求吸引着消费者的眼球。在理论研究中，怀旧消费早已成为营销领域的热门研究话题。总体而言，怀旧消费的相关研究可划分为群体视角和个体视角两大视角（如图 1-3 所示）。群体视角主要是从大众消费视角关注受大众欢迎的品牌、产品和传播内容等，涵盖老字号品牌、怀旧品牌和产品、怀旧传播三个方向。个体视角主要是从消费者个体的心理视角出发探讨个体的怀旧偏好倾向和怀旧情绪对消费者行为的影响。

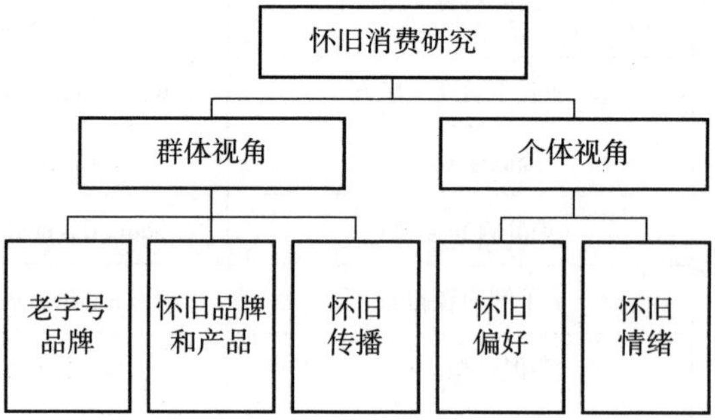

图 1-3 营销领域怀旧文献分布图

资料来源：作者整理。

1.4.1 群体视角下的怀旧消费

群体视角下的怀旧消费研究从宏观层面出发，关注受大众欢迎的品牌、产品和传播内容等。在这一视角下，怀旧作为一种元素广泛存在于产品设计、品牌营销和广告传播等一系列的消费活动中。这一视角下的研究覆盖了较广的范围，主要分为以下几种类型：第一类是老字号品牌研究，探讨怀旧元素的运用对于促进老字号品牌发展的作用；第二类是怀旧品牌和产品，关注怀旧元素在企业各类营销活动中的应用，主要探讨消费活动中企业怀旧品牌的营销策略和受大众欢迎的具有怀旧色彩的产品；第三类是研究怀旧元素在广告和文艺作品等传播活动中的运用，主要考察怀旧广告对消费者购买活动的影响，对文艺作品收视率等的影响。

1. 老字号品牌的发展

在长期品牌管理中，创新和怀旧是老品牌维护的两大策略。创新策略是指通过更新变革陈旧的品牌资产来源或创建新的品牌资产来源达到品牌活化的目的。怀旧策略是指利用消费者的怀旧偏好，通过营销宣传，产品设计等来强化消费者与老品牌的回忆和情感，从而达到品牌活化的目的（Keller，1999）。Brown 等（2003）指出老品牌不仅可以唤起人们的个人怀旧，还可以唤起集体怀旧。往往很多老字号品牌是一代人的记忆。老字号品牌是人们过去记忆的符号，通过怀旧营销激发人们关于品牌的记忆共鸣，可以提高人们的品牌态度，进而促进更多的购买行为。悠久厚重的历史和消费者的记忆是老字号品牌宝贵的资产。老字号品牌可以充分发挥这一竞争优势，取得更大的市场价值。

何佳讯等（2007）通过定性研究和定量研究发现可以从创新特质和怀旧倾向这两个视角出发对老品牌市场进行细分，进而形成三类消费群体，即“创新—不满族”“守旧—中庸族”和“创新—积极族”。对于“创新—不满族”来说，平衡使用创新策略和怀旧策略更为重要；对“守旧—中庸族”来说适宜采用怀旧营销策略；对“创新—积极族”来说，老品牌应该努力塑造老品牌的新形象，扩大老品牌的新影响。江红艳等（2016）研究了消费者社会排斥对老品牌激活策略效果的影响。研究结果表明，当消费者因平庸而被排斥时其对于采用怀旧型品牌激活策略的产品购买意愿更高，“过去时间取向”在其中发挥了中介作用。当消费者因优异而被排斥时其对于采用创新型品牌激活策略的产品购买意愿更高，“未来时间取向”在二者关系中发挥了中介作用。此外，在怀旧营销研究视角下，通过案例研究探讨老字号品牌的怀旧品牌策略是一种较为流行的研究范式。例如，国内很多学者针对老品牌百雀羚的成功案例做了详细分析。百雀羚通过将怀旧因素在品牌定位、产品包装和广告设计等方面的设计，极大地提高了品牌形象（李艳芳和罗子明，2016）。除了真实的老字号品牌外，怀旧营销也被应用于虚拟的老字号品牌中。虚拟老字号品牌是指品牌悠久的历史并非真实存在，而是虚构的（Zimmer，1999）。通过讲述新产品悠久的历史和传统可以充分利用人们对于过去古老事物的偏好，进而引发消费者对于品牌的偏好，例如很多产品和商店被命名为“××斋”“××堂”等。

2. 怀旧品牌和产品

Loveland 等（2010）把怀旧品牌定义为过去流行，现在也流行的品牌。把非怀旧产品定义为现在流行但过去不流行或不存在的品牌。Loveland 等（2010）认为怀旧品牌就是那些可以引发怀旧情绪的品牌。怀旧品牌是物质化的怀旧记忆。通过怀旧品牌，人们把无形的怀旧经历投射到有形的品牌上，使得他们通过品牌看到一段过去生活的影子。这是消费者对怀旧品牌情有独钟的主要原因。学者们研究发现怀旧品牌会导致较强的品牌依恋，消费者对那些与自我过去经历或记忆相联系的品牌往往有着独特的依恋（Keller，1993）。类似地，消费者与怀旧品牌之间建立的关系要远比与非怀旧品牌之间建立的关系更为稳定和强健（Muehling & Pascal，2011）。

很多研究者都通过研究证明了怀旧品牌与积极态度之间的关系，并在此基础上探索了这一正向关系的调节作用。Shields 和 Johnson（2016）研究发现，品牌革新程度的大小会调节怀旧品牌对消费者的态度和行为意向。那些对品牌抱有怀旧情绪的人往往对品牌的原始版本即未革新的版本具有较为积极的态度，而对那些革新程度较大的版本则抱有较为消极的态度。此外，学者们还发现怀旧品牌会提高人们的收藏意向。Belk 等（1988）首先发现了怀旧会提高人们的品牌收藏意向。Slater（2000）则发现人们收集最多的怀旧品牌是可口可乐。

3. 怀旧广告

怀旧广告是一种常见的广告策略。根据定义，怀旧广告是指在广告中通过使用怀旧元素或怀旧主题促使人们回想起过去的广告类型（Reisenwitz et al.，2004）。怀旧广告策略本质是一种刺激消费者产生怀旧情绪的方式。通过运用怀旧文字、图片、音乐等元素，唤起消费者与品牌相关的美好回忆，进而使其对品牌产生积极的态度，最终做出相应的购买行为。这一视角下的研究通常探讨怀旧诉求的使用对消费者的态度和行为的影响以及影响消费者对怀旧广告态度的因素等。前人研究一致认为在广告中运用怀旧诉求可以激发消费者关于品牌的积极联想，进而提高个体对广告和品牌的积极态度（Muehling & Pascal，2011）。学者 Kessous 等（2015）研究发现怀旧广告不仅可以提高品牌态度，还可以提高个体对于相关产品的收集意向。同时，性别在其中起到了调节作用，即怀旧广告（VS 非怀旧广告）对收集意向的影响对于男性（VS 女性）更加强烈。

虽然大多数学者都认为怀旧广告的使用可以取得较好的营销效果，也有一些学者认为怀旧广告如果使用不当反而会起到消极的效果（Bussy，2008）。这是由于怀旧广告所激发的怀旧情绪具有积极和消极双重属性。一方面，怀旧广告让人们回想起过去与亲朋好友度过的美好时光，产生温暖快乐的感觉，进而把这种积极的情绪投射到品牌上，产生积极的品牌态度；另一方面，怀旧广告可能会唤起消费者的消极情绪，即由于过去的事物不会再现使得消费者产生失落和惋惜之感。这种负面的情绪可能会被消费者与品牌联系在一起，进而对品牌产生不好的印象。同时，另外一些情况下，怀旧广告的运用可能是无效的。例如，当怀旧广告人群是年轻人或怀旧倾向较低的人时，怀旧广告的说服效果就会大打折扣（Holbrook，1993；Holbrook & Schindler，1994）。

基于学术界关于怀旧广告作用的不同观点，柴俊武等（2011）认为运用怀旧广告的关键点在于寻找正确的目标受众，并在这一思路下探讨了个体差异之一的自我概念对怀旧广告有效性的影响。研究结果发现，自我概念与怀旧广告类型交互影响消费者对广告和品牌的态度。具体而言，独立自我程度较高的个体对以个人怀旧诉求（VS 虚拟集体怀旧诉求）为核心诉求的怀旧广告呈现出更好的广告态度和品牌态度。依赖自我程度较高的个体对以虚拟集体怀旧诉求（VS 虚拟集体怀旧诉求）为核心诉求的怀旧广告呈现出更好的广告态度和品牌态度。

1.4.2 个体视角下的怀旧消费

个体视角下的怀旧消费包括个体的怀旧偏好和怀旧情绪两个细分方向。这两个细分方向都是从个体层面出发，站在消费者角度探讨怀旧因素和非怀旧因素在消费者购买决策过程中所发挥的作用。

1. 消费活动中的怀旧偏好

消费者的怀旧偏好是怀旧营销活动有效性最重要的表现，怀旧营销中的营销活动最终目的都在于提高消费者的怀旧消费偏好，最终促成其购买行为。只有提高了消费者的怀旧消费偏好，企业的怀旧营销活动才是有效的。怀旧偏好是指个体对于自身年轻时期（早期成年期、青少年时期、童年，甚至在出生前）更加普遍（流行、时尚、广泛流通）的客体（人、地点、物品）的偏好（喜欢、积极态度、喜爱之情）（Holbrook & Schindler，1991）。营销视角下的怀旧偏好主要是指消费者对于带有怀旧元素的品牌、广告和产品等的偏好，也可称之为怀旧消费偏好。在怀旧偏好的相关研究中，与怀旧偏好紧密相关的后置变量一般为消费者对于怀旧产品的购买意愿和行为。而怀旧偏好的主要前置变量可以分为两类：一类是与怀旧相关的因素，如怀旧情绪和怀旧倾向等；另一类是独立于怀旧之外的心理变量，如社会排斥、不安全感等。

首先，怀旧相关因素。学者们普遍认为个体的怀旧偏好与个体早年的生活经历和个体对过去生活的态度密切相关。Schindler 和 Holbrook（2003）通过对音乐、电影、电影明星和时尚类产品的研究，发现消费者在年轻时期尤其是青少年时期所经历的流行元素和流行风格对其一生的怀旧消费偏好存在重要影响。Schindler 和 Holbrook（2003）在综合了个体特征、产品类型、怀旧倾向和怀旧偏好等概念的基础上，提出了整合怀旧偏好模型。该模型认为前期强烈的情感消费体验是形成后期怀旧偏好的决定性因素（见图 1–4）。

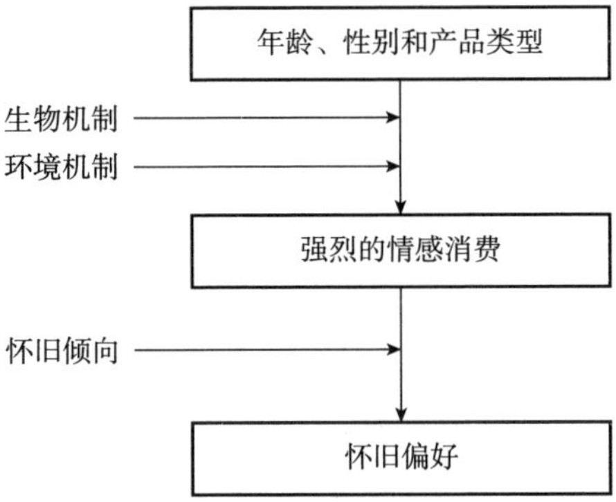

图 1–4　整合怀旧偏好模型

资料来源：Schindler R M，Holbrook M B. Nostalgia for Early Experience as A Determinant of Consumer Preferences［J］. Psychology & Marketing，2003，20（4）：275–302.

在整合怀旧偏好模型中，消费者的年龄、性别和产品类型决定了其对某一产品类型的强烈的、正向的情感体验，这种情感体验使其在之后形成了稳定且长久的对这一产品类型的偏好。在年龄、性别和产品类型影响情感体验的过程中，可能存在两种影响机制：一种是生理机制（biological mechanisms），如消费者的情感能量和荷尔蒙水平等；另一种是环境机制（environmental mechanism），如参照群体和社会规范等。虽然强烈的情感消费体验是形成怀旧偏好的关键因素，但是其中也受到个体怀旧倾向水平的调节作用。当个体的怀旧倾向较高时，消费者更可能在后期产生怀旧偏好。

Sierra 和 McQuitty（2007）基于社会认同理论提出了怀旧偏好二元过程模型。如图 1–5 所示，对过去生活的态度和对过去生活的向往是消费者对怀旧产品购买意愿的决定性因素。消费者对过去某一段生活的态度越积极越喜欢，他们对于那些能够提醒那段过去生活的产品的购买意愿就越强；消费者对于过去某一段生活越向往，他们对于那些能够提醒他们那段过去生活的产品的购买意愿就越强。

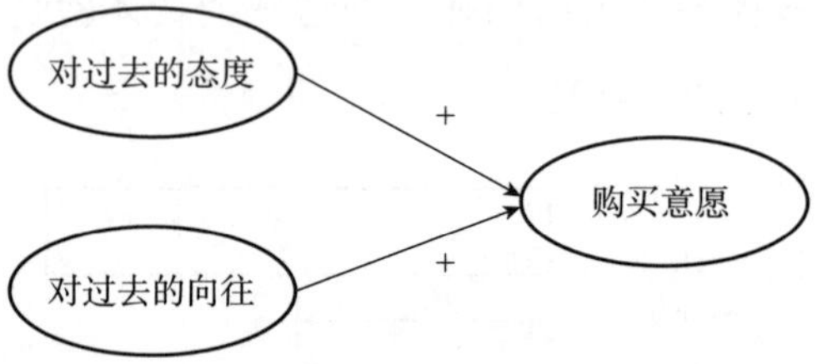

图 1–5　怀旧偏好二元过程模型

资料来源：Sierra J J, Mcquitty S. Attitudes and Emotions as Determinants of Nostalgia Purchases: An Application of Social Identity theory［J］. Journal of Marketing theory and Practice, 2007, 15（2）: 99–112.

值得注意的是，怀旧偏好与怀旧消费的概念经常被捆绑在一起。怀旧消费是指对带有怀旧元素的产品进行购买，这种怀旧元素可以是产品的广告使用了怀旧诉求，也可以是产品的包装采用了怀旧设计，或是产品本身由古老的工艺制成，等等。在营销视角下，怀旧偏好是指个体对于怀旧消费的偏好，怀旧消费是怀旧偏好在行为决策终端的体现。很多学者以消费者怀旧偏好的前因后果为基础运用综合视角对怀旧消费形成的机制进行了系统整理。卓素燕（2011）对怀旧消费行为及其形成路径进行了系统分析，归纳出了怀旧消费形成路径图（如图 1–6 所示），将怀旧消费行为形成过程分为怀旧情感反应、怀旧认知反应和怀旧行为反应三个阶段。消费者由来源于内部或外部的因素激发了其怀旧情感，进而对怀旧产品产生了偏好，最终对怀旧产品做出购买行为。

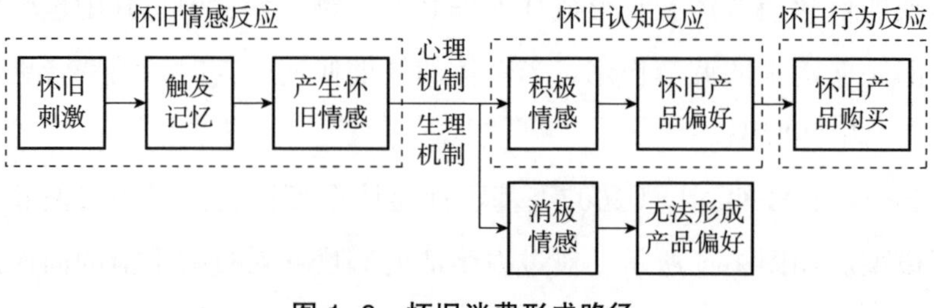

图 1–6　怀旧消费形成路径

资料来源：卓素燕 . 怀旧消费行为模式及形成路径分析［J］. 消费经济，2011（1）：69–71.

通过以上分析，我们可以看出这一视角下的研究只是围绕着与怀旧相关的因素对怀旧偏好的前置变量和后置变量进行了讨论，例如把怀旧偏好的前因确定为怀旧情感及其引发因素（如怀旧广告等），把其导致的后果界定为对于怀旧产品的购买行为，可以看出前置变量和后置变量都与怀旧偏好本身有着密切的关系。事实上，引发怀旧偏好的因素有很多，不一定是与怀旧因素相关，也可以是独立于怀旧情感之外的因素（如社会排斥等）。因此，也有一部分学者运用更为广阔的视角来探讨怀旧偏好的影响因素，即以下的第二个视角。

其次，非怀旧相关因素。在这一角度下，学者们从独立于怀旧因素之外的其他因素中探寻影响个体怀旧偏好的因素。目前的研究结论大多与个体的心理变量相关，如不安全感、社会排斥、压力和较低的权力感知等。Loveland 等（2010）研究发现无论是通过自我威胁（ego-threatening）的方式还是通过非自我威胁（non-ego-threatening）的方式来激发个体的归属需求（need to belong），都会增强个体对怀旧产品的偏好。社会排斥是自我威胁方式的一种，个体在受到社会排斥后，其归属目标会被激发，而怀旧产品会提高人们的社会联结感知即满足个体的归属需求，因此社会排斥提高了个体对怀旧产品的偏好。同时，当个体依赖型的自我被激发时，个体的归属需求增强，进而也会更多地选择怀旧产品。Zhou 等（2013）探讨了不安全感对个体怀旧产品购买意愿的影响。该研究从存在不安全感、个人不安全感、社会不安全感和发展不安全感这四个方面对不安全感进行了测量，发现消费者的不安全感越强，其怀旧情绪就越高，进而就越愿意购买怀旧产品。同时，怀旧品牌使用的怀旧策略类型会对不安全感与怀旧产品购买意愿的关系存在调节作用。具体而言，相比在产品样式上采用怀旧策略，在产品样式和品牌宣传主题中采用怀旧策略可以更好地提高不安全消费者对怀旧产品的购买意愿。毕圣等（2016）通过对公司员工和在校大学生两类群体的调查研究发现，压力会增强个体的怀旧偏好。具体而言，当个体感受到较大的压力时，会产生焦虑情绪，进而控制感降低，从而引发更强的怀旧品牌偏好。陈欢等（2016）研究发现较低的权力感知会激发个体寻找生活意义的动机，进而增强其对怀旧产品或怀旧品牌的偏好。

从以上研究结论可以发现，在非怀旧因素视角下，消费者产生怀旧偏好的原因主要是自我心理状态经历的负面状态或威胁。消费者为了缓解和消除心理的负面状态和威胁，进而产生了各种缓解动机，或者是增强归属感，或者是寻找生活的意义，或者是提高控制感，而怀旧产品具有各种正向的作用，既可以增强社会联结感知，又可以提高寻找生活的意义，还可以满足个体的控制感等，因此在负面的状态或威胁下，消费者一般都会提高对于怀旧产品的偏好。

2. 消费活动中的怀旧情绪

怀旧情绪是怀旧营销活动影响消费者偏好和购买行为的重要机制，怀旧营销活动中的怀旧因素只有激发了消费者的怀旧情绪，才有可能促成消费者的怀旧消费。目前，怀旧情绪的研究可以分为两类。第一类研究的特点在于研究变量通常是与怀旧相关的概念，如怀旧营销、怀旧广告和怀旧产品等。在研究模型中，怀旧情绪通常被视为外部刺激（如怀旧广告）的后置变量，怀旧偏好与怀旧消费的前置变量。举例来说，Zhou 等（2013）的研究认为不安全感引发了怀旧情绪，而怀旧情绪则进一步提高了消费者对于怀旧产品的购买意愿；而众多关于怀旧广告的研究也都认为怀旧广告可以激发消费者的怀旧情绪，而怀旧情绪可以进一步提高个体对于品牌的积极态度（Reisenwitz et al., 2004）。

在第二类研究中，学者们把怀旧情绪视为独立于怀旧品牌、怀旧产品和怀旧消费等怀旧因素之外的一种情感，探讨其对怀旧消费之外的消费行为，如捐赠行为、外国品牌评价、金钱欲望和消费耐心程度等的影响。Zhou 等（2012）考察了怀旧情绪对个体捐赠行为的影响。研究结果发现个体的怀旧情绪可以提高个体的同理心，进而提高个体的捐赠愿意，做出更多的捐赠行为和志愿行为。Orth 和 Bourrain（2008）发现零售环境中的气味会引发消费者的怀旧记忆和怀旧情绪，进而引发感觉寻求动机，最终引起了更多的探索性行为。

陈增祥等（2014）研究了消费者的怀旧情绪对外国品牌评价的影响。研究结果表明，消费者的怀旧情绪可以显著弱化其对外国品牌的作用。这是由于怀旧情绪增强了个体的社会联结感知，进而弱化了人们对物质的欲望，物质主义水平降低，最终降低了对奢侈品的需求。Lasaleta 等（2014）的研究表明怀旧情绪可以弱化消费者对于金钱的欲望，具体表现在怀旧组的被试相比于控制组的被试对产品的支付意愿更高，更不看重金钱，在获取金钱方面更不愿意付出努力，在画硬币时画出更小的硬币等。怀旧情绪激发的社会联结感知在以上影响中起到了中介作用，即社会联系与金钱在一定程度上是可以互换的资源，当个体的社会联系感知较强时，消费者对金钱的欲望会得到减弱。Huang 等（2016）考察了怀旧情绪对消费者耐心的影响。研究发现，回忆或回想一件过去怀念的事，会让个体变得更有耐心。这是由于令人怀念的事情往往是不可重现的，当回忆起怀念的事情时，人们总是希望能够尽可能地延长这些时光，让那过去的时光走得慢一些，从而细细地品味那怀念和留恋的时光，进而在后续的消费活动表现出更多的耐心。这种耐心表现在多种消费情境下，例如更愿意等待一个大额但延迟的奖励，更愿意等待网页的下载，更愿意等待网购的包裹等。陈瑞等（2017）研究发现，怀旧情绪能够影响消费者对享乐品（VS 实用品）的偏好。实验结果表明，被唤起怀旧情绪的被试对享乐型产品表现出更高的偏好，这是由于怀旧情绪使得消费者更愿意采用感性方式进行决策。

第 2 章
老字号品牌

2.1 老字号遇新发展

2.1.1 政策环境机遇

1. 国家扶持老字号品牌建设

汉服巡游、古风舞蹈表演、牙雕、打金技艺展示……广州市北京路步行街，商务部主办的全国“老字号嘉年华”，通过丰富多彩的活动，多维度展示了老字号的品牌形象，带领现场嘉宾领略老字号的人文内涵。2020 年至 2021 年，商务部已经连续两年举办“老字号嘉年华”，以创新活泼的方式，为老字号赋能，促进老字号消费。2021 年 11 月，第四届“中国国际进口博览会中华老字号创新发展大会”指出，“十四五”时期，商务部将会同相关部门，研究出台促进老字号创新发展的政策意见，建立健全老字号保护传承和创新发展长效机制，进一步激发老字号创新活力。事实上，国家对老字号的关注并不是最近才开始的，党中央、国务院一直以来高度重视老字号的保护工作，习近平总书记多次对老字号相关工作做出重要指示①。2016年，习近平总书记在黑龙江考察调研时指出，要“改造升级老字号”。2017 年，中共中央办公厅、国务院办公厅印发《关于实施中华优秀传统文化传承发展工程的意见》，提到要实施

① 商务部流通产业促进中心发布《老字号数字化转型与创新发展报告》.http：//www.ltcjzx.org.cn/article/zxyw/smlttj/gzdt/202108/20210803188698.shtml

"中华老字号保护发展工程"，支持一批文化特色浓、品牌信誉高、有市场竞争力的中华老字号做精做强。党的十九大报告也提出，要"推动中华优秀传统文化创造性转化、创新性发展"。2020年，《中共中央关于制定国民经济和社会发展第十四个五年规划和二〇三五年远景目标的建议》中，也提出要传承弘扬中华优秀传统文化，加强各民族优秀传统手工艺保护和传承[①]。党中央、国务院的各项政策，为老字号品牌的发展搭建起广阔的舞台。

此外，商务部及有关部门积极贯彻落实党中央、国务院的决策部署，制定颁布了一系列的政策措施，合力推进老字号保护和发展相关工作。早在2006年，商务部就启动了"振兴老字号工程"，肯定了老字号在经济和社会发展中的重要作用，从组织保障、统筹协调、政策措施、社会氛围、近期工作几大方面进行全面部署，为老字号的发展保驾护航。2008年，商务部等14个部门联合印发《关于保护和促进老字号发展的若干意见》(以下简称《指导意见》)，强调了保护和促进老字号发展的重要性和紧迫性。2011年，《关于进一步做好中华老字号保护与促进工作的通知》印发，就新时期老字号保护与促进工作做出通知[②]。2017年，基于老字号企业发展中出现的新的变化和需求，商务部牵头相关部门制定《关于促进老字号改革创新发展的指导意见》，同年1月12日，全国政协当年首次双周协商座谈会专题研究了保护和促进老字号发展的举措，呼吁营造有利于中华老字号发展的环境。2018年，商务部更是就《中华老字号认定管理办法（征求意见稿）》公开征求意见，拟建立中华老字号动态管理机制。国务院近年来亦出台多份文件，全方位扶持老字号创新发展，助力传承和弘扬老字号品牌。

① 中共中央关于制定国民经济和社会发展第十四个五年规划和二〇三五年远景目标的建议.http：//www.gov.cn/zhengce/2020-11/03/content_5556991.htm

② 商务部关于进一步做好中华老字号保护与促进工作的通知.http：//www.mofcom.gov.cn/aarticle/b/g/201108/20110807688840.html

2. 地方重视老字号品牌发展

老字号品牌在漫长的发展过程中，与所在城市的文化相融合，大部分在当地拥有广泛的群众基础，早就融入城市精神的内核基因、城市脉动的韵律符号，成为城市的闪亮名片。沿袭国家的政策指示，各地方政府也对本地老字号品牌的发展予以高度重视，用政策法规为老字号品牌铺就发展的道路。

上海不仅是中国国际经济、金融、贸易、航运、科技创新中心[①]，同时也是拥有中华老字号数量最多的省份[②]，“摩登”与复古的融合在这里得到了深刻的体现。除颁布《关于推进本市国有企业重振老字号品牌的若干措施》，推进“一品一策一方案”计划落实外[③]，上海还创新性地举办和开展了众多相关行动和活动，为老字号品牌搭建展示的窗口（图 2-1）。2018 年，上海市商务委提出“老字号重振专项行动”，特别是全市开展的“五五购物节”“制造佳品汇”，激发上海老字号品牌新的活力[④]；同年中国国际进口博览会，上海市商务委还发布一张“老字号”静态手绘地图。而到了 2019 年，这张地图也升级成为 AR 版，人们只需下载“周到

图 2-1　老字号主题沙龙

① 国务院关于上海市城市总体规划的批复.http：//www.gov.cn/zhengce/content/2017-12/25/content_5250134.htm

② 企查查发布中华老字号数据：美食占比六成，已孕育60家上市公司.https：//m.bjnews.com.cn/detail/160307628415657.html

③《关于推进本市国有企业重振老字号品牌的若干措施》的政策解读.https：//www.gzw.sh.gov.cn/shgzw_fzjs_zcjd/20190925/0054-93187.html

④ 上海“老品牌”转型升级路径与策略.http：//www.brand.zju.edu.cn/2021/0813/c57338a2414907/page.htm

上海”APP，扫一扫老字号的品牌 LOGO，即可瞬间了解到部分上海老字号的另一面[①]。事实上，仅在 2019 年，上海市就举办了“老字号新势力：上海老字号 + 互联网的新路径”“老字号的上海服务大家谈：新生活 · 新消费 · 新品牌”主题沙龙、“消费者喜爱的上海老字号品牌”体验日活动，联合拼多多平台推出“上海老字号新电商计划”、携手百度启动“老字号 · 百度品牌焕新计划”[②]。丰富多彩的相关活动，给了老字号品牌重振雄风的机遇。

2.1.2 技术环境机遇

1. 商业渠道拓展带来机会

互联网的飞速发展，让老字号品牌有了借助网络优势扩大品牌影响的机会。老字号护国寺小吃通过互联网外卖拓展了门店的覆盖范围，挖掘出更多潜在用户。据统计，护国寺小吃外卖在营业收入中的占比从 2017 年的 2% 左右快速增长至 2018 年的近 12%，其中北京广安门外分店占比甚至高达 21%[③]。

互联网对老字号品牌的赋能潜力是不争的事实，各大平台也积极参与其中，实现品牌与平台之间的双赢。2018 年 1 月，京东超市与 13 省市老字号协会、百大老字号品牌宣布共同成立国内首个“中华老字号互联网无界零售联盟”，通过联盟，京东能够将无界零售解决方案运用于老字号，助力老字号拓宽销售渠道[④]。同年，阿里巴巴正式宣布升级“天字号”计划，通过“天猫出海”帮助超过 1000 家老字号和国货大牌融入全

---

① 上海老字号“回春”：擦亮城市文化名片 .https：//www.jiemian.com/article/3119537.html

② 活力老字号| 2019 二季度品牌大事件汇总 .https：//www.sohu.com/a/333221470_303259

③ 老字号如何“翻身”？该借助数字化转型蜕变了 .https：//www.guancha.cn/ChanJing/2019_09_20_518667.shtml

④ 京东牵手老字号成立中华老字号互联网无界零售联盟 .http：//www.cs.com.cn/xwzx/201801/t20180117_5671200.html

球市场，打造现代中国的“新中国名片”[①]。2019年5月，拼多多在上海探索推出“老字号新电商计划”，并在启动仪式上表示，将在未来3年累计投入100亿营销资源以及15亿定向现金补贴，助力100家上海老字号品牌扩大市场份额[②]。

2021年5月，《人民日报》更是联合快手平台策划“国货发光——神奇国货实验季”项目，通过话题讨论、短视频、专场直播等形式为国货品牌打造多元立体式营销矩阵。截至5月底，“神奇国货”系列直播及快手主播的国货专场直播累计观看人数超5921万，直播点赞总数超910万。《国货发光数据报告》显示，2021年快手平台购买国货的用户数量较2020年同比增长394%，在快手平台达成交易的国货产品增速高达401%[③]。

2. 科学技术进步推动创新

苏宁金融研究院高级研究员付一夫认为，“老字号企业要保护、传承并创新传统技艺，在此基础上，引入先进的质量管理方法和模式，运用先进适用技术创新传统工艺，提高产品质量和工艺技术水平”[④]。科学技术的飞速进步，也推动着老字号品牌不断求变，用新的方式留住初心。

习惯了传统商业形式的老字号企业，近年来也纷纷跳出“舒适圈”，积极拥抱互联网。汾酒集团董事、副总经理杨波认为，“老字号利用大数据、新零售等新技术、新业态来打动不同圈层的消费者”，互联网终端对消费者数据的精准收集和智能化分析，可以指挥前端产业链各个环节的生产，并由此建立一套对市场快速反应的供应链体系（崔立勇，2019）。不仅如此，天津老字号品牌老梅花也积极携手互联网，开设智慧门店、

① 从商品出海到技术、文化出海看“天猫”的丝路旅程.https：//zj.zjol.com.cn/news/867467.html

② 拼多多联手老字号3年投百亿助力“上海老字号新电商计划”.https：//www.guancha.cn/ChanJing/2019_05_07_500611.shtml

③ “国货发光”活动为民族品牌搭建起品效双赢的传播阵地.http：//solution.yktchina.com/wt/2021/0709/7717.html

④ 老字号新活力：挖潜扩容净化市场转型升级倚老卖新.https：//www.chinanews.com.cn/cj/2019/12-25/9042428.shtml

云货架、在线直播间等，引入 3D 测脚设备，为客户生成自己的数据，更方便定制。“触网”为老梅花带来了销售额的快速增长，2019 年，老梅花天猫门店销售额增长 50%，达到 600 万元以上；2020 年增长 80%，单店销售额突破 1000 万元[①]。

科技进步带来的更直接的影响还有生产工艺的创新化与现代化。电脑控制的生产线、高水平的食品研发检测中心等先进技术被引入老字号品牌狗不理、桂发祥的生产车间，现代化的生产技术提高了产品制作效率，帮助老字号品牌适应竞争激烈的市场环境。2021 年 6 月 3 日，“天津老字号食品研究院”成立，狗不理集团、桂发祥十八街麻花食品有限公司、耳朵眼炸糕餐饮有限公司等老字号企业积极加入。首届技术委员会汇聚了来自南开大学、天津大学、江南大学、天津科技大学等食品研究领域的专家学者，用科技赋能传统食品品牌。

图 2–2　天津老字号食品研究院成立

2.1.3　社会环境机遇

1.“国潮”热方兴未艾

2018 纽约秋冬时装周上，中国品牌李宁成为第一个登上纽约时装周 T 台的中国运动品牌，其以“悟道”为主题，将复古元素完美融合进时装设计之中。其中对李宁奥运照片印花、中国李宁 LOGO、中式图腾的应用，通过对李宁第一套奥运领奖服的还原，以及对中国传统苏绣工艺

① 顺应互联网时代，老品牌有“年轻态”移动互联网 .http：//www.huanijian.cn/content/7pe7tt4nr1jhqxxya29r.html

技法的引用，展现出中式复古的美感与魅力，在时装周上引发轰动效应，也让李宁成为“国潮”代表[①]。

“国潮”概念的出现，远可追溯至前些年飞跃与回力球鞋在民间的走红。2019 年 11 月 11 日，“国潮趋势与文创发展论坛”在博鳌亚洲论坛国际会议中心举办。论坛上，由清华大学文化创意发展研究院发布的《国潮研究报告》指出，“国潮”，是“国”与“潮”的相加。“国”即为中国，意指中国文化的复兴，将中华各民族的优秀传统文化都纳入视野。而对于“潮”的解读，有多种版本。在 2018 年即“国潮”元年之前，“国潮”大多指狭义上的特定品牌，即由中国本土设计师创立的潮流品牌，是具有鲜明特色的小众文化代表。进入 2018 年后，“国潮”开始泛指广义上的某种消费概念，即国货群体和带有中国特色产品的走红[②]。

图 2–3　国潮产品

“国潮”流行后，迅速扩散到不同年龄段的群体中，“国潮”是全民参与的结果。对于我国 80 后、90 后、00 后的青年人来说，逐渐普及的高等教育让他们的认知力和接受力都远远高于上一代人，在消费过程中

① 李宁“悟道”纽约时装周中国式时尚运动风居然可以这么炫酷 .http：//fashion.sina.com.cn/2018-02-08/1621/doc-ifyrmfmc0214418.shtml

② “国潮”是风还是“潮” .http：//culture.people.com.cn/n1/2019/1123/c1013-31470578.html

更加注重自我表达和品牌文化之间的契合[①]，因此对于“国潮”有着独特的认识与青睐。“国潮”不仅在青年群体中盛行，中医养生、国学经典、琴棋书画、旗袍风尚也在中年、老年族群中大行其道，传统事物与当代需求相互融合，演变出新认知、新风尚。

“国潮”之下，虽有泥沙俱下的现象显现，比如有的产品只是中国元素的表面叠加，甚至打着“国潮”的噱头，粗制滥造，但是也有河南卫视春晚《唐宫夜宴》所带来的视觉上的惊艳与震撼，也有故宫文创产品唤起的人们对古文化与文物的热爱与自豪。不管是文化领域内，《诗词大会》《国家宝藏》《上新了故宫》等节目引领的热门话题让读经典、听戏曲成为风尚，让穿汉服的年轻人成为风景，还是消费领域内，在吃穿住用各种产品上对国货实力的日渐认可，这些都展现出轰轰烈烈的“国潮”来临，带给老字号品牌的独特机遇。

2. 文化自信持续发展

“国潮”崛起的背后，是中国文化自信的提升。习近平总书记曾指出：“文化力量正是一个国家、一个民族发展更基本、更深沉、更持久的力量。”[②] 不断发展的文化自信，也是老字号品牌传承发展的力量之源。

作为拥有着上下五千年文明史的文化大国，我国源远流长的传统文化本身即具有无可比拟的优越性。党的十八大以来，中华优秀传统文化的持续性“双创”复兴，为国产品牌的强势崛起提供了源源不断的内生动力。而老字号品牌自身赋有的历史价值与文化价值，使其很容易与中华优秀传统文化结合起来，展现出文化自信带来的优势。老字号品牌与传统文化的融合创新，既实现了品牌自身的革新重生，也助力传统文化与现实生活碰撞融合。这样双赢的过程，体现的是经济转型升级与文化

① 李宁亮相纽约时装周中国潮流消费市场开始崛起.https：//www.qianzhan.com/analyst/detail/220/180220-3cc1a695.html

② 习近平：文化自信是更基本、更深沉、更持久的力量.http：//www.qstheory.cn/zhuanqu/bkjx/2019-06/25/c_1124667671.htm

自信提高的同向同行，本质上更是中华优秀传统文化“双创”的成果与反映[①]。

除了中华文化本身的优越性，“后浪”对于本国文化的认同感，更是文化自信不断传承发展的基础。新消费背景下，“网生一代”年轻人成为消费主力，这代人对于国产品牌的认同格外高涨。一方面，他们的成长伴随着中国国力的增强，极大地激发了民族自豪感和文化认同感，增强了对本土品牌的自信与热爱。另一方面，他们的消费认知和理念不同于从前，不再盲目追随国外品牌，开始选择“潮流时尚”与“品质、性能、价值”并重的中国品牌。年轻一代消费群体青睐国产品牌，以此表达自我主张和生活态度，获取价值归属和身份认同，也赋予了老字号品牌广阔的发展空间。

2.1.4　经济环境机遇

1. 市场基础雄厚

如今，中国已经是世界第二大经济体，经济发展稳中有进，总体态势良好。党的十八大以来，中国经济持续跃升，2016 年、2017 年 GDP 接连越过 70 万亿元、80 万亿元大关，2018 年迈上 90 万亿元关口，占世界经济的比重超过 16%[②]。2020 年，在新冠肺炎疫情的压力之下，中国经济依然实现逆势增长，国内生产总值较上年增长 2.3%[③]。

国家信息中心表示，我国拥有超大规模市场，拥有全球最大中等收入群体，消费升级方兴未艾，消费对经济发展具有基础性作用，连续多年成为我国经济增长的第一拉动力。此外，有研究（尹伟华和肖宏伟，

---

① “国潮”澎湃如何更好彰显文化自信 .https：//news.gmw.cn/2021-09/02/content_35131846.htm

② 百年中国经济发展奇迹见证大国崛起 .http：//www.xinhuanet.com/fortune/2021-05/10/c_1127426693.htm

③ 2.3%！2020 年中国经济逆势增长 .http：//www.gov.cn/xinwen/2021-01/19/content_5580909.htm

2021）指出，中国国内市场发展的阶段性特征，在消费需求方面，体现出消费结构的优化升级。其中，时尚消费特征突出，品质消费也成为消费者关注的重点。奢侈品消费、高端消费、享受型消费、休闲度假消费等类型的消费需求将在未来日趋扩大；产品的材质、细节、格调、品味成为消费者选择产品的重要因素。而老字号品牌多数自身拥有历史沉淀下来的高品质，因而经常成为这种时尚消费的选择对象。广阔的消费市场，以及消费升级背景下消费者关注重点的改变，为老字号品牌的持续发展提供机遇。2017 年《指导意见》中还提出，要求深入推进供给侧结构性改革，以促进老字号改革创新为核心，以保护传承老字号为根本，进一步优化老字号的发展环境，充分发挥老字号的榜样示范和引领带动作用。除了消费市场和供给侧结构性改革的助力，2020 年，在应对外部挑战的同时，我国致力于构建“以国内大循环为主体、国内国际双循环相互促进的新发展格局”（如图 2-4 所示），进一步发挥国内超大规模的市场优势和内需潜力，这无疑为老字号品牌构建了发展的平台[①]。

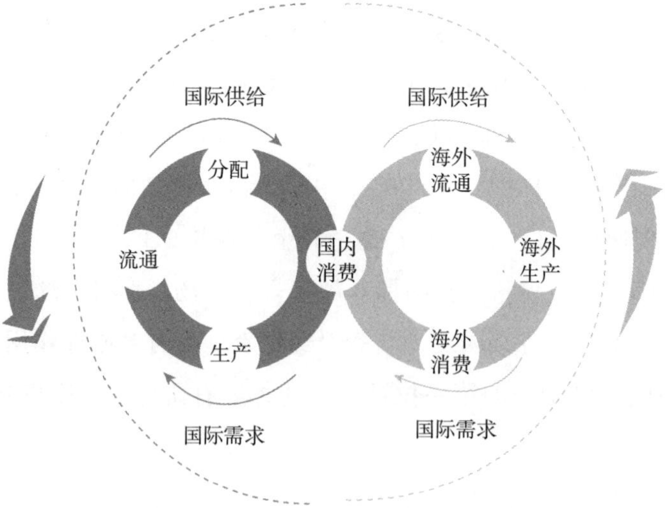

图 2-4　国内国际供求双循环新发展格局

① “新发展十年”——中国城市投资环境发展报告 .https：//www.jiemian.com/article/5852839.html

2. 竞争压力减弱

经济全球化是历史大势、全球潮流，然而自2008年国际金融危机以来，单边主义、贸易保护主义、逆全球化思潮不断有新的表现，经济全球化进程遭遇严峻挑战。尤其是2017年以来，美国频频挥舞贸易保护主义大棒，表现出明显的逆全球化倾向[①]。2018年，特朗普政府不顾中方劝阻，执意发动贸易战，更是掀起了又一轮的中美贸易争端。此外，2020年的新冠肺炎疫情也对全球贸易造成了巨大冲击。疫情造成的人员隔离、人员跨地区流动限制等均会对企业生产所需的劳动、资本、技术等各个生产要素产生影响，甚至会使得企业直接关停。货运受限也会导致货物运输受到影响，从而进一步放大疫情的影响。在疫情和逆全球化思潮的双重冲击下，全球供应链明显受阻，面临严峻挑战。表面上，疫情造成部分地区工厂无法开工、全球产能不足、运输能力受挫以及供应链下游库存位于低位，导致供应短缺。实质上，“断链”风险是贸易保护主义升温致使国际经贸合作受阻、对产业链造成干扰的后果，此外还受主要工业化国家劳动力短缺制约，疫情让问题更加凸显[②]。全球贸易遇挫，国外品牌进入中国的壁垒提高，使得国内品牌面临的国际竞争程度一定程度减弱，老字号品牌迎来发展机遇。

2.2　老字号的怀旧与创新

2.2.1　老字号的发展现状

商务部分别于2006年、2011年认定两批共1128家“中华老字号”。这1128家“中华老字号”归属于561家集团，其中有十个集团各自拥有

① 人民日报人民要论：逆全球化违背时代潮流.

② 全球供应链面临挑战中国稳链保供意义重大.http：//www.gov.cn/xinwen/2021-11/11/content_5650246.htm

超 10 家“中华老字号”，这些集团有 4 家来自上海，3 家来自北京，广州、天津、西安各有 1 家。

十大集团各自拥有超10家中华老字号					
豫园股份集团（22）		大富贵	松鹤楼	童涵春堂	王大隆
		湖心亭茶楼	豫园梨膏糖	上海老饭店	德兴
		南翔馒头店	老同盛	永青假发	华宝楼
		老庙黄金	协大祥	宝大祥	信大祥
		金徽酒	海鸥表	全泰	亚一金店
上海		老城隍庙五香豆		上海牌表	
津联控股集团（16）		春蕊牌茶叶	山海关汽水	起士林西点	盛锡福
		玉川居酱菜	春合体育	大明眼镜	桂顺斋糕点
		蜂皇家具	抵羊牌	红玫瑰牌	白玫瑰
天津		迎宾肉	津酒	飞鸽自行车	天女牌油墨
聚德华天集团（14）	首旅集团		丰泽园饭店	远东饭店	西单商场
			仿膳饭店	东来顺	北京饭店
			王府井百货		
			柳泉居	烤肉苑	砂锅居
			烤肉季	鸿宾楼	曲园酒楼
			玉华台	西来顺	新路春
			大地西餐厅	又一顺	峨嵋酒家
			老西安饭庄	护国寺小吃	
	金融街		同和居	同春园	天坛牌
北京			华天延吉		
首农集团（13）		六必居	王致和	桂馨斋	月盛斋
		龙门	天源酱园	通三益	大观楼
		金狮	京糖烟酒	京华茶叶	
北京		食品供应处34号		白玉豆制品	
广药集团（12）		星群药业	陈李济	白云山中一药业	健民
		敬修堂	采芝林	王老吉	奇星药业
广州		潘高寿	明兴	禾穗牌	何济公
杏花楼集团（12）		杏花楼	老正兴菜馆	沈大成餐饮	德兴面馆
		洪长兴餐饮	德大西餐	老半斋酒楼	鲜得来
上海		小绍兴	功德林素食	新雅粤菜馆	燕云楼
崇远投资集团（11）		便宜坊	都一处	壹条龙	天兴居
		盛锡福	大北照相馆	启元茶庄	锦芳小吃店
北京		力力豆花庄		浦五房	全素斋
华谊集团（11）		飞机牌染料	牡丹牌油墨	光明漆	飞虎漆
		白象牌电池	回力鞋	双钱轮胎	白石牌氧化锌
上海		一品涂料	眼睛牌漆	狮头染料	
新世界集团（10）		曹素功	虎牌	老介福	同德堂
		稻香村	春发生	真字牌	群力
上海		宝大祥		培罗蒙	
西安饮食集团（10）		聚丰园饭店	老孙家	东亚饭店	西安烤鸭店
		同盛祥	春发生	桃李村饭店	西安饭庄
西安		德发长	白云章清真饺子馆		

图 2-5　老字号品牌举例

虽然老字号品牌的发展迎来众多机遇，但其本身的历史文化价值既是资源优势，也是发展掣肘，不少老字号品牌在时代飞速发展的潮流中依然遇到了危机和挫败。我国老字号大多创建于明代或清代，新中国成立初期，中华老字号企业约有 16000 多家，然而发展至今老字号品牌仅剩不到 10%。一方面，老字号品牌在演变过程中，公私合营、“文革”、外来品牌长驱直入、城市改造等对它们造成了四次大的冲击（郭会斌，2016）；另一方面，故步自封、惯例老套，以及优势核心资源的管理能力不成熟，缺乏相关创新机制，又使部分老字号与市场脱轨，将原有的优势资源耗尽（杨桂菊等，2020）。中华老字号重点分布的餐饮、食品等行业，人工成本大，利润率较低。原辅料价格，水、电、气费用，人工工资、场地租金等不断上涨，企业的盈利水平下降，一些企业基本处于保本经营状态，无力扩大再生产（陈丽芬和果然，2018）。当然也有一些老字号品牌牢牢把握自身的优势，抓住时代的机遇，在时间的长河中站稳了脚跟，成长为中国文化自信的一部分。在这些品牌的发展历程之中，传承与创新之间的权衡，往往是串起企业各项战略举措的线索，更是企业获得成功的深层原因。

2.2.2　老字号的品牌资产与品牌内涵

品牌在现代企业的发展过程中有着极其重要的作用。广告专家琼斯将品牌界定为能为顾客提供其认为值得购买的功能利益及附加价值的产品。美国营销协会（AMA）则将品牌定义为一种名称、术语、标记、符号或设计，或是它们的组合运用，其目的是借以辨认某个销售者或某群销售者的产品及服务，并使之与竞争对手的产品和服务区别开来。品牌实质上代表着卖者对交付给买者的产品特征、利益和服务的一贯性的承诺。品牌资产对于品牌的发展而言至关重要。加利福尼亚大学伯克利分校的大卫・爱克教授认为，品牌资产与某一特定的品牌紧密联系，它能够为企业和顾客提供超越产品或服务本身利益之外的价值。而品牌资产给企业带来的附加利益，归根结底来源于品牌对消费者的吸引力和感召力。它实质上反映的是品牌与顾客（包括潜在顾客）之间的某种关系，这种顾客关系是一种长期的动态关系。品牌资产的重要组成部分包括有助于增加消费者购买信心的记忆、体验和印象，以及在此基础上形成的看法与偏好。

任何一个长期发展的企业不能脱离品牌资产而存在，老字号更是如此。在《商务部关于实施“振兴老字号工程”的通知》中，“中华老字号”被定义为“历史悠久，拥有世代传承的产品、技艺或服务，具有鲜明的中华民族传统文化背景和深厚的文化底蕴，取得社会广泛认同，形成良好信誉的品牌”①。老字号是字号，具有字号的一般法律特征，但又与一般的字号有所不同。老字号创立的时间有严格的规定，《中华老字号认定规范》第四条规定，企业在申请老字号时，需其品牌创立于1956年以前。事实上，老字号的历史都在160年以上，有些甚至长达三四百年。此外，老字号还需传承独特的产品、技艺或服务，传承中华民族优秀传统的企业文化，比如马聚源的“马三针”、荣宝斋的“木版水印”等，最后，老字号需具有民族特色和地域文化特征，具有历史和文化价值。老字号按照划分标准的不同，又可以分为中华老字号和地方老字号（田玉垒，2013）。可见，老字号自身蕴含着极大的品牌价值，拥有着极富潜力的品牌资产。在国家实施品牌战略政策、社会消费升级的经济背景下，以及技术飞速更迭、弘扬中华优秀传统文化的社会认知普及的推动下，老字号品牌普遍具有的地域特征、时代记忆和品牌传承过程中形成的文化价值遗产，广为消费者所认可和接受，并成为政府管理部门推广地方文化的重要抓手（王天甲，2020）。

当代人对老品牌的喜爱源于对“真实性”的追求。真实性（Authenticity）是指某一事物是真正的、正宗的、可靠的、真诚的和道德的（Arnould & Price，2000；Beverland & Farrelly，2010；徐伟和王新新，2012）。在商业领域，真实性主要体现在消费者对品牌价值观和理念的主观感受，可通过品牌本质、价值观等进行判断（Grayson & Martinec，2004）。品牌真实性是由消费者主观感知构建起的心理产物，是消费者对品牌价值观，原则和实际外显的一致性的感知（Fritzetal，2017）。当品牌满足了消费者的预期和期望，保留了品牌本身原有的、传统的价值观和理念时，消费者会感知到较强的品牌真实性（Morhartetal，2015；张楠和彭泗清，2018）。对于老字号品牌，在其漫长的发展历史中，已经与其顾客（包括潜在顾客）之间建立起心理和情感的联系，品牌真实性正是老字号品牌管理的核心。

---

① 《商务部关于实施“振兴老字号工程”的通知》（商改发〔2006〕171号）[Z]

2.2.3　老字号的“变”与“不变”

在老字号品牌的长期管理中，“变”与“不变”是两条值得权衡的路径。按照 Keller 的理论架构，长期品牌管理主要有两大方面的内容：一是品牌强化（brand reinforcement），二是品牌活化（brand revitalization）。前者强调维护品牌的一致性，后者则通过改变品牌知识来提升品牌资产。品牌活化正是品牌管理的核心，它同样包含创新与怀旧两种视角。创新就是面向未来，通过求变来更新陈旧的品牌资产来源，或创建新的品牌资产来源，最终达到品牌活化的目的（何佳讯等，2007）。而怀旧则是面向过去，利用消费者的怀旧偏好，通过维护老品牌的某些经典的、不变的东西来勾起消费者对老品牌与自己关系的正面回忆和情感，激发老品牌独有的品牌资产，从而达到品牌活化的效果（何佳讯和李耀，2006）。

而从品牌真实性的角度看，老字号品牌选择“传承”意味着保留真实性却缺乏变革，而选择“创新”则会损害品牌原有的真实性。品牌真实性的含义有两层：一是指品牌是否保持其原真性，以及其核心理念的延续和传承；二是指品牌是否保持其品质、外观和设计风格等的一致（Morhartetal，2015）。在激烈的市场环境下，老字号品牌的发展面临保持传统风格还是适应新市场的两难选择（许晖等，2018；张楠和彭泗清，2018）。老字号品牌“传承”和“创新”的二元对立在本质上涉及品牌真实性的程度的变化。老字号品牌真实性能够直接影响消费者的感知价值、品牌认同和购买意愿，是老字号品牌管理的核心（许晖等，2018）。但对于“传承”还是“创新”，学术界以及实践界一直存在争议。

以凯勒为代表的认知心理学派认为，品牌资产的激活应从品牌资产的构成要素——品牌意识和品牌形象两个方面寻找失去的品牌资产来源，再通过企业的营销活动，建立和传播新的品牌资产来源，提高品牌意识，改善品牌形象（Keller，1993）。其实质是在现有品牌资产要素基础上改革或注入新的要素，这是创新策略的运用。迈克尔 · 波特则把创新宽泛地定义为技术改进和更好地做事的方式与方法。根据他的概念，创新可以表现为产品变化、工艺变化、新的市场营销方法、新的销售形式和新市场的概念（Keller & Kevin，1999）。就老字号品牌而言，观念创新、营销创新、管理创新、技术创新以及市场创新等，都是可以选择的创新方式，目的是为企业发展注入新元素（张莹和孙明贵，2010）。而此时，老字号品牌采用的是“创新和重塑”的管理策略，其呈现给消费者的是创新的产品，延伸的产品线和全新的品牌形象等，品牌的真实性较弱。

另一个学派是以 Brown，Kozinet 和 Sherry 三位学者为代表的社会心理学派，他们以品牌情感为基础，强调唤起消费者与老品牌的怀旧联结，以此复活品牌意义（Brown et al.，2003）。与创新不同，这是通过挖掘品牌资产中的现有元素，运用营销方式提升品牌资产的怀旧策略的运用。中国的老字号品牌可以充分运用消费者的怀旧情结进行品牌的长期管理。老品牌具有强烈的怀旧价值，学者 Brown 等（2003）认为，它们不仅可以唤起人们的个人怀旧，还可以唤起集体怀旧。往往很多老字号品牌是一代人的记忆，能够引起一代人的情感共鸣。面对老品牌的衰退现象，可以利用消费者的怀旧偏好，通过维护老品牌的某些经典的、不变的东西来勾起消费者对老品牌与自己关系的正面回忆和情感，激发老品牌独有的品牌资产，从而实现品牌活化。此时，老字号品牌采用的是“传承”的管理策略，品牌的真实性得到较强的呈现，品牌向消费者展现的是品牌悠久的历史、传统的制造工艺、正宗的原料配方、鲜明的老字号商号和牌匾等。

然而这两种看似矛盾的理念，在老字号的品牌管理过程中却并不总是冲突的。怀旧与创新能够在优秀的品牌身上达成平衡共生。正如，认知学派认为在改变品牌形象的同时，要注意保留品牌的精髓；社会心理学派认为在充分利用怀旧的同时，也要保持产品的不断更新，以满足消费者的现实需要（何佳讯和李耀，2006）。许多老字号品牌也在发展的过程中实践着这样的理念，怀旧与创新的不同方式，同向发力，使这些企业品牌经受住了时间的考验，成为行业翘楚。

2.3　新环境下老字号发展的典型案例

2.3.1　百雀羚：产品与营销打造“东方美”

“蓝色的小铁盒，上面有着几只活泼的小鸟，优雅的香味”，是百雀羚首款热销产品“百雀羚冷霜”的经典形象。在 20 世纪三四十年代，蓝色小铁盒风靡全国，众多名媛贵妇，还有当时的明星都是百雀羚的忠实用户；到 21 世纪初，蓝色小铁盒变成了定制大礼盒，以“国礼”的身份，出席坦桑尼亚的妇女与发展基金会，延续了“东方美韵，护肤精品”的传奇故事。百雀羚拥有着“经典国货化妆品”的地位，这意味着它不单是一种明码标价的商品，还包裹在宏大的近代史叙事、身体的芳香记忆以及个人或集体的怀旧遥想之中，本身带有极强的怀旧价值。事实上，百雀羚也正是将怀旧思想运用到产品与营销之中，描绘出品牌延续近 90 岁的“东方美”。

1931 年，百雀羚公司的前身富贝康化妆品有限公司在上海创立，公司从德国引进配方，中国第一代护肤品问世。而“百雀羚”这个品牌的名称，传闻为品牌创始人顾植民从算命摊上得来；携着这样带着神秘色彩的身世，百雀羚品牌推出的国内首个护肤香脂类产品“百雀羚冷霜”一炮而红，其自主研发的取自天然的配方，使这款蓝色小铁盒在市场上广受欢迎，并且为后来的百雀羚香水、花露水、香粉、胭脂、口红等品牌延伸产品建立了坚实的顾客基础（百雀羚广告见图 2–6）。这样的辉煌一直持续至 20 世纪 80 年代后期，百雀羚产品的护肤理念，由单纯地关注“保护”诉

图 2–6　百雀羚广告

求，变为全面关注“护理、滋养”，百雀羚旗下的技术人员研制成功凤凰珍珠霜、凤凰胎盘膏等多系列产品，这些品类多样、价格低廉的产品畅销全国，“百雀羚护肤香脂”荣获上海轻工业局优质产品奖、轻工业部优质产品奖[①]。

然而，20 世纪 90 年代，一方面外资化妆品牌大量进入中国市场，对百雀羚的发展造成冲击；另一方面也由于新中国成立后，品牌长期被定位为价格低廉的大众护肤品，虽然较高的性价比让其成为几代中国人的选择，但其过于低廉的价格同样使品牌缺少了更新和发展的空间，在这样的情况下，百雀羚逐渐没落和沉寂。2000 年，无奈之下改制为民营的上海百雀羚日用化学品公司，引入产业资本和专业团队，开启了艰难的品牌转型之路。

从 2006 年至 2009 年，公司先后展开“草本能量探索工程”、成立汉方本草研究所，取得行业内突破性的科研进展。大量的研发投入给了百雀羚扩充产品线和拓宽顾客群的实力和资本。百雀羚旗下，新一代草本精粹系列“百雀羚草本”，定位中端、主打美白功效的“气韵”，以“海洋护肤”为主题的“海秘”，与美国迪士尼公司联合推出的儿童护理产品 Disney 系列，自主研发的针对年轻消费者群体的文艺花草产品“三生花”系列、“小雀幸”系列，以及专注男性护肤的“百雀羚男士”系列等子品牌的创建，为百雀羚打开了更加广阔的市场，给百雀羚注入了新的活力。

在产品内容全面升级的同时，百雀羚同样在品牌外在形象上做出了调整。在转型初期，百雀羚专门聘请世界顶尖的设计公司定制产品包装，让包装呈现出更加美观、高端、清丽脱俗的效果。除了产品包装，品牌 LOGO 也经历了更新换代，原来的具象化小鸟被换成了抽象化的草本线条，在突出品牌理念的同时，显示了百雀羚向中高端市场挺进的决心。

为淡化自身“老式、传统”的标签，快速打入年轻群体市场，百雀

① 从百雀羚 LOGO，看 89 岁百雀羚逆袭之路！.http：//www.zzvchuang.com/c/view.php？aid=89

羚还采用了多种年轻化营销方式，先后邀请莫文蔚、周杰伦、李冰冰等明星为品牌代言，2020 年还邀请 90 后双金影后周冬雨为“三生花”品牌赋能，不仅周冬雨文艺清新的形象与品牌形象相契合，而且明星 IP 为品牌带来了流量与关注度，重塑了品牌的年轻化形象。

但是，在转型升级的同时，百雀羚也没有忘记品牌自身的价值与魅力。2017 年，百雀羚推出长图广告《一九三一》，全长 427 厘米，以新颖的方式，缓缓展开一幅 20 世纪 30 年代上海的全景风俗画，将老上海的复古细节场景还原，既体现品牌的传承，又暗喻产品帮助消费者青春永驻，借此推销其为母亲节定制的产品“月光宝盒”。借助老上海怀旧的灵韵以及百雀羚品牌本身的形象价值，这则“一镜到底”的广告在当时达到千万级的传播，成为怀旧营销的经典案例。

图 2–7　百雀羚广告《一九三一》画面

不仅如此，百雀羚一直保留其经典产品，铁盒护肤脂、止痒润肤露和凡士林等。尤其是“百雀羚冷霜”这款盛极一时的产品，品牌当年经典的复古铁盒包装和醒目的 LOGO，将消费者带回记忆之中的民国时期，熟悉的膏体和优雅的香味，甚至让部分消费者想起了“妈妈的味道”，与消费者建立起情感的连接，留住了众多中老年消费者的心。

不仅是保留经典产品，百雀羚在其他产品的包装上也经常呈现出复古的倾向。例如百雀羚利用“国礼”事件推出的国礼套装，礼盒采用传统的中国红作为底色，四周配以浮雕花纹，中间为金黄色圆形的品牌标志。中国红、金黄色均是中式常用配色，外方内圆的形式代表着“天圆地方”的理念。国礼套装的每一个细节都带有鲜明的传统文化印记，把中国元素形象融入品牌中，增强了百雀羚“专注东方美”的民族品牌形象。百雀羚子品牌“三生花”系列的包装同样含有复古主体。其以上海女人知性优雅的形象为插画元素，旗袍、纸伞、扇子等民国怀旧的元素组成清新淡雅的包装，既贴合年轻消费群体现代文艺风的审美取向，又融入了品牌的怀旧情绪[①]。

图 2-8　百雀羚“三生花”系列包装

这一系列从内在到外在的组合拳，使百雀羚的质量获得空前提升，品牌形象大为改观。百雀羚除了在产品品类上不断扩张，推出符合不同群体消费需求的产品外，还优化了自身形象，并且在营销上善于捕捉年轻一代消费者价值观和生活方式。这样的品牌升级历程，传达出老字号穿越历史、重塑经典的决心，百雀羚品牌先后荣获“上海著名商标”“中国驰名商标”等荣誉，并在 2017 年成为国际化妆品化学家联合会（IFCC）在中国的首个金级会员，2018 年更是跃升为荣耀金级战略伙伴。

百雀羚的振兴，可以说正是怀旧与创新双向驱动的结果。诚然，百雀羚的产品面向不同群体进行了拓宽，品牌形象也进行了年轻化的重塑，但是不难发现，百雀羚“天然不刺激”“缔造东方之美”的理念是一以贯之的，即使是形式创新的营销，也全部运作在品牌理念的框架之内。百雀羚即使跨界，也坚持要与“中国风”“东方美”的品牌调性相符。针对

① 新媒体环境下百雀羚的品牌形象设计策略研究，http：//c-gbi.com/v6/8866.html

95 后、00 后喜好二次元人群，百雀羚携国内超人气虚拟歌手跨界合作独家定制新品，全球首发洛天依定制面膜；针对 80 后、90 后追求品质人群，百雀羚邀请故宫文化珠宝首席设计顾问钟华，跨界设计了“东方簪”及“燕来百宝奁”礼盒；针对 70 后、80 后、爱回味、爱经典人群，百雀羚特地推出“四大美人版拉洋片礼盒”。怀旧加强了消费者与品牌之间的情感连接，百雀羚通过加强并有效传递品牌“中国风”“东方美”的固有特征，有效激起消费者对原有品牌的怀旧情绪（何佳讯等，2007）。

相关研究强调，在进行扩大目标市场等品牌重新定位措施时，确保新定位与现有品牌联想的一致性是非常重要的（Aaker，1991）。老字号品牌留在人们心中的记忆是宝贵的财富，企业绝不能抛弃品牌特性，同时也不能让思维固化沉沦于品牌老化疲软的逆境中。如果说“国礼效应”是一场东风，让人们重新认识和重视百雀羚及其他的老字号品牌护肤品，那么品牌自身的传承与创新就是老字号品牌崛起的根本（陈家怡等，2016）。显然，百雀羚通过子品牌、新营销来延续自身“东方之美”的品牌联想，将不变的理念、怀旧的情感与创新的现代元素融合起来，呈现出了一个重获生机与活力的老字号品牌。

有研究证实，在动态变化以及竞争日益激烈的环境下，塑造品牌的文化特色，提炼品牌的文化内核，实施基于传统文化的产品及营销创新，能够打造老字号产品差异化的竞争优势，从而实现持续创新成长（杨桂菊等，2020）。基于品牌文化特色的产品和营销创新，有利于老字号企业的优势重构，突破发展瓶颈，为实现企业的创新成长创造机遇。

2.3.2　同仁堂：在不同的领域传承“古方”

2016 年，在某一期央视《我有传家宝》的节目录制现场，北京同仁堂安宫牛黄丸“非遗”项目传承人张冬梅和她的徒弟共同展示了手工制作安宫牛黄丸的过程。师徒二人默契配合，搓出来的药丸放于电子秤上，每一个药丸都是 3 克，在场的嘉宾和观众无不拍手称绝。

安宫牛黄丸，是一味有着 200 多年历史的传统急症用药，也是老字号品牌同仁堂的十大招牌药之首，“安宫牛黄丸制作技艺”也于2014年11月获得国家级非物质文化遗产批准。这味古药能够保持极高的质量传承至今，与同仁堂严格精细的制作工艺密不可分，在北京同仁堂近150年的安宫牛黄丸制作史上，从未出现过偏差。一步步细磨、精研、过筛、混匀、加炼蜜、包金衣、封蜡皮，最后打上同仁堂标志的工艺，折射出的是同仁堂“炮制虽繁必不敢省人工，品味虽贵必不敢减物力”的准则，是同仁堂蕴含着执着与信仰的“古方”。

1702年，即康熙四十一年，乐凤鸣在北京大栅栏的路南开了一家药铺——同仁堂。凭借乐家先辈世代行医的声誉，以及乐凤鸣自身高明的医术，同仁堂仅三年就在宫里享有盛誉，在1705年，甚至得到了专为皇帝题写御碑的官员的亲自题匾。从1723年开始，直到宣统被迫退位，同仁堂一直享有供奉御药的特权，这期间同仁堂兢兢业业，始终坚持严格的选方、用药、配比和技艺规范，保证了良好的药效和商誉，生意一直兴隆。不仅在药品质量上做到极致，同仁堂还注重人性化的服务，将招牌中的“仁”字内化到日常的服务之中。例如一直坚持代顾客煎药的老规矩，深受顾客的欢迎；同仁堂还会在朝廷会考期间赠送“平安药”，冬天开办粥厂，夏天布施暑药，在百姓间享有极高的声誉。在当时，这间“德高望重”的药房在人们心中有着“配方独特、选料上乘、工艺精湛、疗效显著”的形象，代表着“同修仁德，济世养生”的文化传承。

但是，同仁堂的发展也并非一帆风顺。1937年的七七事变，拉开了中国抗日救亡艰难时期的序幕。在战火纷飞的年代里，同仁堂也逃不过被搜刮、被打压的困境，但同仁堂的乐家人没有屈服于日本人的威胁，他们投身到抗日的地下工作之中，并艰难地维持着药铺的经营。熬过了抗战的艰难时期，同仁堂又经历了

图2-9　北京同仁堂匾额

动荡十年。这期间，乐家人成为普通工人而不再掌管祖业，同仁堂也成为国有企业。直到 1979 年，同仁堂的店牌号才得以恢复。1992 年，那首《春天的故事》传唱全国，邓小平的南方谈话在经济上形成了强大的号召力，中国经济逐渐呈现全面复苏的态势，也是在这一年，北京市药材公司以及同仁堂制药厂和同仁堂药店等 21 个核心单位组成的“同仁堂集团”正式成立。

这个重生的同仁堂集团继承了同仁堂 300 多年积累的品牌资产，在成立之初就获得了社会各界广泛的关注、信任甚至是美誉。然而在响亮的名号背后，当时的同仁堂集团一方面由于集团是以政府划拨方式短时间内建立的，内部体系十分混乱；另一方面受当时经济形势影响，集团资金匮乏，销售额中近一半为欠款。虽然开始了重新振兴之路，但可以说同仁堂当时依然面临着“气血不畅”“经络不通”的巨大危机。

针对这种情况，同仁堂实施了大刀阔斧的管理改革和相关措施，用更有优势的管理运营方式去融通企业的气血即资金，理顺企业的经络即体系。在短期内，面对当时“三角债”的市场乱局，同仁堂通过无订单不生产、不汇款不给货、应收账款坚决回收三个强力措施，加快速度回款，实现了资金的融通；同时推动工厂生产和公司销售分离，本地、外地和海外市场分离，各渠道分离，理顺了集团内部的销售乱局。从长远看，同仁堂仅靠这样的融通和改革还不足以实现长期的发展。经过谨慎研究，同仁堂成为最早启动上市融资计划的企业之一，这一大胆的决定使得集团融资问题迎刃而解，成为同仁堂长远发展历程中的重要一步。不仅如此，在稳定集团内部销售局面之后，同仁堂开始对五花八门的下属企业进行重组和整治，依次采取理清核心主业、撤并周边三产、重组同类资源、托管互补资产的措施，将下属企业整合为六大二级集团，形成了“股份公司继承传统产品，科技公司开发新药新品，国药公司主打海外市场，参茸公司主攻中药饮片，健康药业瞄准保健市场，商业集团构建零售网络”的差异化布局。通过推动各大二级集团独立运行、各有侧重、资源共享、整体发展的策略，同仁堂集团真正理顺和盘活了自身的资产，打造了跨地区、跨国界和跨所有制的新经营格局，将同仁堂这家百年老店带入了全新的时代[①]。

2019 年，同仁堂旗下新零售业态品牌“知嘛健康”体验店开业，让同仁堂这个有着 300 多年历史的老字号品牌，以全新的形象，强势进入大众视野，让养生不再是中老年专属，而是年轻人同样关注的潮流。这个横跨“象、食、养、医”四大解决方案，覆盖多元化购物休闲场景，以尖端科技和前沿思维赋能，倡导个性化体验的子品牌，展现出了同仁堂在不同的领域传承品牌文化、品牌技艺的活力和信念。这个子品牌的名字隐含着对年轻人的召唤——“你知道同仁堂吗？你知道怎么养生吗？”，更展现着同仁堂“全心全意为人民健康服务”的不变宗旨。

图 2-10　同仁堂草本咖啡

正如知嘛健康业务负责人俞睿璇提到的，“茶饮只是引流，我们要打造的是健康体验空间。”在知嘛健康体验店内，除了“中西合璧”的草本咖啡，顾客还可以在一层健康食疗区购买养生汤品，在健康超市购买同仁堂的蜂蜜、阿胶等产品。在二层诊疗区，还设有中药房和理疗师，顾客可以在这里抓药，或享受咨询、针灸、按摩、理疗等服务。这种“名医→名店→名药”一体化的运营模式实际上是同仁堂创始以来的传统服务方式，同样体现出同仁堂品质的传承。这一杯杯咖啡中加入的，不仅是枸杞、罗汉果、肉桂这些养生草本，更是同仁堂对中医药传承的执着[②]。

此外，同仁堂在制药技艺的教授过程中也传承改良的师徒制，这种带有传统色彩的技艺传授方式让同仁堂的品牌形象更加一致和鲜明，也

① 同仁堂的 300 年：三次力挽狂澜 .https：//www.jiemian.com/article/1087085.html
② 韩维正 . 同仁堂卖咖啡喝出新味道［J］. 企业文化，2021，(4)：29-30.

让药品的品质更容易得到顾客的信任和青睐。从丸散膏丹的制作工艺、焖煮煅烫的炮制技艺、看摸闻尝的鉴别技巧，到品德情操的涵养、精神文脉的延续，都通过师徒制得以传承，这也让同仁堂中医药文化体系得到更为完整的传承①。2012年，同仁堂集团在引入现代化制药工艺、现代企业管理理念的基础上，正式成立“首席技师管理办公室”，按照严进严出的选拔标准组建首席技师工作室，提升了传承效率和质量，更多热爱中医药事业的年轻人接过师傅们的衣钵，书写着同仁堂的未来。

除了理念和技艺的传承延续，同仁堂店面的中式装修，体现出中华传统中医药文化的气息，也让人们感受到这个老字号品牌深厚的历史和文化。特别是同仁堂开在海外的分店，经常让海外同胞感受到家乡的文化氛围。作为一个生产中药产品的中华老字号，同仁堂将海外开店、中医药史展示、中医坐诊与售药相结合，通过给消费者一个直接了解中药的环境，增强了其对中药的信任和用药习惯，更在无形之中传播输出了中华传统文化。

相关研究指出，老字号品牌凭借其独特的工艺和卓越的品质，在消费者心中建立了良好的品牌形象，通过品牌延伸能够达到振兴品牌的目的（Lehu，2004）。当老字号品牌被应用于属性一致性高的新产品时，原品牌会以属性加关系的方式被映射到新产品上，使消费者对延伸产品产生积极评价（杨宜苗等，2021）。因此，同仁堂在保持自身稳重形象的同时，将理念和技艺延伸到子品牌“知嘛健康”上，能够使消费者迅速联想到母品牌健康养生的属性，对新产品产生信任，同时也拉动母品牌的成长。在中式传统养生之道的指引下，同仁堂还在不断地向外探索，传承着品牌延续的“古方”。

2.3.3　大白兔：跨界联名增彩“童年味道”

20世纪60年代的一个傍晚，一位普通的工人父亲下班后匆匆回到

① 同仁堂 丹心如故话传承［J］. 旅游，2021,（7）

家中，刚关上门就迫不及待地唤出自己的小女儿，故作神秘地从背后掏出两颗包装红蓝相间、印着一只活泼的大白兔的奶糖，欣慰地看着女儿面对这份惊喜时的快乐，这种温馨的画面时常发生。这份精心筹备的甜蜜，也许今天的我们难以体会，但在很多60后、70后、80后几代人的童年记忆中，大白兔奶糖确是一份不一样的浓郁味道，里面混杂着父母的关爱、初恋的青涩；那“七粒等于一杯牛奶”的白色圆柱奶糖，享有着“童年味道”的极高地位。如今，这只“不服老”的大白兔早已不满足于局限在奶糖领域，而是跃至服装、日用、饮品等产品之上，在不同领域都留下了“童年记忆”的身影。

大白兔奶糖的创立，要回溯到1959年，这一年刚好是新中国成立十周年，大白兔也因此成为新中国成立十周年献礼产品，从创立之初就在人们心中带上了不一样的标签。在物资匮乏的日子里，奶糖显得尤为珍贵，大白兔奶糖香醇的奶味也成为许多人美好的童年回忆。很多定位在那个年代的文艺作品，也包含着关于大白兔奶糖的独特记忆。余华的小说《兄弟》中，宋钢和李光头两兄弟，就是从一把大白兔奶糖开始相识的，他们在睡觉时也捏着残留奶香的大白兔糖纸；电影《山楂树之恋》中的男主角孙建新第一次遇到女主角静秋，从口袋掏出的也是一粒大白兔奶糖①。可以看出，时代背景与品牌文化与所赋予的价值内涵，是让消费者所感受到的情感共鸣及珍贵而又深刻的记忆，也让“大白兔”品牌有着无可替代的品牌价值与意义（王敏和焦志楠，2021）。大白兔奶糖不止在国内广受大家喜爱，在国外市场上也有大白兔奶糖的一席之地。1972年，周恩来总理将大白兔奶糖作为礼物赠送给访华的美国总统尼克松，到21世纪初，大白兔奶糖已经向外出口至美国、欧洲、新加坡等40多个国家和地区②。

然而，随着时代的发展，物资日渐丰富，消费者的需求水平越来越

① 作为曾经的国宾礼糖，70年过去了，大白兔也不得不被迫寻求转型.https：//www.163.com/dy/article/FOISIS1S0518J3SG.html

② “大白兔”的品牌定位，究竟是该倡导时尚年轻还是怀念主题？.https：//www.163.com/dy/article/GH6J1TM60525CR59.html

高，大白兔单一传统的产品渐渐不能引起顾客的热情；而且随着国内外越来越多不同品牌的同类产品的出现，抢占了大白兔奶糖的市场，大白兔开始逐渐淡出市场中心。为了保证品牌的生命力，同时在竞争激烈的市场中生存，大白兔奶糖从 2002 年开始为产品重新定制配方、包装，并将产品种类由原来的鲜乳牛奶糖扩展到太妃糖、奶油话梅糖、花生牛轧糖等，原来奶糖的口味也从原味拓宽至巧克力味、酸奶味、红豆味、玉米味和清凉味等（陈晨，2020），让很多消费者眼前一亮。不仅如此，大白兔奶糖还重视将自身的改变宣传出去，让消费者更好地理解品牌所做出的改变。2004 年，大白兔决定加大在中央电视台的广告投放力度，并通过招标会拿下了央视的黄金时段。次年，大白兔广告紧随热播剧《汉武大帝》之后播出，再度唤起了广大消费者对这个老字号品牌的记忆，并成功地引发了人们的消费兴趣，大白兔的销量也随着《汉武大帝》的热播有了极大提升[①]。

从 2015 年起，大白兔奶糖开始探索跨界营销的新形式，在品牌年轻化、多元化的道路上越走越远。在岁月的积淀之中，大白兔奶糖已经融入人们浓浓的文化记忆中，出现在几代人的生活场景里，与消费者之间产生了自然的情感联结，因此大白兔品牌的跨界联名产品常常引起大量关注。与法国时尚轻奢品牌“Agnes b.”跨界合作推出限量版糖果礼盒是大白兔在 2015 年做出的首次跨界之举。2016 年，国务院提出，国有的文化文物单位要充分挖掘和探寻合理的收益分配机制，吸引社会力量以及民众基础进行文创产品的开发和销售[②]。就在这年，大白兔又和中国国家博物馆合作推出文创糖果礼盒，将国宝级文物“四羊方尊”的形象融入品牌礼盒的设计上，“兔羊首相合，吉祥寓如意”的创作理念让有历史的品牌和有历史的文物融合起来，使产品不再只是简单的产品，还承

① 大白兔：香飘全国，再创辉煌 .http：//www.cctv.com/advertisement/20050316/101995.shtml

② 国务院办公厅转发文化部等部门关于推动文化文物单位文化创意产品开发若干意见的通知 .http：//www.gov.cn/zhengce/content/2016-05/16/content_5073722.htm

载着文化、记忆和情怀，吸引着消费者的目光。

此后，大白兔奶糖似乎找到了增加品牌曝光度、延长品牌寿命的可行路径，持续以每年合作一两个品牌的频率进行跨界营销。2017 年，大白兔与网络游戏《球球大作战》合作，上线以“大白兔”为关键词的皮肤。2018 年，大白兔与国货日化品牌美加净联合推出“时刻”润唇系列限量款大白兔奶糖味的润唇膏，更是创下了辉煌的销售成绩，成为老字号品牌跨界怀旧营销的经典案例之一。这款奶糖味润唇膏将大白兔“情怀”的价值发挥到了极致，包装上，采用红蓝白三色配色，配以一只憨态可掬的大白兔，甚至外部的礼盒也还原了大白兔奶糖经典折纸包装，从视觉上勾起消费者的温暖“回忆”；成分上，这款润唇膏将牛奶精华融入甜杏仁油、乳木果油、橄榄油等食品级植物精华，并且经过特别调香，完美保持了大白兔奶糖的经典味道，从味觉上引发消费者的无穷“回味”。大白兔奶糖味润唇膏深层滋润的功效似乎都已经在情怀面前淡化，消费者购买的更是在上海这个城市的一段记忆、儿时弄堂里的一抹香甜、和同伴分享时的一份喜悦……大白兔奶糖味润唇膏在天猫旗舰店上预售的半秒钟内全部卖完，并且在社交平台引发了话题效应[①]。2018年，这款润唇膏还荣获天猫金妆奖、中国新品消费盛典年度创意跨界新品奖[②]。

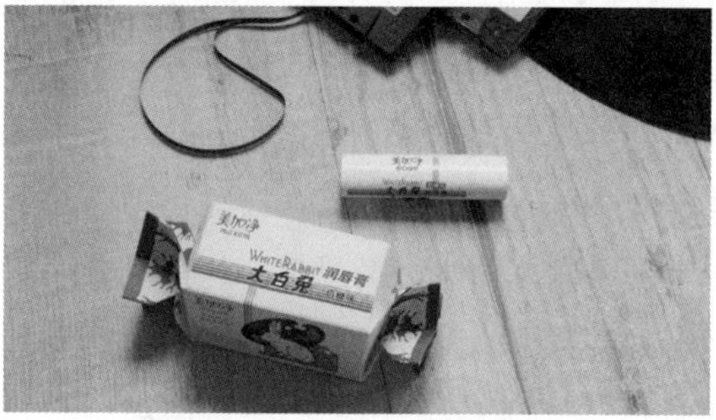

图 2-11　大白兔奶糖味润唇膏

除了日化、食品这些与大白兔邻近领域的品牌，大白兔与时尚界品

① 大白兔奶糖的网红之路：如何玩好跨界营销？.https：//zhuanlan.zhihu.com/p/139684232

② 美加净 × 大白兔：奶糖味润唇膏，甜过回忆 .https：//www.digitaling.com/projects/59240.html

牌同样有合作。2017 年，大白兔奶糖与主打“趣味、创造”的新锐女鞋品牌“LABER THREE”合作，推出大白兔奶糖系列单鞋，整体色彩采用浅粉、浅蓝、白色等糖果色，并且大量运用皮草元素，让人联想到大白兔奶糖的形象，给人以温暖、安全、甜蜜的感受。还有部分单品融入了 60 年代老上海复古摩登元素，更加勾起了消费者的怀旧情绪[①]。2019 年，这只 60 周岁的大白兔又出现在时尚少女品牌乐町的服饰上，依然是经典红蓝白配色、白色兔子形象，以及“大白兔”或“White Rabbit”的中英文字样，将一位位靓丽的少女打造成一颗颗“行走的大白兔奶糖”[②]。除了服装本身设计的潮流前卫，大白兔 IP 的加持无疑让这些服装承载了更多的价值，收获了更为广泛的关注和热度。

图 2-12　大白兔奶糖系列单鞋

图 2-13　乐町与大白兔联名服饰

当然还有“快乐童年香氛系列”奶糖味香水、大白兔奶糖奶茶快闪店、奶糖味雪糕等跨界联名的产品，将经典的“童年味道”带到了消费者生活的方方面面。大白兔奶糖通过极富创意的跨界，让消费者的怀旧情怀落地，拉近与消费者的心理距离，从而激发消费者的购买欲，在几次联名中都取得了不错的销售成绩。大白兔奶糖品牌市场部经理沈勤峰提到：“到目前为止，无论是润唇膏、咖啡，还是香氛、服饰，都沿着以

① LABER THREE 与大白兔奶糖合作逆袭鞋履界 .https：//www.163.com/news/article/D234LK2F00018AOP.html

② 回顾大白兔的逆袭复兴之路，说说品牌年轻化的正确方式 .https：//www.digitaling.com/articles/181915.html

奶糖为中心，向味觉、嗅觉、视觉延伸的‘品牌矩阵’扩展，最终形成一张以大白兔为中心的情感联结网络。[①]”正因为这张“情感联结网络”的能量如此之大，大白兔奶糖即使在跨界营销之中，也尽量保持自身标志性的品牌外在形象不变，红蓝白配色、兔子形象、“大白兔”的字样，构成能够刺激消费者产生怀旧情绪的怀旧元素，促使消费者产生回忆、联想，甚至触发消费者的集体怀旧，加深对大白兔奶糖的品牌印象，进而产生购买行为（韩笑，2021）。

但是，仅仅靠“怀旧”带来的红利，是不足以支撑大白兔奶糖品牌的长远发展的，只有品牌自身也不断向前发展，“怀旧”才更有力量和价值，否则一味怀旧只会消耗自身的品牌资产。已经有消费者反映，大白兔奶茶快闪店出售的奶茶没有达到心理预期，这种争议的出现，提醒大白兔奶糖在尝试新形式的同时，更要关注自身的产品。如果只是利用消费者的怀旧心理，用美丽的包装和新奇的跨界去迎合消费者的喜好，却忽略了对自身产品质量的把控，终会造成消费者情怀的消耗与品牌价值的流失，让消费者失去情感依托和品牌记忆点（王敏和焦志楠，2021）。显然，老字号品牌在将怀旧情怀注入创新举措时，也不应遗忘了产品的质量，只有结合品牌特色，让“情怀”的包装下也能有与之相当的质量与价值，才能做好老字号这张名片，讲好中国品牌的故事。

2.3.4 内联升：新旧结合续写《履中备载》

创立于1853年的老字号布鞋品牌内联升，在晚清、民国年间是社会上层人士普遍选择的鞋履品牌，在当时甚至象征了地位和身份。选料真实、做工讲究、穿着舒适，这样的高品质让内联升在清朝的文武官员之间广受欢迎，但内联升能够保证和这些上层社会人士的高度黏性，还因为其提供了先进、贴心的服务。内联升创始人在实践中总结出一个提升

① 大白兔奶糖跨界不断，老字号翻身只有一条路可走？.https：//www.thepaper.cn/newsDetail_forward_3967358

服务质量的方案，把在店内做过或买过鞋子的大小官员的姓名、年龄等基本信息、鞋子尺寸和样式、特别需求等全部录入专门的账中，并且将收集到的顾客身份、官职等背景信息，按照系统等级入册[①]——这就是《履中备载》。

《履中备载》算得上是我国历史上有考证的第一本“VIP 客户档案”，这份档案一方面获得上层官员的认可，他们有需求时只需派人前去内联升通报一声，内联升就会将做好的鞋靴送到官员府上，极大地提高了这些核心客户的满意度。另一方面，《履中备载》也为一般人的送礼提供了方便，记录在册的精准信息，保证受礼的人一定会满意，这也为内联升招揽了另一部分客户。这样，内联升的口碑不断积累，在当时的社会极负盛名。这种建立客户档案备忘录的传统形式一直被内联升保留下来，时间推移至现在，在新技术的加持下，《履中备载》也进行了升级，内联升打通了线下和线上的会员系统，借助 ERP 系统对顾客进行自动化高效管理。在内联升定制鞋靴的顾客的相关信息被记录到现代版《履中备载》中，不仅方便顾客再次购买，而且让内联升直观地了解到顾客的需求，使其在 2013 年成功尝试预售。《履中备载》的续写之方，正代表着内联升的发展之道，在新与旧的平衡结合之下，内联升走出了一条传统老字号品牌的发展之路。

“头顶马聚源，脚踩内联升，身穿八大祥，腰缠四大恒。”是老北京人口头禅中对富人的描述，内联升早期一直将目标客户定位在上层社会，良好的品质和周全的服务带给内联升源源不断的客流，取得了辉煌的成就。直到新中国成立后，内联升才开始探索亲民路线，逐渐扩大自己的目标顾客群体。然而，在改革开放的浪潮之下，内联升主打的布鞋品类逐渐边缘化，市场被皮鞋、运动鞋占领，内联升为了迎合主流市场，也尝试过生产运动鞋、皮鞋，但是生产出的产品缺乏特色，无法带来良好

---

① 从内联升《履中备载》看数据库营销策略的应用 .http：//www.ccmw.net/article/11627.html

收益。这样的市场低迷从 20 世纪 80 年代开始，困扰了内联升十多年的时间，直到 21 世纪初，进行了国企改制的内联升才确定了“回归以手工布鞋为主打产品”的经营模式。

此后，在日益激烈的竞争格局之中，内联升积极拥抱互联网，抓住了电商转型的机遇。最初由于对电商销售缺乏了解，内联升部分经销商售卖时造成了线上线下价格混乱，对品牌造成了一定程度的负面影响。2011 年，ERP（企业资源计划）和 CRM（客户关系管理）两大系统建立，让内联升得以对线上线下商品进行统一管理，电商发展也越来越顺利。同年 9 月，内联升自建的国内首个布鞋 B2C 网购平台“尚履商城”落地，这个电商平台并未使用“内联升”的名号，实际上反映出内联升对线下顾客和线上顾客的明确区分。实体店面向较为固定和年长的顾客，产品保留经典款，以连续的品牌形象获取忠实客户的信任和青睐；线上店则面向更年轻的群体，产品结构在经典款的基础上加入了更多潮流、时尚的款式，适应年轻消费者的需求。这样新旧结合、有所针对的销售方式，也让内联升的运营销售更加顺畅。“尚履商城”成功后，内联升以全网全渠道覆盖的方式加速线上布局，不仅上线天猫旗舰店，而且进驻了京东、亚马逊、寺库、1 号店等第三方 B2C 平台，并与大众点评合作[①]。除了对现有渠道的补充，电商还为内联升与消费者搭建了更好的互动平台，微博、微信等平台为品牌形象提供了加速传播的渠道，愈加活跃在大众的视野之中。

作为一个有着厚重历史的老字号品牌，内联升对自身传承的传统文化保持高度的精神认同，并且将这份自信内化到品牌的经营之中。2006 年、2007 年，内联升先后被评为“中国布鞋第一家”“中国驰名商标”，2008 年，“内联升千层底制作技艺”被列入《国家级非物质文化遗产名录》。为更好地展示品牌文化内涵，内联升甚至在总店内开设非物质遗产展厅，面积 400 余平方米。在展厅建设完成后，每日免费对公众开放，

① 内联升：鞋业“老干部”的时尚进击.http：//news.winshang.com/html/065/3120.html

图 2-14　内联升总店匾额

通过陈列图片、文字、实物等实体资料，全面介绍企业历史文化、千层底布鞋制作技艺的非遗传承和鞋文化简史等内容，每日参观者络绎不绝。不仅如此，内联升总店也保持着中式传统建筑大气端庄的外观和布局。进入店门即可见到工艺鞋展柜，以及制鞋工艺演示区，直观地让顾客体会到浓厚的传统文化氛围。店内一层的柜台均采用闭架而不是现代多用的开架，也包含着内联升在保护传统方面的考量。隔着柜台看好喜欢的鞋，然后请服务员帮忙拿下，这种老字号传承的百年传统服务模式，相较于缺少语言交流环节的现代开架销售方式，能让顾客体会到不一样的吸引力①。

保护传统技艺的最好方式，是让它真正地活在人们的日常生活中。除了向外界展示品牌文化和传统技艺，内联升还善于与 IP 合作，打造符合时代潮流的新品，让传承百年的工艺真正走入人们的生活之中。2015 年，上海迪士尼希望与中国传统文化符号合作，于是内联升迪士尼公主和米奇系列时尚布鞋问世；次年，国风动画电影《大鱼海棠》上映，内联升推出同名系列布鞋，其中式优雅的配色、古色古香的花样、精巧细致的做工，实现了传统工艺与动画 IP 的深度融合，带给消费者审美上的享受，在推出后短短两周内销售超 40 万元，深受消费者喜爱。此外，内联升与愤怒的小鸟、九州・海上牧云记、养家之人、如懿传等各类 IP 均有合作，这些系列产品大多保留内联升经典的鞋底样式，而在鞋面面料、图案样式上进行了创新，让品牌打动更多潜在消费者的心，同时也深入塑造了品牌形象。

① 内联升——“千层底”走出的时尚范儿.http：//wyzs.cnr.cn/2012art/cczdlzh/20171213/t20171213_524060518.shtml

内联升延续百年，依然引领着人们对于特定精神、美好价值以及生活方式的追求，这正是老字号品牌应有的样子。内联升的主打产品千层底布鞋，其制作技艺历经几代人的传承，是第二批国家级非物质文化遗产的一部分。内联升也是目前国内鞋类手工制作工艺最为精湛、工艺标准最高、高水平技术技师集中的企业，在促进文化遗产保护与传承、弘扬传统文化与习俗方面起到了重要作用。因此，内联升品牌具有极高的文化价值，需要企业进一步进行挖掘。在继承传统的基础上，内联升同样需要在产品工艺上进行创新，在品牌传播过程中，不仅要对品牌历史进行介绍，更要对品牌的历史文化底蕴进行提炼，丰富店面、招牌、建筑特色的表现形式，提升内联升品牌的价值（白玉苓和侯玉硕，2015）。此外，也有研究指出，内联升在与 IP 进行合作时，所吸纳的品牌形象差异过大，不利于形成清晰的品牌形象（张景云等，2019）。唯有坚持老字号品牌的核心价值，重视老字号独有的文化价值，内联升才能不断向前发展，为新时代的《履中备载》添上高质量的续章。

2.3.5 张小泉剪刀：匠心延续新时代“良钢精作”

一只风箱一把锤、一块磨石一只盆、一把锉刀一条凳，一块生铁就在这样简陋的环境里，经过拔坯、嵌钢、锻打、淬火、磨制、打轴眼、合脚等总共 72 道工序，精心锻制、耐心打磨，成为一把“镶钢均匀、钢铁分明、磨工精细、刃口锋利、销钉牢固、开合和顺、式样精巧、刻花新颖、经久耐用、物美价廉”的“张小泉剪刀”。剧作家田汉也曾作诗“快似风走润如油，钢铁分明品种稠，裁剪江山成锦绣，杭州何止如并州”来赞美张小泉剪刀锋利好用、品质上乘的特点，而张小泉剪刀之所以如此锋利耐用，与其独具特色的“嵌钢”工艺密不可分。品牌创始人张小泉选择以铁为剪体、钢为剪刃，选用盛产好钢的浙江龙泉等地的高品质钢材镶嵌到熟铁上，并采用镇江特产质地极细的泥精心磨制，剪刃更是用镇江泥砖精心磨削。这一技术原理现代的科技仍无法将其完全替代，在一些刀剪产品的制造中依然使用；而张小泉剪刀“良钢精作”的祖训，也在一代代的传承中沉淀为品牌特有的工匠精神，在新时代中呈现给消费者一个充满活力的老字号匠心品牌。

1663 年，张小泉将继承父业的剪刀铺的招牌“张大隆”改为“张小泉”，张小泉剪刀品牌正式创立。而张小泉变更父亲的品牌名称，正是由于当时冒充“张大隆”招牌的剪刀过多，张小泉不得不将品牌名改为自己的名字以降低品牌被冒用的风险，这也反映出张小泉剪刀在当时的受欢迎程度。张小泉以传统民用剪刀起家，最初的产品包含“信花、山郎、五虎、圆头、长头”五款，均因质量上乘闻名遐迩，成为“五杭”产品之一。清光绪年间，张小泉剪刀的品质得到朝廷肯定，获准成为清政府治下的注册商标，将其列为宫内用剪，这更让张小泉剪刀的声名大振，曾出现过“青山映碧湖，小泉满街巷”的盛景①。“张小泉剪刀”几乎成为家家户户必备刀剪用具，在国内的声名达到了顶峰。1915 年，张小泉剪刀更是走出国门，在巴拿马万国博览会上荣获二等奖；1929 年，张小泉剪刀又亮相在首届西湖博览会上，并斩获二等奖。这使得张小泉剪刀打入了国际市场，销售市场扩大到南洋、欧美。

漫长时间的打磨并没有让品牌蒙尘，张小泉剪刀发展至今，依然在消费者心目中占据重要地位，是中国家喻户晓的刀剪品牌。但在近 400 年的历史变迁中，张小泉剪刀并不是仅仅靠着高品质来保持品牌生命力的，在时代的潮流中，张小泉剪刀也在不断地做出调整和创新，从而更好地延续品牌价值，将“良钢精作”的品牌理念传承下去。随着时代的迅速发展，消费市场在不断扩大，消费需求也在不断升级，张小泉剪刀在原来的基础款家用刀剪的基础上，开发出了新的品类。美发剪、婴儿剪、电动剪、花艺剪、多用刀等数十款刀剪系列，给消费者提供了更多选择；不仅是刀剪领域的品类拓展，如今，张小泉品牌还将品牌的匠心精神延伸至个护、厨具等相关产品上，建立起多元化的产品矩阵。不仅

---

① 非遗中国：张小泉剪刀制作技艺.http：//cul.news.sina.com.cn/2017-11-10/doc-ifynshev5013426.shtml

是品类宽度的扩展，每一品类的深度也是张小泉剪刀有所挖掘的方向。张小泉剪刀开发的“厨房剪”，被设计成非常适用于在厨房剪切肉粒、菜、鸡骨等食物的款式，力求使消费者在厨房里能够使用一把剪刀完成烹饪的必要工作，牢牢抓住细分市场的消费者。在不同品类之中精益求精的探索，一方面借助了老字号品牌自身的声誉，另一方面也让张小泉剪刀高品质的形象更加深入消费者的心。

张小泉优选

刀具 KNIVES | 剪具 SCISSORS AND SHEARS | 杂件 KITCHEN UTENSILS | 个护 PERSONAL CARE

园林 GARDEN TOOLS | 酒店厨具 CHEF SUPPLIES

图 2–15　张小泉品类拓展

除了产品品类的拓宽和挖掘，张小泉剪刀还格外注重产品的外观是否能给消费者带来更好的消费体验。面对年轻化的消费群体，张小泉剪刀更是在天猫旗舰店推出一年两次的定制活动，支持在刀剪上刻文字和头像，顺应现代消费者个性化的需求，深受消费者欢迎，销量十分可观。而刀剪上的刻样并不使用现代的激光技术，而是由张小泉品牌内的技师们手工雕刻，体现出张小泉剪刀对工艺传承的执着。事实上，这种手工刻花技艺与“嵌钢”一样，也是张小泉剪刀一直流传的特色工艺，品牌创立之初，工匠们在剪刀表面刻上西湖山水、飞禽走兽等栩栩如生的图画，既精巧实用，又美观漂亮，深受百姓青睐。如今，张小泉剪刀将“旧的传承”与“新的市场”快速磨合，巧妙地拉近老字号与年轻人的距离，拥有中国传统元素的东西逐渐受到市场的追捧。不仅是传统的工艺刻花让消费者感受到张小泉品牌的魅力，其款式、外观、包装也在同步扩展，带给消费者更好的服务和体验。张小泉的“不正 · 曲系列厨用剪”在保留品牌简约大气的形象、“张小泉”品牌刻样的基础上，更注重了人性化的设计，荣获德国红点大奖①。

---

① 张小泉，天下第一刀是怎样炼成的？.https：//zhuanlan.zhihu.com/p/383729270

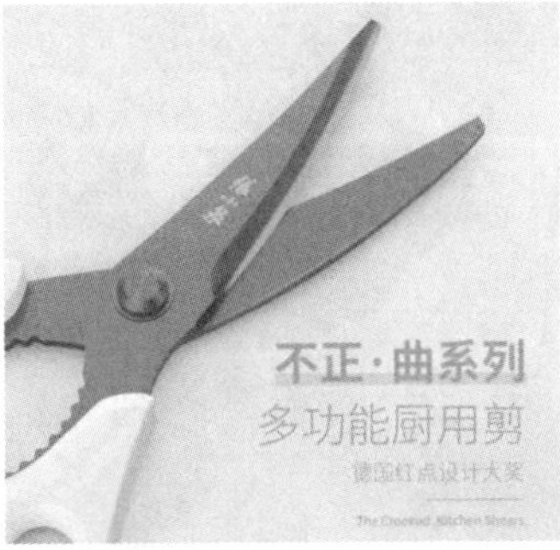

图 2–16　张小泉"不正·曲系列厨用剪"

在自身的提升之外，张小泉剪刀也让品牌不断活跃在消费者面前，传播着品牌的文化和形象。2015 年，张小泉品牌成功植入热播美剧《汉尼拔》，"张小泉"三个篆书汉字出现在剧中主人公汉尼拔手中的菜刀上，随着镜头的展示，张小泉"汉尼拔同款"菜刀销量攀升，张小泉这个老字号品牌也走进更多年轻人的心中[①]。2017 年春节期间，张小泉在《中国有嘻哈》节目中推出"泉叔"形象 IP，其黑墨镜、小胡子、圆头圆身的造型，让张小泉这个品牌的形象具象化了，并且以呆萌搞怪的姿态快速打入了更加年轻群体的市场。更重要的是，泉叔的形象 IP 方便了张小泉品牌利用自身的品牌资产进行更多方向的品牌延伸。水杯、帆布袋、手机壳、冰箱贴等日用品上，都能毫不违和地出现泉叔的形象，而这些本来普通的产品，用泉叔 IP 加持后，就有了情怀的价值，借助张小泉老字号的美誉度，泉叔周边能获得良好的销售成绩；同时，这些周边又为品牌打开了更多不同的消费场景，让品牌形象更高频率地参与消费者的生活，从而加固品牌形象，提升品牌在消费者心中的地位。消费者购买的不仅仅是日用品，更是品牌在历史中积淀下来的价值。

张小泉品牌本身作为一种怀旧元素，为品牌延伸的文创产品赋予了独特价值；其他复古产品，也能为张小泉品牌带来怀旧所创造出的价值。出于对人们情怀的洞察，张小泉重启了对老式取暖器具"汤婆子"的生产与销售，并且在汤婆子外观设计上融入了崇明老布、蓝印花布等复古元素，唤起消费者怀旧的情绪。但这款产品并不是对老产品的搬运，张

① 王麻子破产张小泉上市，瑞士军刀遍天下，同样是刀为何大不相同？.https://new.qq.com/omn/20211002/20211002A02FXZ00.html

图 2-17 “泉叔”形象 IP

小泉在汤婆子外包的布袋上投入了大量设计，使这种布袋不仅可以装汤婆子，还可以用作化妆包等，同样成为一款热销产品[①]。这种多元化的产品开发，虽然可能与品牌的核心产品有一定距离，但张小泉所选择的汤婆子复古的属性，依然与老字号品牌的整体形象具有内在联系。利用传统文化来引发消费者的怀旧和回忆，进而产生购买欲，经常能产生良好的营销效果，让张小泉的品牌资产获得增值。

“一种叫作工匠精神的东西，经过 392 年的不熄炉火和十几代工匠坚守的 72 道传统手工锻造技艺，一起熔炼进了良钢之中，刻画出刀背上‘张小泉’的字样”[②]。这是张小泉董事长张国标曾说过的话，也是对张小泉品牌“良钢精作”理念的诠释。久经岁月磨砺，张小泉虽然在各方面都有所创新以适应时代的变化，但是品牌坚守的匠心不变，这也是张小泉品牌得以一直延续的基石。在品牌创新要素的研究上，有学者指出，品牌的核心价值和风格分别处于金字塔的顶层和中层位置，是不应或不宜变化的；品牌体现处于金字塔的底层，是可以变化的，主要体现在产品、目标市场和营销沟通上（Kapferer，1992）。张小泉品牌的发展，正是在品牌核心价值和风格的基础上进行延伸，通过紧跟时代潮流地扩充品类、细分市场和进行营销，在勾起消费者对老字号的怀旧情怀、实现销售的同时，保证品牌不断向前发展，在新的时代，用不变的匠心续写着品牌“良钢精作”的祖训。

---

① 谁在带 " 张小泉 " 玩花样？ .https：//www.sohu.com/a/292114764_177766

② 一年卖出 4000 多万把的国民剪刀，凭什么征服所有中国家庭？ .https：//www.sohu.com/a/425197439_558415

第3章
怀旧品牌、产品与服务

3.1　品牌管理中的怀旧

除了有着深厚历史沉淀、自身具备文化价值的老字号品牌，还有一些经典的品牌也与怀旧消费有着密切联系。这些经典品牌或许没有老字号品牌那样悠久的历史，但是在品牌经营的过程中，依然获得了众多消费者的认可和喜爱。这些品牌同样具有高价值的怀旧元素，通过怀旧营销能够收获较好的效果，也可将它们称为怀旧品牌。学者 Loveland 等（2010）把怀旧品牌定义为过去流行，现在也流行的品牌。把非怀旧产品定义为现在流行但过去不流行或不存在的品牌。Loveland 等（2010）认为怀旧品牌就是那些可以引发怀旧情绪的品牌。怀旧品牌对消费者来说可以是物质化的怀旧记忆，通过怀旧品牌，人们把无形的怀旧经历投射到有形的品牌上，使他们通过品牌看到一段过去生活的影子，这是消费者对怀旧品牌情有独钟的主要原因。学者们研究发现怀旧品牌会导致较强的品牌依恋，消费者对那些与自我过去经历或记忆相联系的品牌往往有着独特的依恋（Keller，1993）。显然，这些怀旧品牌在怀旧消费的研究中同样占有重要地位。

刘惠亭和周志民（2009）认为，怀旧营销在营销活动中给予消费者一定的怀旧元素刺激，激发消费者的怀旧情怀，勾起他们记忆深处的共同记忆符号，以此来引发购买倾向。显然，经典品牌拥有进行怀旧营销的优势，通过有意识地提醒消费者品牌自身的怀旧形象、营造怀旧的消费环境等方式，经典品牌能够唤起消费者的怀旧情绪，从而促进消费、保持品牌活力。此外，汪涛等（2011）指出，当消费者感受到现实世界中的威胁、压力、创伤而处于心理上的不安全感状态时，会试图通过对旧事物的怀念寻找安慰，对那些引起过去回忆的怀旧产品激发出强烈的感情和购买倾向，以此来缓解不安全感。在竞争普遍激烈的现代社会，消费者在压力之下往往更容易青睐这些进行怀旧营销的经典品牌。以下将通过对怀旧品牌形象塑造、新产品怀旧元素和怀旧促销活动几个方面来对经典老品牌的怀旧营销活动进行总结。

3.1.1 用怀旧塑造品牌形象

谈到怀旧营销的经典品牌，不得不提美国的国民品牌可口可乐，这款在配置药剂时意外产生的饮品，如今早已畅销全球，甚至成为美国文化的一部分。怀旧营销正是可口可乐品牌成长过程中的重要环节，尤其是在面对模仿者和竞争者时，可口可乐与消费者建立起的情感联系，使消费者的消费行为不再是简单的理性行为，而是在感性的驱使下做出选择，这也是经典品牌长期管理的重要方向。事实上，可口可乐并不是一种十分健康的饮品，这一点也使可口可乐在早期的传播受到阻碍。面对质疑，可口可乐对品牌进行了重新定位，舍弃了对饮品药用价值的宣传，将可口可乐定位成休闲饮品，能够使人们在工作或娱乐时多一点轻松和愉快。这个定位后来浓缩成为那句著名的广告语“The Pause That Refreshes（享受清凉一刻）”，这为可口可乐与消费者建立深层的情感联系奠定了基础。在明确了自身定位之后，可口可乐通过大量的广告营销来强化自身的消费场景，让消费者们将“轻松、愉快”的情景与可口可乐联系起来。在当时的20世纪20年代，美国的社会节奏由于一战后的经济复苏不断加快，人们的压力普遍提升，很多广告也采用恐吓式营销模式，通过引发人们的焦虑吸引关注。但可口可乐的广告另辟蹊

图 3-1　可口可乐广告

径，牢牢把握住自身“带来愉悦”的定位，采用积极向上的年轻成功人士享用可口可乐的图片，配上简短有力的广告语，将可口可乐与“凉爽快乐的地方”联系起来，强调可口可乐“能够令人心旷神怡”。随着大量的营销，可口可乐成功在消费者心中树立起品牌形象，消费者对“可口可乐能带来轻松和愉悦”的理念产生了认同。

明确且牢固的品牌形象对品牌的发展非常重要。杨丽和武晓蕾（2018）研究了品牌原型，认为品牌都有其鲜明的形象，这个形象甚至鲜明到可以被完全拟人化地描述出来，“可口可乐是拥有一颗赤子之心的天真者”。如果品牌原型不明，常常会直接影响业绩。这样的品牌形象真正深入人心，还要提到“二战”时期可口可乐总裁伍德拉夫的那道指令：“不管我国的军队在什么地方，也不管本公司的代价有多大，我们一定保证每个军人只花 5 分钱就能买到一瓶可口可乐。”这是一步意料之外、情理之中的好棋，可口可乐成为美国军队军需品被送往前线，美国士兵将可口可乐当作故土的象征，对其寄托了深厚的怀旧情绪，可口可乐非常自然地与“快乐、胜利”联系在了一起，甚至被当作奖品发放给立军功的士兵；另外，可口可乐也借此与全部美国人民建立起更为牢固的情感联结，成为快乐的符号。“二战”之后，可口可乐也通过各种广告，不遗余力地放大这种情感联结，将可口可乐与胜利、欢乐联系在一起，激起消费者心中的怀旧情绪，保持品牌的热度[①]。

图 3-2　可口可乐广告

① 万字深度拆解：可口可乐百年营销史 .https：//www.huxiu.com/article/414599.html

图 3-3　可口可乐官微宣传图

近年来，可口可乐中国在“可口可乐重返中国大陆 35 周年”之际，不仅在微博平台上发起“回忆的味道”互动讨论，在微信平台挖掘品牌自身历史，还在豆瓣召集粉丝回忆产生文案故事，成功地在社交网络中掀起了品牌的怀旧风[①]。

这种通过怀旧唤起消费者的价值认同，塑造自身品牌形象的营销方式，成功建立并保持了可口可乐与“轻松、愉悦”相联系的形象，也是可口可乐畅销至今的秘诀之一。1998 年 Melani wallendorf 和 Eric 做了关于美国和尼日尔的跨文化依恋研究，他们发现相对于事物的属性来说，美国人的依恋更多地来自对过去经历的回忆（张义和孙明贵，2012），这或许也是可口可乐能成为美国国民品牌的原因之一。相关研究指出，消费者的怀旧情绪可以通过品牌关系的中介而作用于品牌忠诚，企业可以通过开发各种营销策略，为消费者提供怀旧体验的平台，从而提高消费者的品牌忠诚度（张义和孙明贵，2012）。对于可口可乐这样的经典品牌来讲，增加怀旧元素，激发消费者的怀旧情绪，让消费重新体验昔日“轻松、愉快”与可口可乐相连的美好记忆，能够让消费者产生信任感和依恋感，从而作出购买决策和实现品牌忠诚。

3.1.2　推出含怀旧元素的产品

含有怀旧元素的产品，同样能利用消费者的怀旧情绪达到营销效果。利用“中国传统文化”与消费者的情感联结来打造怀旧元素，将中式美学设计融入产品包装，用视觉上的焕新拉动销量增长，是许多品牌的做

① 健力宝、六神这些老品牌是如何靠怀旧翻身的？.https：//www.digitaling.com/articles/31057.html

法；但更优秀的做法，显然是从品牌自身历史的角度挖掘文化底蕴，让品牌在释放自身品牌底蕴与产品优势的同时，将品牌态度与民族精神紧紧结合，激发消费者的情感共鸣，为品牌和消费者建立更牢固的情感纽带。2019 年，青岛啤酒发布“1903 复古装”，不仅复刻了品牌创始时青岛啤酒的经典商标画面，也将现代时尚潮流元素注入罐身包装。其中，中国字“青岛啤酒”和“好”，以及酿造原料大麦与啤酒花形象，完全取材于青岛啤酒“经典 1903 系列”历史瓶标上的原版字样[①]，传达着青岛啤酒对百年酿造工艺的传承从未改变，同时勾起了消费者的怀旧情绪。而罐顶的“中国的 世界的”字样，传达出青岛啤酒作为民族品牌的责任和信心，激起消费者的爱国情怀。这款怀旧产品，为青岛啤酒带来了不菲的营销收益。包括央视在内的诸多权威媒体，都对青岛啤酒此番动作进行了报道；社交媒体上相关话题的曝光超过 1.1 亿，事件总覆盖人次超过 10 亿次。而且，在天猫独家首发日当天，国潮产品售出 250000 罐，日销同比增长 295%，天猫直播每秒销售 200 罐[②]。

此外，还有一种从自身产品特点之中挖掘怀旧价值的营销。2017 年，方太抽油烟机曾制作过一本《油烟情书》，这是其广告代理商用从消费者处收集到的抽油烟机里的废油，经过提纯等工序制作成的可以使用的油墨而印制的一本书，书中收录的情书也有部分来自消费者。但是这样的《油烟情书》只印了 3000 册左右，并且并不售卖，只做赠送；还有一支同名广告宣传片也未向大众传播渠道投放，因而并未

图 3-4　青岛啤酒 1903 复古装

① 经典传承潮流新生青岛啤酒经典 1903 复古装潮品发布 .https：//www.chinanews.com.cn/business/2019/03-22/8787442.shtml

② 用百年经典引爆中国潮流，青岛啤酒这一波打得漂亮 .https：//zhuanlan.zhihu.com/p/61762261

引起较大规模的营销效果[①]。但是这种创意方法非常巧妙地将消费者的情怀与品牌产品联系起来，诠释了品牌“炊烟起处幸福家”的理念，拉近了品牌与消费者的心理距离。油烟“写成”的情书，让消费者回忆起自己的爱情，联想到和爱人共度的平凡的、充满烟火气的时光，很容易将这些美好的情感与方太品牌联系起来，产生对品牌的正向情感。

诺基亚品牌的手机曾经畅销全世界，承载着几代人共同的时代记忆。在智能手机出现后，诺基亚的竞争力不足，市场逐渐被抢占，于是一直想在手机摄影领域中找到突破口。在对诺基亚手机摄影优势的抽象和剥离后，“摄影→照片→怀旧”，成为诺基亚怀旧营销的一个不错的突破点[②]。

1998 年，迪士尼推出了一部中国主题的动画电影《花木兰》。在电影的同期宣传中，麦当劳与迪士尼联名推出了一款四川辣酱——“木兰四川照烧蘸酱”，作为麦乐鸡的新口味蘸酱。当时，影片《花木兰》让麦当劳新推出的四川辣酱风靡一时，大受欢迎。随着影片的下映，麦当劳下架了这款蘸酱。在这款四川辣酱下架的 20 多年期间，不断有民众向麦当劳反映，希望他们能够再次上架四川辣酱。有些民众甚至还向白宫发起过“辣酱回归”的请愿。在向麦当劳和政府反映希望四川辣酱重新上架的同时，美国民众也纷纷在互联网上发出自制的复刻版“四川辣酱”的视频。在这些视频中，有加豆瓣的、有加辣椒的、有加麦当劳的烧烤酱的，总计十几种原料配比方式，并且都宣称自己的配方正宗。但是几乎每个视频下面，都有其他美国民众“这根本不是四川辣酱”的气愤留言[③]。由此可见，美国民众对麦当劳的这款四川辣酱的喜爱与想念。直到 2017 年初，动画神剧《瑞克与莫蒂》的上映，再次将这款四川辣酱带回美国民众的视野。在这部动画片的第三季中，主角疯狂科学家瑞克多次

① 把油烟变成油墨，方太的这支《油烟情书》广告是怎么来的？.http：//www.qdaily.com/articles/46338.html

② 健力宝、六神这些老品牌是如何靠怀旧翻身的？.https：//www.digitaling.com/articles/31057.html

③ 一盒辣酱引发的“血案”麦当劳的四川辣酱究竟有多好吃？.https：//baijiahao.baidu.com/s？id=1580861860233811747&wfr=spider&for=pc

呼唤麦当劳四川辣酱的回归。在动画片中，瑞克驾车在一家麦当劳门店前购物的场景中有这样的台词“我要10块麦乐鸡，加很多川味酱，能给多少就给多少”。随后，瑞克扭过头来，跟坐在副驾驶上的人说“1998年，为了宣传电影‘花木兰’，他们……他们制作了一种新酱料来搭配麦乐鸡，叫作川味酱，味道一级棒！后来他们就不生产了，现在已经没了。现在唯一能尝到川味酱的地方，就是我的回忆了。”[①]动画片中多次对于这款川味辣酱的强调与回忆，带动了很多美国民众对于麦当劳川味辣酱的回忆，更激起了美国民众对于这款辣酱重新上架的诉求。2017年10月7日，麦当劳顺应民意，推出为时一日的“特别限购”四川辣酱。这款辣酱在发售当日就引发了美国民众的疯狂抢购，一些麦当劳门店门口甚至排起了几千人的长队。一些没买到辣酱的顾客举起标语高喊“我们要辣酱”进行抗议以表达自己的不满[②]。同时，在知名网络商城EBay上，一盒28.3g的四川辣酱经过187次竞拍，最终以14700美元（约合人民币10万）的价格交易[③]。由此，足可以见美国民众对麦当劳的这款“木兰四川照烧蘸酱”的怀旧程度。

有研究指出，随着经济、社会的快速发展，人们生活水平的提高以及消费观念的更新，消费者购买商品看重的不仅是商品数量的多少、质量好坏以及价格的高低，还为了一种情感上的满足和心灵上的认同（李雪欣等，2020）。品牌将怀旧元素置入适合从事怀旧营销的产品或品牌中，产生符号价值或形成体验效用，是怀旧营销组合的重要策略选择。产品或品牌的符号意义是需要被赋予的，企业需要在产品概念开发和产品设计阶段精心选取合适的怀旧元素，将其融入产品整体概念中，并通过整合营销传播手段，让消费者了解并认同，形成符号价值和体验效用。

---

① 一盒辣酱引发的“血案”麦当劳的四川辣酱究竟有多好吃？.https：//baijiahao.baidu.com/s？ id=1580861860233811747&wfr=spider&for=pc

② 神奇的麦乐鸡：只有四种固定形状，四川辣酱味引美国人哄抢！.https：//baijiahao.baidu.com/s？ id=1581060783668844818&wfr=spider&for=pc

③ 麦当劳四川辣酱事件真相！原来让外国人疯抢的酱料是这样的.https：//www.canyin375.com/jspf/176544.html

因此，品牌推出含有怀旧元素的产品，是招揽消费者的一种重要方式，能借此提升产品销量、扩大品牌影响、建立情感连接。

3.1.3 利用怀旧促销活动吸引顾客

图 3–5　肯德基“价格重回1987”活动宣传海报

怀旧主题的活动，也是宣传品牌形象、吸引顾客的重要方案。2017 年，在肯德基来到中国 30 周年之际，肯德基推出“价格重回 1987”活动，两款主打产品原味鸡和土豆泥，价格分别调至 2.5 元和 0.8 元，均为 1987 年的经典价格。与此同时，肯德基在微博挂出了“我有炸鸡你有故事吗？”话题讨论，激发广大网友参与讨论。作为进入中国最早的快餐品牌，肯德基是很多消费者的童年回忆，这次促销活动，让肯德基成功实现了流量到销量的转化，周年庆期间，1600 万份吮指鸡和土豆泥瞬间售罄[①]。

2021 年六一儿童节前夕，北冰洋汽水、易车联合推出主题为“洋洋得易，嗨翻夏日”的大型市集活动。这次活动打造了一个具有 90 年代风格的怀旧集市，前来的游客能够穿梭在充满那个年代特有气息的集市、街巷间，重温老

图 3–6　怀旧集市活动

① 快餐品牌应该如何做营销？为你揭秘肯德基 3 种营销玩法 .https：//www.sohu.com/a/426959500_100011985

品牌的历史韵味，打卡复古小卖部品尝儿时的美味零食，观赏充满年代感的国民老车，体验“旧四大件”时代的家居生活，体验记忆中的街机游戏……还原了 20 世纪 90 年代市井街巷衣食住行的风貌。音像店、游戏厅、小卖部、小吃摊、玩具摊、服饰摊，这些场景让前来的游客仿佛穿越时光，对童年回忆进行了一次沉浸式的实地体验，老品牌的历史与故事被重新提起，与老品牌相关的记忆更是被重新唤醒。北冰洋汽水是很多北京人童年难忘的味道，这次活动中，北冰洋还与易车联合推出了限量联名款汽水，瓶身采用金属易拉罐，味道则是北冰洋经典的橘子口味，还原消费者的童年记忆。无论是怀旧集市，还是限量汽水，都吸引了大量消费者，取得了良好的营销效果。

Brown，Kozinets 和 Sherry（2003）认为，老品牌可以唤起过去经历的记忆即一种个人怀旧，也可以唤起兴趣相同的团体成员的亲密感即一种集体怀旧。而品牌组织的怀旧活动，就很容易引发消费者的集体怀旧。研究显示，消费者对于过往年代的怀念，就算没有亲身经历的记忆，也能引发其怀旧情绪（Goulding，2001）。因此，即使一些消费者并未亲身经历怀旧活动中的年代，也依然能够产生怀旧情绪并投入其中。有研究认为，老品牌与消费者怀旧具有丰富的联系，既可以唤起过去的自我，也可以唤起集体成员之间的亲密感，这正与老品牌蕴含的怀旧价值个性相一致，而当具有这些象征特征的老字号产品出现在消费者面前时，正好与消费者的怀旧心理相契合，消费者通过购买和使用老品牌产品进行象征性消费从而得到怀旧体验（王庚兰和张玮，2011）。因此，老品牌在与消费者进行沟通的过程中，应充分利用消费者集体怀旧情结，使品牌故事与消费者的亲身经历或美好回忆联结起来，产生共鸣，促进老品牌复兴。

3.2　怀旧的商品和物件

日常生活中有很多怀旧产品。本节将从不同行业的怀旧产品、引起怀旧情愫的物品和商品、怀旧产品设计、中古品消费趋势等这几部分逐一举例展开阐述怀旧产品的具体表现。

3.2.1 不同行业的怀旧产品

本节所述产品主要是食品、饮料、服装、运动鞋、日化行业的怀旧产品。在食品行业中，诸如大白兔奶糖、话梅奶糖、大大泡泡糖、阿尔卑斯糖、徐福记酥心糖、彩虹糖等都是伴随着几代人长大的食品；在饮料行业中，健力宝、北冰洋这类经典饮料也是很多人对于童年的回忆；在服装行业中，梅花牌运动服是无数中国人的回忆；在运动鞋行业中，飞跃球鞋、回力鞋曾代表了那个时代的球鞋市场；在日化行业中，六神、美加净和中华牙膏也曾风靡一时；在游戏行业中，王者荣耀联动 86 版西游记推出了新皮肤“孙行者”，并请来了原配音。下面将对各个行业中的典型怀旧产品一一展开论述。

1. 食品类

大白兔奶糖、话梅奶糖、大大泡泡糖是很多 70 后、80 后的回忆，其经典包装历经十几年甚至几十年都没有改变。在 70 后、80 后的儿时，大白兔奶糖是高级零食，那时两颗大白兔奶糖能泡成一杯牛奶。对于那时的小孩子来说，能吃到糖是一件十分不容易的事情，也是一件很幸福的事。而儿童大多爱吃甜食，因此童年难得的吃糖机会给这些儿童留下非常深刻的印象。话梅奶糖和大大泡泡糖也不例外。

图 3-7 怀旧糖果

阿尔卑斯糖、徐福记酥心糖、彩虹糖则是 90 后、00 后的回忆。随着我国的经济发展，90 后、00 后的孩子们想吃到糖早已不是问题，糖果的种类也迅速发展了起来。阿尔卑斯糖以自身的多种口味吸引着 90 后、00 后；而徐福记酥心糖则是逢年过节或参加婚礼时孩子们最期待的；彩虹糖吸引孩子们的是其鲜艳的颜色和多种口味。

2. 饮料类

20 世纪 80 年代，被外媒称作“中国魔水”的国民饮料——健力宝诞生。在当时，健力宝是中国第一款运动饮料，并成为中国奥运代表团专用饮料。1984 年，健力宝销售额为 345 万元，第二年达到了 1650 万元，第三年达到 1.3 亿元。此后十年健力宝销售额一直上升，直到超过 50 亿元，并且多年来一直是“民族饮料第一品牌”。对于 80 年代出生的孩子来说，健力宝就是他们那个时代的“国民饮料”，他们对于儿时的记忆里总有健力宝的影子。“小时候考得好的奖励就是一罐健力宝。”一位 80 年代出生的人回忆。“当时被奖励一罐健力宝开心好久，在院里四处和小伙伴们炫耀，等开始喝时，自己躲在房里一小口一小口‘慢慢品尝’，喝了一大半才不情愿地通知姐姐来一起分享”。

而北冰洋汽水，则是 20 世纪七八十年代许多北京人的回忆。1956 年上海的屈臣氏迁入京城与北京市食品厂合作，同时带来了数条一体化的灌装流水线，从此北冰洋开始大规模生产汽水①。当时的物质生活条件十分匮乏。而北冰洋汽水的出现，满足了很多解决了温饱后对生活品质有更高追求的人的需求。在当时的夏天，冰镇的北冰洋汽水十分受欢迎。北冰洋汽水在当时的产值和利润十分可观：在 1985 年至 1988 年期间，北冰洋公司的产值超过了 1 亿元，利润超过了 1300 万元。据北冰洋的老员工回忆，北冰洋汽水最受欢迎的时候，每天在北冰洋食品公司门口等

① 北冰洋汽水：被雪藏15年的往事，https：//baijiahao.baidu.com/s？id=1608837394326605809&wfr=spider&for=pc

待取货的汽车排的队长达数百米。即使生产设备一刻都不停工，也很难满足人们的需求[①]。

图 3-8　怀旧饮料：健力宝和北冰洋

3. 运动鞋服类

飞跃球鞋 1959 年诞生于上海，上海胶鞋一厂是它的前身。“飞跃”在第一年的产量是 161.6 万双；1964 年，飞跃球鞋被评为全国同类产品中的第一名。飞跃球鞋发展比较辉煌时，有 2000 多位职工同时在 2 至 3 层的车间里工作。飞跃品牌达到巅峰时，其一年的销量曾达到 1000 多万双。

据一位一直在坚持穿飞跃球鞋的老人回忆，在 20 世纪 80 年代初能穿飞跃球鞋的人都是家庭条件较好的人，会很受身边人的羡慕。当时穿飞跃球鞋的人每天把鞋擦得很干净。如果一个学生有飞跃球鞋的鞋票并在班里向大家炫耀，那么他很快就会吸引女生的目光。“一双飞跃球鞋能穿两年，除了鞋底有一些磨损，几乎没有任何污渍和坏的痕迹。”[②]

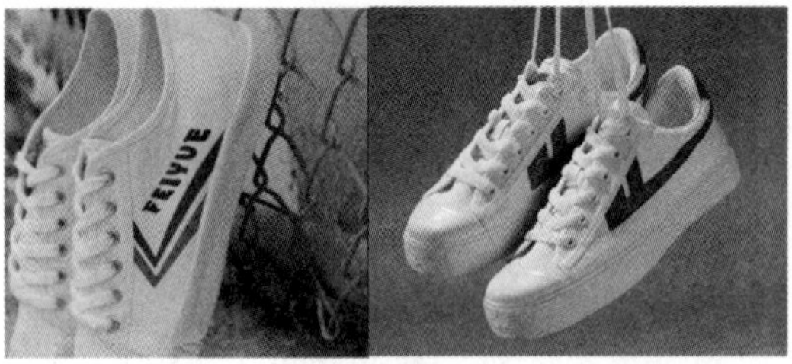

图 3-9　怀旧运动鞋：飞跃和回力

① 北冰洋汽水自成立以来的销售量和销售额资料.https：//wenku.baidu.com/view/25eae18bee3a87c24028915f804d2b160b4e86a7.html

② 中国鞋类曾经辉煌一时的飞跃，如今在何方？ .http：//www.shoedesign.cn/aboutus/shownews.asp ？ id=168

回力品牌创建于 1927 年。1956 年 10 月，为中国参加奥运会的篮球选手专门设计的回力牌“565 长球鞋”被投入生产；1982 年行业首条冷粘旅游鞋生产流水线被建立在上海胶鞋四厂，用于生产回力冷粘胶鞋，其每年能生产约 40 万双旅游鞋[①]。回力球鞋销售情况最好的时候是在 20 世纪七八十年代。在当时，回力鞋的销售曾高达 8 亿元人民币。在当时，回力鞋既是获得专业运动员认可的装备，也是让寻常百姓悉心爱护的“潮”国货。

在 20 世纪 70 年代，回力鞋几乎是国内运动休闲鞋类的唯一象征，能够代表国内的运动休闲鞋。到 80 年代时，在青少年中拥有一双回力鞋，被认为是“潮人”[②]。不少中学生刻苦练篮球，因为只要能打进校队，“回力”就有盼头了，这是央求家长给买回力鞋的最佳借口[③]。因此，回力鞋也是 70 后、80 后童年回忆中的一部分，会激发他们的怀旧情绪。

梅花牌运动服始创于 20 世纪 60 年代，曾经是天津纺织工业的著名产品，多次获得国家奖项和国际奖项。梅花牌运动服在创立之初就被指定为中国国家运动队的标准服装，被誉为运动员的“国服”。1984 年 7 月，中国体育健儿身着梅花牌运动服参加美国洛杉矶第 23 届奥运会，梅花牌运动服因而见证了中国第一枚奥运会金牌的诞生。

20 世纪 60 年代到 90 年代初，“梅花”一直是中国市场份额占有量最大的运动服装品牌。在当时，一个普通工人一个月的工资才勉强能够购买一套梅花牌运动服。买到梅花牌运动服的年轻人为了刻意露出里面梅花牌的商标，穿的时候都把领子翻过来。梅花牌运动服因此也曾是一个时代的经典记忆[④]。

---

① 回力鞋业 .http：//www.warriorshoes.com/huili/news.aspx

② 回力鞋今年 90 岁，从名民族品牌到濒临破产，如今起死回生销量过亿 .https：//baijiahao.baidu.com/s？ id=1574425512185768&wfr=spider&for=pc

③ 回力的“前世今生”，你了解多少？ .https：//www.zhihu.com/question/399418019

④ 梅花牌运动服官网 .http：//www.meihua-sports.com/index.php？ s=/List/index/cid/12.html

4. 日化类

1962 年美加净品牌诞生，到 20 世纪 80 年代，美加净成为中国第一护肤品牌，是国内化妆品市场的行业领袖。到 1990 年，美加净在全国护肤品市场的占有率超过 20%，年销售额达至 3 亿元，占全国化妆品市场的 10%，美加净的市场份额也接近 20%[①]。在 20 世纪 80 年代，美加净牙膏被当作是一种高档消费品，深受消费者的喜爱。“当时，新婚夫妇把美加净牙膏作为布置新房的必备用品。”两支红色的大号美加净牙膏常被端端正正地放在新娘的梳妆台上，用以显得更加喜气和时髦[②]。由此可见，美加净在国民心目中的地位。

六神品牌植根于传统中医，从六味天然植物中草药中萃取出“六神原液”，并添加进传统花露水中，将传统的中医药文化和现代科技创新性地结合在了一起。第一瓶六神花露水在 1990 年上市，在上市后迅速赢得了市场欢迎[③]。“六神”花露水以“夏季 + 中草药 + 家庭”为品牌定位，依靠“去痱止痒、提神醒脑”的产品特点，迅速赢得了超过 70% 的花露水市场份额，成为当时“民生三宝”中的一宝。当时在上海，六神花露水是身份和品位的象征，姑娘们结婚甚至都会带上一瓶六神花露水做嫁妆，这种习俗也存在于周边的江南地区，六神花露水在某种意义上成为一种“时尚的象征”[④]。因此，六神也是20世纪90年代的经典产品，能引发人们的怀旧情绪。

5. 自行车、缝纫机、钢笔

永久牌自行车，就是人们曾熟称的“二八大杠”，是 20 世纪 80 年代婚嫁的“三大件”之一。一些 70 后、80 后的孩子们由于身高不够，创

---

① “美加净”“大宝”“美即”等这些国民品牌，卖身后为何都那么惨？.https：//www.sohu.com/a/342709711_522592

② 美加净，百年国货牙膏的“前世今生”.http：//www.jinyade.com/new/hyxw007.html

③ 上海家化官网 https：//www.jahwa.com.cn/liushen

④ 六神如何从“童年回忆”到“国货网红”，重新走进消费者内心？.https：//zhuanlan.zhihu.com/p/95793526

造了一种“掏裆式二八大杠骑车法”——将一条腿在横杠下方伸过去，用一只手扶稳车把，另一只手抓紧横杠。在 80 年代，永久牌自行车是需要“永久”自行车票才能买到的，而且当时一张“永久”自行车票的价格也远远高于一位大学本科生转正后的工资，因此寻常人家很难拥有永久牌自行车。

在 20 世纪 80 年代，最能体现当时永久牌自行车受欢迎的程度的事件是“万斤粮换永久车”事件。湖北应城县在 1981 年实行了“统一经营、联产到劳”的责任制。当地的居民杨小运在丰收后，提出了这样的要求：愿意向国家交售两万斤粮食作为公粮（征购任务 8530 斤），希望国家能卖给他一辆永久牌自行车。应城县委和县政府答应了他的要求，并同时做出决定：对当地所有全年卖粮超万斤的农户都供应一辆永久牌自行车。当时运送永久自行车的车队到达当地时，“男女老幼倾城而出，夹道欢迎”。在人民日报报道了这件事后，“永久牌”自行车成为风靡一时的自行车品牌[①②]。

图 3-10 怀旧自行车、缝纫机和钢笔

“新三年，旧三年，缝缝补补又三年”，这是 20 世纪七八十年代人们生活的缩影，而用来缝缝补补的工具就是缝纫机。当时，缝纫机也和上面描述的自行车一样，是结婚的“三大件”之一。那时候，小孩子看着妈妈坐在缝纫机前滴滴答答地缝制新衣，承载了对新衣的无限期待。那时物资匮乏，人们收入普遍不高。因此，那时的人们为了省钱，就用缝

① 永久牌自行车，作为中国的骄傲，老布什曾经与它在天安门前合影 .https：//baijiahao.baidu.com/s？ id=1647909806864147142&wfr=spider&for=pc

② 上海永久官网 .http：//www.cnforever.com/article/detail/colid=22

纫机自己做新衣服、修补旧衣服。还有一些家庭主妇会使用缝纫机缝制鞋垫、椅垫等物品，或为别人做些加工活，以挣钱贴补家用。所以，当时在家中摆放一台缝纫机，是主妇勤劳能干的象征。除了因为它是省钱、赚钱的工具外，它也确实为人们的生活带来了很大的便利。缝纫机在当时对于每家每户的意义不亚于现在的电脑[①②]。

1931年，受西学东渐的影响，越来越多的人用钢笔代替毛笔写字，英雄牌钢笔在这一年诞生。1958年"英雄"提出了赶超美国名牌"派克"金笔的目标。"英雄100型"在抗漏、圆滑度、间歇书写等11项指标上都追赶上了派克笔，并仅用了9个月就被研发出来。上海天马电影制片厂为此特地拍摄了影片《英雄赶派克》。在20世纪80年代，在蓝色涤卡上衣的口袋中插一支英雄钢笔，是知识分子和干部的代表性打扮。在当时，英雄钢笔属于"奢侈品"，是馈赠亲友的时髦礼物。此外，在那个年代，各项重要文件都被党和国家领导人用英雄钢笔签署，英雄钢笔由此见证了中国近代史上无数意义重大的事件：如1997年香港回归、1999年澳门回归、上海合作组织成立声明、中国首次APEC会议、中国加入世贸组织等。此外，当时的英雄钢笔多次被当作礼物赠与各国国家首脑和运动健儿。"英雄"钢笔在当时不仅拥有"英雄"的中国驰名商标，在其发展状况最好的时期，英雄产品占有率接近市场总和的70%，同时更是被销售到欧洲、北美、东南亚等60多个国家和地区。对于当时的小孩子来说，能得到一支英雄钢笔是他们的梦想。英雄钢笔，不仅是一代人的记忆，也是一个时代的记忆[③]。

3.2.2 产品设计中的怀旧

很多产品在设计过程中应用了怀旧设计手段：有些产品应用了古风，

---

① 一台缝纫机的怀旧.http：//www.360doc.com/content/16/1205/20/16156855_612260526.shtml

② 缝纫机：怀旧人的生活记忆.https：//www.jianshu.com/p/dc78c63bb02e

③ 中国钢笔大王之痛.https：//baijiahao.baidu.com/s？id=1674545811433398021&wfr=spider&for=pc

如复古家具和汉服；有些产品在包装设计上应用了怀旧手段，从而使消费者对产品产生怀旧情绪，进而达到怀旧设计的目的。这一部分将分别从复古产品、产品怀旧内容设计和怀旧包装设计三个方面说明怀旧产品设计的方式。

1. 复古潮流与复古产品

复古产品包括两类：一是仿古产品和复古产品，如复古家具；二是古代流行或古代日常生活中的产品，如汉服。下面将分别以华伦古董家具和汉服热来具体说明复古产品中的怀旧。

（1）复古消费热

复古消费热是指消费者偏好购买一些复古产品的行为。华伦古董家具品牌于 1998 年创立，以修复出口传统古董家具为主；2002 年“华伦制造”成立，以生产设计实木家具为主。其售卖的家具是经过复古设计的产品，或者是寻找到的旧货加以少量的修复改动形成的古董家具或摆件[①]。华伦家具旗下有四个品牌，华伦古董——产品以中外古典家具为主；华伦家居——产品主打自主设计和生产的现代时尚、简约风格家具、饰品、工艺品等等；华伦珍藏——陈列了华伦家具多年来收藏的多款中国国宝级古董家具，供客人参观、欣赏；华伦工厂——除了生产华伦产品外，还提供古典家具文化旅游服务。

图 3–11　复古家具

① 华伦家具官方网站 .http：//www.hualunjiaju.com/product_list ？ page=2&item_tag_id=9894073&search_title=

华伦家具的古风设计主要体现在其采用实木原料，并融入了镂空雕花设计；同时其款式也是中国古风的款式。此外，其摆件产品包括石狮子摆件、玉璧摆件、玉龙摆件、青铜饮水马摆件、蓝釉双耳小花瓶等。诸如石狮子和龙这类形象就是中华传统文化中的形象；同时，玉、青铜、陶瓷等材质会让人不禁联想到中国古代的历史，给人一种怀古的感觉。因此，华伦家具的设计是一种怀旧设计，能引发人们的怀旧情绪。

在复古家具热的背景下，中古品消费也在悄然流行。根据RET睿意德中古商业地产研究中心的资料，2014年是中国中古奢侈品交易增长期，当年中国中古奢侈品企业数量为1854家；2015年我国中古奢侈品行业市场规模为65亿元；2018年我国中古奢侈品行业市场规模达到121亿元；2019年，直播电商与中古奢侈品交易相结合，带动了中古奢侈品消费；2020年，国内中古奢侈品交易体量和规模都接近日本。通过对国内主要城市中古店的数量统计，中古店已经在各大城市比较常见，其中上海、北京、成都最多，分别有55家、28家和27家。

“中古品”一词最初来源于日本。日本在20世纪七八十年代经济飞速发展，许多日本女性频繁地购买名牌包。在当时，这些日本女性在频繁购买的同时，还具有喜新厌旧的特点，因此很多人就会把上个月买的包转卖，再用转卖旧包的钱购买新包。一段时间后，日本的经济泡沫破裂，很多主妇为了贴补家用，纷纷转卖自己的二手奢侈品包，由此日本的奢侈品二手买卖行业得以迅速发展①。因此，如今所说的“中古品”一般是指具有收藏价值、被人使用过但保存完好、具有一定年代感的二手奢侈品②。在中国，15~25岁的中古消费者十分热衷和喜爱中古品。在这些消费者中，有接近30%的人每年购买4次以上的中古消费品。当前，中古品正逐渐成为个性化消费的代表。越来越多的消费者出于对价值感、

① 什么是中古包 .https：//www.liangpinbiji.com/biji-6111-1-1.html

② 新消费爱上“旧物”，购物中心应该接纳中古店吗？ .https：//36kr.com/p/844668221921026

稀缺性和潮流感的追求而购买中古品。同时，新一代消费者正在经历从“为了占有和自我标榜而消费”到“为了交互和自我取悦而消费”的变化，而中古品恰好能在一定程度上满足新一代消费者的消费需求[①]。

（2）汉服热

团中央在2018年主办了“第一届华服日”，掀起了汉服热的序幕。2019年4月20日，也就是中国传统二十四节气中的谷雨，一场名为“宽窄巷子花涧音汉服文化节”被成功举办，让汉服文化再一次受到大家的关注。近年来“汉服网络春晚”等文化交流活动，一些新媒体新闻的报道，增加了大众与汉服的接触机会，提高了大众与汉服的接触频率；同时越来越多热播的影视剧、手游、时装走秀中汉服元素不断增加，人们逐渐接受了穿汉服[②]。在2019北京时装周期间，一场主题为“传承汉服之美”的时装秀展示了一系列汉服礼服及汉元素常服，搭配中华传统珠宝首饰和古风造型，吸引了不少传统文化爱好者的目光。

根据2018年汉服产业报告，中国汉服市场的消费人数已超过200万人，2018年整个汉服产业规模达到了10.87亿元人民币[③]。“汉服热”的形成，不仅是时尚的轮回，其背后更是人们对中华传统文化的认同、回忆与发扬。汉服在中国历史上拥有完备的服制体系和礼仪，在中国历史上具有很重要的意义。因此如今融入了中国传统文化元素的汉服是一种怀旧产品设计，如今的“汉服热”也是一种集体怀旧行为。

2. 产品怀旧内容设计

游戏行业中不乏怀旧产品，这类怀旧游戏产品将怀旧元素融入产品内容设计之中，形成独具特色的怀旧产品。第一类怀旧游戏是通过在游

① 万亿级中古奢侈品市场：花一千块成为穿Prada的女王 .https：//baijiahao.baidu.com/s？id=1666718579419434269&wfr=spider&for=pc

② 汉服热：不仅是一种美丽，还有泱泱华夏5000年来的文化沉淀 .https：//www.sohu.com/na/465732787_120965979

③ 汉服热背后的“汉服经济”.https：//baijiahao.baidu.com/s？ id=1644345286772638784&wfr=spider&for=pc

戏中使用曾经的经典人物形象，完成用户引流，实现其用户数量的增长。其通过怀旧吸引的对象还未成为游戏的玩家，如接下来所描述的游戏《宝可梦 GO》；第二类怀旧游戏是通过推出曾经的经典人物形象的皮肤等，吸引用户购买，实现其获利目的，如游戏《王者荣耀》联动 86 版《西游记》推出孙悟空新皮肤“孙行者”。下面将对这两款具有代表性的怀旧游戏展开描述。

（1）《王者荣耀》联动 86 版《西游记》推出新皮肤

《西游记》作为四大名著之一，代表着中国人骨子里战胜千难万险、不屈不挠的精神，早已深入中国人的骨髓；86 版《西游记》拥有 4000 多次的重播记录，陪伴了无数人的童年、青春和成长，是中国影视剧史上的经典和几代人共同的回忆。86 版《西游记》之所以成为经典，是因为剧组在没有升降机、没有移动轨、没有斯坦尼康、没有航拍器、全剧组只有 1 台摄影机的情况下，历时 6 年，跋涉 10 万余公里，走过中国 26 个省（市）；主创团队冒着生命危险，在严寒酷暑中精益求精[①]制作而成。因此，86 版《西游记》在中国人心中的地位之高不言而喻。

2021 年 10 月，手游《王者荣耀》与 86 版《西游记》联动推出了一款孙悟空新皮肤“孙行者”。在这款皮肤的制作过程中，《王者荣耀》团队邀请到了李世宏来为孙行者配音[②]。李世宏老师是 86 版《西游记》中孙悟空的配音老师之一。除此之外，王者荣耀还携手《中国国家天文》杂志，选取“中国天眼 FAST 望远镜”采集，将脉冲星声音改编成“虚拟乐器”，全新演绎《云宫迅音》[③]。

这款皮肤上线一个小时之内，销量超过 1000000；上线不到 3 个小

① 爷青回！携手 86 版西游记带你重温经典，西游精神，我们从未遗忘！.https：//3g.k.sohu.com/t/n554949477

② 【王者荣耀】新皮肤爆料|俺老孙来也！孙悟空西游记新皮肤即将上线！.https：//www.bilibili.com/read/cv13498224

③ 【您收到一份来自宇宙的声音】王者荣耀 × 中国天文台共奏 86 版《西游记》主题曲！.https：//www.sohu.com/a/494329344_121124868？ ivk_sa=1024320u

时，销量远超10000000[①]。在这款皮肤上架之前，孙悟空的出场率大致为18%；但在“孙行者”皮肤上架后，孙悟空当天的出场率已经超过了38%，当天孙悟空的出场率提升了20%。与其他英雄推出新皮肤相比，如钟馗的新皮肤上架时，出场率仅仅增加了2%。由此可见，人们对于86版《西游记》的怀旧情怀所带来的营销效果。

（2）《宝可梦 GO》

《宝可梦 GO》是一款能对现实世界中出现的宝可梦进行探索捕捉、战斗以及交换的游戏。玩家可以通过智能手机在现实世界里发现宝可梦，进行抓捕和战斗。玩家作为宝可梦训练师抓到的宝可梦越多会变得越强大，从而有机会抓到更强大更稀有的宝可梦。游戏于2016年7月7日在澳大利亚和新西兰区域的Android和iOS平台上首发，并于同年9月8日登陆Apple Watch。

《宝可梦 GO》的火爆，很大一部分原因来自累积近20年的强大IP和广泛的玩家基础以及用户的怀旧心理。早在1996年，《宝可梦 GO》的发行公司任天堂就开始发行《口袋妖怪》系列掌机游戏，并自发行起陆续推出了数十款游戏，累计收入超过405亿美元（截至2015年9月），实体卡牌销量突破120亿张。因此，《口袋妖怪》是大部分80后、90后对于青春和童年的回忆中的一部分。此外，改编自“口袋妖怪”系列游戏、由汤山邦彦执导的电视动画系列《神奇宝贝》（或译作：宠物小精灵等）从1997年起开始发行，并在国内放送，同时还伴随着漫画书、影音套碟、玩偶公仔等周边的热卖。

根据《商业内幕》（Business Insider）报道，2016年7月8日仅上线两天时，《精灵宝可梦 GO》在美国的安卓手机上的装机量就达到了5.16%，远远高于约会社交神器Tinder（2%），日活跃用户数（DAU）也直逼Twitter。7月15日，《精灵宝可梦 GO》更以2100万人的数据打破

① 猴子孙行者上架不到3小时，皮肤销量远超8位数 .https：//www.sohu.com/a/493906552_121124832

了美国手游 DAU 巅峰纪录，超越了此前《糖果创奇（Candy Crush）》创下的纪录，成为美国有史以来 DAU 最高的手游[①]。

3. 产品怀旧包装设计

怀旧产品包装主要有两种类型：一是国风包装设计，即在包装设计中应用了国风元素的设计；二是怀旧风包装设计，即在包装设计中应用了具有特定年代特点的元素的包装手段。下面将分别从这两个方面介绍怀旧包装设计。

（1）国风设计

国风设计是指应用了中国传统文化中的古典元素的设计，如应用了中国古典建筑中的经典元素、融入民族元素等。当下，随着人们对国风的关注，越来越多的国风设计出现在了产品中。现以比较经典的国风设计品牌——花西子作为案例详细阐述。

花西子的国风设计体现在三个方面：一是品牌设计，花西子的品牌名称中“花”取自“以花养妆”；“西子”取自苏东坡诗句“欲把西湖比西子，淡妆浓抹总相宜”，是对西施的尊称。花西子的商标形状来源于中国古典建筑中的小轩窗，体现了中国传统文化。花西子产品整体包装颜色为粉色和黛色。花西子选取这两种颜色，既蕴含“略施粉黛”的含义，体现其品牌的产品是化妆品，又有“粉墙黛瓦”的含义，其中粉墙黛瓦取自江南建筑的独特风格。

二是包装设计，体现在包装的颜色、图案、形状等方面。花西子在包装设计上，以花西子苗族印象高定套装礼盒为例，取形东方妆奁，融入苗族银饰、蜡染和苗绣元素，在妆奁的外面挂苗族挂坠作为点缀，将苗族文化元素体现得淋漓尽致；又如花西子花露玲珑陶瓷口红，以陶瓷作为其包装材质，复刻了定窑白瓷；另外，花西子的同心锁口红的包装外形为东方传统的同心锁。

---

① 浅谈《精灵宝可梦GO》为什么会风靡全球.http：//news.17173.com/content/2016-07-23/20160723061530431_all.shtml

图3-12 花西子的包装设计

三是产品本身的设计，体现在其成分配方、产品的呈现形式方面。在成分配方上，花西子的产品配方几乎全部来源于中国古方：如花西子同心锁口红复刻了“花露胭脂”古方，添加了木芙蓉、夏雪片莲、白花百合提取物；花西子玉女桃花冰蜜粉复刻了唐宫养颜方“桃花红肤膏”；花西子玉容养肤气垫复刻“玉容散”中“三白”成分——白术、白芨、白蔹，同时添加了白睡莲、芍药、山茶花精华。在产品的呈现形式方面，以花西子牡丹镂月浮雕彩妆盘洛神赋为例，其采用了浮雕工艺刻画了画卷《洛神赋》，能让人联想到曹植的诗句“翩若惊鸿，婉若游龙”；同时在眼影盘的取色上，能够分别代表洛水、山川的颜色，并在不同颜色眼影块位置的设置上，体现出“山川包围洛水”。

（2）怀旧风包装设计

怀旧风包装设计一般是指应用了具有年代感的包装材料和包装方式，或包装颜色、图案等具有怀旧元素和怀旧特点的设计。近年来应用怀旧风包装设计的产品有很多，如有很多产品包装采用了牛皮纸包装，或是应用一些古典文化元素的图案等。现以稻香村的两款包装为例说明怀旧风包装的设计手段。

北京稻香村糕点的包装具有较浓的怀旧风。如老月饼的包装采用了牛皮纸、红纸包装，线绳捆扎，无论是包装的材料、形式，还是包装的风格，都与数十年前的产品包装一致。同时采用手工包装的形式，能引发人们的怀旧情绪，尤其是能引发70后、80后对于童年生活的回忆。

稻香村点心匣子包装正面图案包含了天坛、天安门、央视总台大楼和长城这四处北京的标志性风景；同时用镂空图案的形式，表现了中国传统剪纸艺术，将北京稻香村的商标完美融入其中。包装整体采用中国红的颜色，引发中国人的集体怀旧情绪。

3.2.3 每一代人的怀旧

不同的社会背景、不同的成长经历、不同的娱乐方式，决定了每一代人群体怀旧的异同，下面分别介绍每一代人的成长背景以及群体怀旧消费的表现。

1. 50后

“50后”是指20世纪50年代出生的那一代人，他们“生在新中国，长在红旗下；经历过上山下乡，沐浴过改革春风”。“大跃进”以及中国农田连续几年遭受大面积自然灾害引发的全国性粮食危机，让饥饿在50后的心灵深处烙下印记。50后经历了“文革”，在那个“大干快上”的年代，没有人能不被时代的洪流所激励，50后怀着扎根农村的决心“上山下乡”，渴望有朝一日能得到一个招工回城的机会。富有革命激情、勤俭节约、文化教育程度不高、精神贫瘠是那一代人的特征。正是由于生活在物资匮乏的年代，那些新中国成立初期的老照片、文史资料、连环画手稿、宣传画、毛主席像章、“文革瓷”、票证等离现实生活已日渐久远的物件，却成了50后怀旧的符号象征[①]。

在那个没有电视，没有光盘磁带，更没有MP3、MP4的年代，唱歌成了人们不可缺少的精神文化生活的一部分，是一种精神的文化的享受[②]。《我在马路边捡到一分钱》《小燕子》《春天在哪里》《丢手绢》等歌曲是50后耳熟能详的经典儿歌，这些歌大多充满童趣，如《我在马路边

① 一个国家的童年：50、60后收藏家的集体记忆.搜狐网，https：//m.sohu.com/n/388863267/？_trans_=000014_sougou_ss

② 50、60后熟悉的经典老歌33首.搜狐网，https：//m.sohu.com/a/140612335_18686

捡到一分钱》既反映了童心，又反映了那个年代拾金不昧的风气。因为生活在不幸的年代,《让我们荡起双桨》《我们的田野》《在老师身边》《我们在大地上种鲜花》唱出了 50 后对幸福生活的向往。因为“生在新中国，长在红旗下”，红色励志歌曲《我们是共产主义接班人》《中国少年先锋队队歌》《花儿朵朵向太阳》被 50 后所青睐。

60 年代军装盛行，军便服大行其道，绿军帽、绿军装、绿挎包成了当时青年的标志性服装。所有的花衣裳、旗袍被革除，剩下的只有解放装、青年装、中山装、对襟衫、解放鞋。“的确良”风靡一时，穿着结实耐穿的进口布料“的确良”上山下乡成了 50 后深刻的记忆。雷锋可以说是 50 后的偶像，影响着当年的时尚。戴上雷锋帽，吟唱一些与学雷锋有关的歌曲《我们要做雷锋式的好少年》《学习雷锋好榜样》《接过雷锋的枪》，学习雷锋精神成了 50 后的群体记忆。

2. 60 后

“60 后”是指 20 世纪 60 年代出生的那一代人，是最具韧性的一代人。在少儿时代，国家经济状况在持续好转，生活条件在逐步改善，60 后不再是在挨饿中度过童年，这是 60 后与 50 后最大的区别。在这期间，我国取得了一系列重大科学技术成就，更是给了 60 后极大的鼓舞与激励。如东方红卫星、原子弹、杂交水稻等，都强烈地振奋了恰在学生时代的他们。他们正是在这种经历中，逐渐体会到精神的韧性，培养了顽强拼搏，挣扎着也要走下去的品质[①]。

60 后的科学文化知识学习曾一度被“文革”耽误，1977 年中国恢复高考后，他们重新获得了改变命运的机会。他们自学成才，踏入考场，考入理想的学校，奔赴新的人生目标。而没有被录取的人，也带着习得的知识，重新寻找到了热爱的事业。无论哪种结果，知识始终是支持他

① 渐渐老去的 60 后：不幸而又幸运的一代人 . 网易网，https：//3g.163.com/dy/article/GLNUMQ770541THZF.html

们的精神力量。

而60后最辛苦的几十年，却是从改革开放说起。1978年党的十一届三中全会召开后，国家进入社会主义现代化建设新时期。次年设立经济特区以后，大批年轻的60后收拾行囊，从内部地区赶往深圳、珠海、厦门等经济特区。留在农村没有选择出去发展的人，也在自己的位置上默默作出贡献。随着家庭联产承包责任制的实行，正值年轻的60后将浑身力气都挥洒在自己负责的土地上。没有现代化的农业机器，60后靠着锄头、镰刀、黄牛、双手开垦荒地，种植粮食。荒山变良田，化害为利，背后是60后艰辛的付出。

但是60后在承受最大的压力的同时，也有着他们幸运的地方。60后出生在新旧交替的年代，经历过对封建残余的扫除，从事的是建设社会主义的任务。这样宝贵的经历是中华民族几千年来没有过的，应运而生的60后肩负的是前所未有的重大使命。这样的使命带来了大量的机遇，改革开放后新中国一片繁荣初生的气象，社会主义市场经济带来的职业流通自由化，对于破除全分配的上岗模式有着极大的作用。60后作为首批流通工作岗位的受益者，自身获得了极大的发展与变化。他们是第一个走出农田，在国家快速进行工业化转型的路上，将自身的经济价值与社会价值实现统一的群体。

60后群体怀旧的符号象征主要有童年玩具、他们用过的一些物品、听过或唱过的一些歌曲。60后玩的玩具大多是自制的简易玩具，但是集体活动却带给他们不一样的欢乐感。滚铁环、跳皮筋、抽陀螺、打弹弓都是这代人的群体记忆。

图3-13　60后玩的游戏

各种老物件如旧碗、旧钱币、古玩旧画、带木雕的建筑物、木制打药桶、油灯、录音机、老式手电筒、老式簸箕、算盘、拨浪鼓、水井等都能引起 60 后的群体怀旧。《军港之夜》《牧羊曲》《好人一生平安》《女儿情》《绣金匾》《化蝶》《年轻的朋友来相会》《妹妹找哥泪花流》《知音》《甜蜜蜜》《月亮代表我的心》《流浪歌》《美酒加咖啡》《杜十娘》《小城故事》《盛夏的果实》《风中有朵雨做的云》《夜来香》《又见炊烟》等是 60 后一些耳熟能详的歌曲，也是他们的群体记忆之一。

3. 70 后

“70 后”是指 20 世纪 70 年代出生的那一代人，是伴随着改革开放和中国社会体制转型而成长起来的一代人。70 后一上小学就享受了改革开放的初步成果，上中学时赶上新中国成立 35 周年阅兵和女排“五连冠”，上大学时经历了中国大学教育的黄金年代，毕业后遇到了改革开放后的经济腾飞。与 50 后、60 后相比，70 后是比较幸福的一代人。

70 后是最早一批港台歌星的“追星族”。70 后喜欢的歌星有邓丽君、刘文正、李谷一等。邓丽君的名曲《甜蜜蜜》《在水一方》《月亮代表我的心》《路边的野花不要采》《小城故事》，刘文正的名曲《兰花草》《云且留住》《外婆的澎湖湾》《踏着夕阳归》《送你一朵勿忘我》《三月里的小雨》等，李谷一的名曲《乡恋》《知音》《难忘今宵》《刘海砍樵》《洁白的羽毛寄深情》《雁南飞》《秋水伊人》被 70 后反复吟唱。那时广为流传的台湾校园民谣如《童年》《踏浪》《校园的早晨》《告别的年代》《闪亮的日子》《你那好冷的小手》《捉泥鳅》更是在 70 后的脑海中烙下深深印记。

70 后的童年则充满了各种经典童年游戏。用正反面都写满字迹的纸来折纸飞机、在地上挖几个洞就开始打起弹珠、滚着又大又重的铁环奔跑、玩着男生玩不过女生的抓石头游戏、吹肥皂泡泡、冬天和小伙伴斗鸡、打板儿、看小人书等组成了 70 后的集体记忆。身处在还是计划经济，买什么东西都得有本有票有条的年代，所有的吃喝玩乐都是极其匮乏的。宝塔糖、米花糖、爆米花、棉花糖、拔糖、大白兔奶糖、冰棍、冰糖葫芦、糖精面球、烤红薯是大多数 70 后儿时最美好的记忆。

图 3-14　70 后集体看露天电影

70 后是第一代看着电视长大的中国人，有着集体面对小屏黑白电视机的群体记忆。少年时看过的电影有《渡江侦察记》《地道战》《少林寺》《红高粱》等。83 版《射雕英雄传》热播的时候，70 后大概是 13 到 23 岁年龄段，正值青春年少，武侠里的铁骨柔情引起他们的无限遐想。《霍元甲》、《上海滩》、87 版的《红楼梦》、86 版《西游记》播出时更是万人空巷。

70 后的怀旧符号象征还包括他们使用过的一些物件，如老式缝纫机、铁制保温瓶、磁带、双喜脸盆、牡丹枕巾、搓衣板、铝饭盒等。如今，当这些老物件重新出现在一些怀旧主题的消费场景中，如主题酒店、商店、餐厅等场景的时候，都会引起 70 后深深的怀念。

图 3-15　70 后使用过的老物件

70 后的玩具几乎是 70 后孩子们自己动手制作，比如由钢丝和皮筋制作而成的简易手枪，同时，70 后还会用纸做成子弹，和做成的枪搭配玩耍；此外，一些 70 后的女孩子还会用秫秸秆和报纸制作一些风筝；70 后还会利用柳枝做成柳梢，吹出各种音调；70 后也会使用五合板、钢锯条、胶带工具等自己动手制作乒乓球拍……此外，70 后也会通过折纸制作很多玩具，比如 70 后可以使用三张小纸条制作出“螺旋桨”，放在纸飞机的尖上或笔尖上，迎着风跑，“螺旋桨”就会飞快地旋转。

4. 80 后

“80 后”是指 20 世纪 80 年代出生的那一代人，是计划生育后的一代人。相对于 80 年前出生的人，80 后有着显著的特殊性，他们生长于改革开放时期，享受来自其他家庭成员的独一无二的爱。80 后从出生到成年，整个中国社会环境都处于相对和谐、急速上升的阶段，其物质生活与精神生活相对上一代人来说更加富足。计算机渐渐普及，他们是第一批使用者。他们接受了较好的素质教育，学历也较上代人高些。面对社会转型，成年后的 80 后经历了房价飞涨、就业困难、传统文化备受冷落等，承受着因此带来的焦虑和不安，因此这代人更容易怀旧。

80 后怀旧的符号象征有很多，有童年的玩具、零食、动画片、影视剧、游戏、歌曲照片等记忆载体。他们玩过溜溜球、不倒翁、花灯、水枪、七巧板、弹球、万花筒、铁皮青蛙、四驱车、电子宠物、小霸王学习机、彩虹圈、能玩俄罗斯方块和超级玛丽的小霸王游戏机、洋娃娃、塑料军事小人、弹弓、洋画皮儿……游戏厅也是 80 后的集体记忆，他们怀念放学后一币通关三国战记、拳皇 97 的高光时刻。他们玩过的童年游戏有打陀螺、滚铁环、抓石子、拍公仔纸、跳皮筋、打弹珠、跳格子、丢手绢、踢毽子、丢沙包、老鹰捉小鸡、斗鸡……他们读过的名著有《雷锋的故事》《红与黑》《巴黎圣母院》《钢铁是怎样炼成的》《茶花女》等。

80后儿时的玩具相比70后的玩具更加丰富：如用豆子或沙子填充的用废旧布料缝制而成的沙包，既可以当毽子来踢，也可以用来玩打沙包、跳房子等游戏。又比如印有各种图案的烟牌，孩子们在玩的时候每人拿出一张，如果能用手把烟牌拍成反面，就可以拿回自己的烟牌，如果失败就要把自己的烟牌留下，最后赢得烟牌最多的人就是赢家。此外，小霸王学习机也是很多80后、90后童年中不可或缺的一部分。经典的开机提示"小霸王，其乐无穷啊"是无数80后、90后的回忆。黄色的游戏卡内的许多游戏，比如魂斗罗、冒险岛、超级玛丽、坦克大战等都能引起他们的怀旧情愫[①]。此外，80后的玩具还包括机械类玩具——拧紧发条就会跳跃的铁皮青蛙、用毛线做成的翻绳、会眨眼的洋娃娃、小汽车玩具、俄罗斯方块游戏机、军旗、跳棋、弹珠、竹蜻蜓、溜溜球等[②]。

图 3-16 怀旧玩具

80后吃过的零食有闪耀着神秘光泽的麦丽素、外包简陋的无花果、吃到嘴里会一直噼里啪啦响的跳跳糖、装在箱子里卖的冰棍、面粉经过特殊的工艺制作完成的辣条"唐僧肉"、由乌梅和若干种配料制成的酸梅粉、被称为"老鼠屎"的华华丹、用猪油制作而成的"猪油糖"、能吃又能吹的口哨糖、健力宝……

80后的童年大多是和许多的经典动画片和电视剧一起度过的。他们看过的动画片有《葫芦娃》《舒克和贝塔》《镜花缘》《人参王国》《机器猫》《阿凡提的故事》《黑猫警长》《足球小将》等。80后热衷武侠剧，如《新白娘子传奇》《侠女闯天关》《莲花争霸》《射雕英雄传》《太极宗师》《乌

① 最经典的五款FC游戏，80后90后的童年回忆，放到现在依然好玩.https：//baijiahao.baidu.com/s？ id=1678049176471783133&wfr=spider&for=pc

② 致敬我们逝去的童年：80后快来看看，这些玩具你都玩过吗？.https：//baijiahao.baidu.com/s？ id=1668257980968288619&wfr=spider&for=pc

龙闯情关》《神雕侠侣》《武林外史》。他们是王祖贤、关之琳、张敏、李嘉欣、周星驰、刘德华的忠实粉丝，他们爱看《古惑仔》《天若有情》《甜蜜蜜》等。

图 3–17　怀旧动画片

80 后的青春铺满了一些耳熟能详的歌曲，他们喜欢陈晓东的《比我幸福》，何炅的《栀子花开》，范玮琪的《最初的梦想》，曹卉娟的《玻璃杯》，林志颖的《十七岁的雨季》，水木年华的《中学年代》，小虎队的《爱》，老狼的《同桌的你》，刘欢的《好汉歌》，王菲的《容易受伤的女人》《执迷不悔》《冷战》《如风》，张雨生的《天天想你》《我的未来不是梦》《大海》，张学友的《吻别》《这个冬天不太冷》等。

图 3–18　80 后的英语课本

“小虎队”出道伊始就火遍整个亚洲乐坛，给 80 后留下了美好的回忆。男生会模仿他们的舞蹈和造型，女生会收集他们的杂志和海报，“小虎队”是那个时代的青春符号。2010 年，“小虎队”春晚重聚，吴奇隆、陈志朋、苏有朋在舞台中间再现那标志性的舞步，让无数观众激动落泪。他们在“小虎队”身上看到了自己青春的影子和激情，他们怀念那段怀揣仗剑走天涯情怀的岁月。此外，引起 80 后群体怀旧的符号象征还有印有李雷和韩梅梅的英语课本、大哥大手机、磁带、压水井等。

李雷和韩梅梅最早是人民教育出版社1991年（试用版）的初中英语教科书里的人物。这套教材从1987年启动编撰，初中阶段教材于1990年被编写完毕，在地方试用三年后，于1993年向全国推广使用。这套课本一共被使用了七年，2000年人教社出于提升教材难度的要求，推出了英语教材修订版，这时Li Lei和Han Meimei不再继续出现在教材中，退出了80后的视野①。

佐丹奴是一家香港服装品牌，成立于1981年，以经营休闲服装为主。2008年4月，佐丹奴香港总公司开始征集一年一度的“没有陌生人的世界”主题T恤设计，结果选中了“Li Lei和Han Meimei”这个主题。2013年其推出了这款全球限量发行2000件的T恤，这款T恤一经发售就被迅速抢购一空。人们购买的是对于“李雷与韩梅梅”的回忆，是一种怀旧消费行为。

5. 90后

“90后”是指20世纪90年代出生的一代人，是在我国严格实行计划生育政策下出生的一代人，因此其普遍为独生子女。他们出生于改革开放取得明显成就的年代，成长在信息技术飞速发展的年代，是完全生活在互联网时代的一人。

与前几代人相比，90后从出生起生活环境就优越许多。在他们成长的过程中，全球一体化进程不断推进，90后对新事物有较强的接受能力，审美与价值观与前人有很大不同。从衣着、发型等个人生活领域我们不难看出90后是愿意接受新事物，喜欢张扬个性的一代人。不同于80后的追星热，90后痴迷的对象不再仅限于港台歌星、影星，选秀歌手、动漫及游戏形象、国内外明星歌手、日韩非主流明星等都可以成为90后热捧的对象。在教育方面，21世纪初实施了新课标，90后的学习

① LI LEI都那么牛X了，HAN MEIMEI却不喜欢他.https：//www.douban.com/group/topic/3684176/#8622274MkKoxSE

方法发生了很大变化，他们渐渐学会了独立思考问题，这对他们的思维和思考方式产生了深远影响。

由于人才不断涌现，竞争不断加强，机会资源有限，面对巨大的就业压力，他们的择业观更加灵活、实际。随着消费时代的到来，生活领域逐渐被娱乐化机制渗透，娱乐成为90后的一种基本生活方式。明星产生的周期不断缩短，娱乐逐渐呈现多元化。

21世纪初科学发展观的提出让这一代人对以人为本的观念有了更深的理解，他们热心公益、乐于助人、富有责任感，把奉献自己当成了一种人生追求。在汶川大地震中，90后新生代沉着镇定、勇于担当、敢于负责、令人们敬佩不已。在2010年的上海世博会期间，大量90后充当世博园区内的志愿者，得到了社会的一致好评。2020年一场突如其来的新冠肺炎疫情给了90后一次证明自己的机会，在国家有难、人民需要的时候，他们主动奔赴抗疫一线。医护人员、志愿者、警察、村书记中的90后冲在抗疫一线，在全社会掀起一股青春浪潮。90后站在科技的前沿，对未来持有乐观态度，是富有朝气、勇于担当的一代人。90后成长在飞速发展的信息社会中，被称为互联网原住居民，随着电脑的普及，互联网加快发展，电视等其他媒介也不断发展，他们有着十分丰富的精神文化体验。

与80后相类似，电视机贯穿了90后的整个童年，看动画片是90后的群体记忆。《九色鹿》《哪吒闹海》《黑猫警长》《葫芦娃》《海绵宝宝》《舒克和贝塔》《大头儿子和小头爸爸》《蓝精灵》《猫和老鼠》《神奇宝贝》《蜡笔小新》《名侦探柯南》等都是90后看过的经典动画片。在闲暇之余，90后会与同伴一起玩小游戏和玩具，小游戏有滚铁环、跳皮筋、打弹珠、跳格子、踢毽子、丢沙包、老鹰捉小鸡、斗鸡，玩具有各种卡片、激光笔、游戏机、飞行棋、玩具枪等。

踏入了中学时代后，动画片不再那么吸引90后的注意力，取而代之的是电视剧。不断重播的《西游戏》让90后回味无穷，《火力少年王》在90后中掀起悠悠球热潮。《武林外传》《魔幻手机》《快乐星球》《家有儿女》《海豚湾恋人》《海派甜心》《还珠格格》《星光灿烂猪八戒》《生活大爆炸》《快乐大本营》等影视剧和综艺构成了90后青春时期重要的集体记忆。

小卖部是90后放学后的必经之地。辣条、吸管糖、绿豆糕、娃哈哈AD钙奶、旺仔QQ糖、大大卷泡泡糖、猴王丹、雪梅、香菇肥牛（零食）、魔法士干脆面、咪咪虾条、一根葱（零食）、石头糖、旺仔牛奶等都是90后的群体记忆。

图 3–19 QQ 登录界面图

随着信息时代的飞奔而来，电脑成了90后生活的一部分。90后的脑袋里装着新中国最早的电脑游戏，如扫雷、空当接龙等。QQ风靡一时，90后注册QQ账号，领养QQ宠物，装点QQ空间，插入背景音乐，QQ说说被无数90后玩转。曾经风靡QQ空间的神曲有《你这该死的温柔》《外滩十八号》《哥只是个传说》《有何不可》《老人与海》《I miss you》《秋天不回来》《我们的爱》《夜曲》。再后来，HTC、诺基亚等手机的兴起更加丰富了90后的生活。

MP3的流行引起了90后的听歌热潮。林俊杰的《江南》《曹操》《一千年以后》《小酒窝》《背对背拥抱》，周杰伦的《蜗牛》《七里香》《发如雪》《千里之外》《青花瓷》《不能说的秘密》《牛仔很忙》，许嵩的《有何不可》《惊鸿一面》《清明雨上》，张韶涵的《隐形的翅膀》《非常完美》《淋雨一直走》《欧若拉》，陈奕迅的《十年》《不要说话》《红玫瑰》，光良的《童话》，五月天的《恋爱ing》，马天宇的《该死的温柔》，周笔畅的《谁动了我的琴弦》，薛之谦的第一首歌曲《认真的雪》，群星演唱的《北京欢迎你》，汪峰的《飞得更高》《怒放的生命》《勇敢的心》《生来彷徨》，那英的《征服》《我不是天使》……这些经典音乐成为90后的青春记忆。

6. 00 后

“00 后”是指出生于 2000 年 1 月 1 日至 2009 年 12 月 31 日的一代人，是全面独生子女的一代人。他们出生在人口红利时代，享有的资源较 80 后、90 后有所增加。他们成长于移动互联网兴起时代，享受到了全球化、移动互联网、整体消费升级。他们成长在鼓励创新和自由的环境中，其文化认同和创造力呈多元化发展，独立且有想法、有行动。在 00 后成长过程中，中国国际地位和影响力显著提升，因而他们普遍具有较高的国家自信和民族认同感。

“4+2+1”的家庭结构（即四个老人，一对夫妇，一个孩子），再加上科技和经济的极大发展，00 后成长在极其丰富的物质和文化生活条件中，兴趣爱好也更加多元化。他们有着强烈的猎奇心理，大胆地追求自己喜欢的事物，热衷各种圈层文化。B 战、二次元、直播、游戏、短视频、汉服等小众文化的崛起，圈层形成意味着这一代人对文化的心态日渐开放。他们在 B 战上网课的同时也在 B 战娱乐，追求着“二次元文化”。除了“二次元文化”，因《奇葩说》而破圈的“辩论文化”、随着流量明星日益成熟的“饭圈文化”，以及追溯传统文化的“汉服文化”，他们都来者不拒。

00 后有较强的分享和互动意愿，热衷于在 QQ 空间、微信朋友圈等社交平台分享自己的日常生活，如社交娱乐分享和心情分享。在语言表达上，00 后倾向于用当下流行的网络语言和表情包表达自己的态度和观点，喜欢“吐槽”“玩梗”。这也是 00 后与 70 后、80 后、90 后最大的不同点之一。00 后热衷网络兴趣圈子，喜欢通过寻找并融入自己感兴趣的组织来获得归属感。00 后大多有自己的网络兴趣圈子，如游戏圈、小说圈、追星圈、动漫圈等。00 后追星的形式日益丰富，有火箭少女 101、TFBOYS、防弹少年团、各种脱口秀节目中的选手、电竞天才、虚拟明星等。但随着社会、学校、家长的不断引导，00 后开始追那些为国家做出巨大贡献的“明星”，如袁隆平、吴孟超等。

在消费特点上，00后会选择外观更好看的产品，他们愿意为品牌、时尚潮流买单，同时注重性价比、产品质量、实用性等。值得一提的是，00后对经典潮流非常关注，尤其是喜欢经典与潮流兼具的产品。热衷跨界的大白兔奶糖，重新调整包装的百雀羚、在国际上赢得掌声的回力球鞋，这一切基于经典元素的创新赢得了00后的青睐。如今，第一批00后已经成年，开始怀念小时候的生活。他们怀念小时候看过的动画片，如《神兵小将》《果宝特攻》《熊出没》《十二生肖闯江湖》《开心宝贝》《电击小子》《喜羊羊与灰太狼》《洛洛历险记》《赛尔号》《小牛向前冲》《天上掉下个猪八戒》《大耳朵图图》《迪迦奥特曼》《哪吒传奇》《成龙历险记》《小鲤鱼历险记》《海绵宝宝》《星际宝贝》《加菲猫的幸福生活》《超兽武装》《山猫和吉米》《西游记》《猪猪侠》《小鸡不好惹》《恐龙宝贝》《三毛流浪记》《猫和老鼠》《小猪佩奇》等。他们亦怀念小时候看过的电视剧，如古装剧《还珠格格》《隋唐英雄传》《欢天喜地七仙女》《小鱼儿与花无缺》《宫心计》《追鱼传奇》《凤穿牡丹》《江湖俏佳人》《美人心计》《笑傲江湖（霍建华版）》《宝莲灯》《仙剑奇侠传》《宫锁心玉》《步步惊心》《杨贵妃秘史》《聊斋》《西游记》《龙行天下》《活佛济公》《薛平贵与王宝钏》《十二生肖传奇》《古剑奇谭》等，现代与科幻剧如《魔幻手机》《又见一帘幽梦》《粉红女郎》《铁血使命》《回家的诱惑》《暖春》《特种兵之火凤凰》《爱情公寓》《家有外星人》《夏家三千金》等。

与80后和90后相比，00后沉浸于童年小游戏的时间相对较少，他们虽然偶尔会与同伴打弹珠、玩老鹰捉小鸡、捉迷藏、丢沙包等，但大部分时间是和各种玩具、电脑游戏一起度过的。能引起他们群体怀旧的玩具有可以发射弹珠的塑料人偶弹珠警察、各式各样的悠悠球、拼装玩具、自制圣诞树、各种各样的陀螺、水中套圈游戏机、能吹出大气泡的泡泡胶、旋转风车、啪啪圈、可以随意变换的百变魔尺、彩虹圈、橡皮泥等。陪他们走过童年的电脑游戏有洛克王国、赛尔号、穿越火线、炫舞时代、地下城与勇士、QQ飞车、QQ炫舞、摩尔庄园、奥比岛、盒子世界等。除了动画片、电视剧、玩具、电脑游戏，00后怀旧的符号象征还有童年零食，如各种薯片、话梅、锅巴、牛奶球、炸薯片、提拉米苏、旺旺小小酥、巧克力、“快乐肥宅水”可乐、各式各样的糖果、传统的珍珠奶茶、星球杯、海藻饼、瓜子等。

一代人有一代人喜欢的音乐，音乐是每一代人必不可少的群体记忆。00 后喜欢的偶像很多，如鹿晗、张艺兴、TFBOYS、毛不易、杨洋、周杰伦、张杰、汪苏龙、筷子兄弟、林俊杰、凤凰传奇、朴树等都是他们心中的偶像。张杰的《忐忑》《逆战》《这就是爱》，林俊杰的《醉赤壁》，筷子兄弟的《父亲》《小苹果》，凤凰传奇的《最炫民族风》，朴树的《平凡之路》，郁可唯的《时间煮雨》，周杰伦的《告白气球》，杨洋的《微微一笑很倾城》，TFBOYS 的《宠爱》《Heart 梦出发》《魔法城堡》《不完美的小孩》《为梦想时刻准备着》《样》《剩下的盛夏》《青春修炼手册》，张艺兴的《羊》《梦不落雨林》《摇摆》《面罩》《一个人》，张碧晨的《年轮》，田馥甄的《小幸运》，马良的《往后余生》，毛不易的《不染》，周笔畅的《最美的期待》，鹿晗的《我们的明天》《冒险时间》《勋章》等都是 00 后耳熟能详的歌曲。每当这些歌曲响起，00 后不禁怀念起自己的青春。

3.3　服务行业的怀旧

3.3.1　怀旧主题餐厅

怀旧主题餐厅是服务业中的一种怀旧形式，其主要依靠设置具有特定年代感的场景、提供具有特定年代感的食物来引发顾客的怀旧情绪。这一部分将以海上旧梦摩登年代主题餐厅和“马路边边”为例，具体说明怀旧主题餐厅的怀旧布置和怀旧场景的营造。

海上旧梦摩登年代主题餐厅是一家具有老上海怀旧特色的餐厅。在餐厅内部的墙壁上贴着各种老上海 30 年代电影明星的照片，走廊也是按照老上海的风格进行装修的。每个餐桌上都有一瓶鲜花装饰。餐桌上方是铜质的大吊灯，窗子是落地窗，并配有落地窗帘。除此之外，餐厅内还有一间配有麻将桌、壁炉、留声机、复古沙发和茶几的包房。在这家餐厅，每晚七点半都会有大约两个小时的老上海风情的演出①。

马路边边是一个经营麻辣烫和串串香的餐饮品牌。截至 2020 年，其门店已超过 1000 家。马路边边无论是在餐厅环境的设计上，还是在提供的产品上，都具有怀旧的特点。首先，店内播放的歌曲是怀旧的青春歌曲：《别问我是谁》《999 朵玫瑰》……餐厅内摆满了一张纸蓝色的桌椅，墙壁上画着 20 世纪 80 年代的街边经典场景，如绿底红字的小卖部，“让一部分人先富起来，一对夫妻只生一个孩子”的口号等具有时代特点的场景。除此之外，在餐厅内还布置了路灯，很大程度上还原了 20 世纪在马路边吃饭的场景。马路边边内还有小卖部，在小卖部里张贴着各种流行的明星海报等，很有代入感。其次，马路边边在产品的提供上，也具有怀旧特点。马路边边主营业务串串香，正来源于 20 世纪 80 年代，一些为了生计的人，在商场、电影院、录像厅等附近摆摊经营的“串串香”。马路边边将那个年代的匮乏与丰饶通过特色主题店的形式记录留存了下来。此外，在马路边边内的小卖部里，售卖各种 70 后、80 后儿时常买的零食：咪咪虾条、猴王丹、无花果、杨梅、雪梅、麦丽素等。这些食物很容易激发人们的怀旧情绪②③。

图 3-20　马路边边店内布置

---

① 大众点评，http：//www.dianping.com/review/362060480

② 马路边边，烫一串老成都的前世今生.https：//baijiahao.baidu.com/s？ id=1653810494473427896&wfr=spider&for=pc

③ 去马路边边重温记忆深处的老成都的味道.https：//www.sohu.com/a/146898138_672066

3.3.2　怀旧主题店铺

现如今，很多怀旧店铺走进了人们的视野。有些怀旧店铺拥有特定的怀旧主题，如健力宝和有家便利店开设的“1984 主题便利店”以 1984 年和健力宝为主题；有些怀旧店铺依靠售卖 70 后、80 后童年的零食，或具有年代感物品元素的商品来引发消费者的怀旧情绪；有些怀旧店铺通过售卖具有中华传统文化元素的商品引发人们对中国传统文化的怀旧情绪。这一部分将以健力宝“1984 主题便利店”和南锣鼓巷店铺群为例，具体说明怀旧店铺的是如何通过怀旧吸引消费者的。

1. 健力宝和有家便利店开设“1984 主题便利店”

2021 年，健力宝与有家便利店合作，在广州开设了首家“1984 主题便利店”，意在为消费者提供恣意谈、笑、跑、跳的绝佳场所。每家便利店都采用了经典配色的桌椅和铁饼人元素的背景墙，为消费者提供了一个打卡拍照点；同时也为消费者提供了休息区。同时有家便利店还为消费者提供了各种各样的健力宝饮料，特别是健力宝新出 1984 经典系列的新口味。

健力宝在推出 1984 经典系列的新口味时，在主题便利店举行了线下活动：参加的人员到店打卡，并集齐三张图片发朋友圈。其中这三张图片分别为：与有家便利店合影、与健力宝饮料合影、模仿铁饼人合影。如果发朋友圈能够集齐 19 个赞，参与者就能获得一个经典手环；如果能够集齐 84 个赞，参与者就能获得一个运动水壶。[①] 健力宝此次活动利用线下打造 1984 主题场景、邀请消费者体验线下场景的怀旧活动，从而利用消费者的怀旧心理进行营销。同时，健力宝还利用消费者的朋友圈进行了怀旧推广。

---

① 健力宝饮料首家经典 1984 主题便利店空降广州 .https：//hea.china.com/article/20210809/082021_847505.html

2. 南锣鼓巷店铺群

南锣鼓巷是北京最古老的街区之一，已有超过 740 年的历史。目前，南锣鼓巷已完全改造成为步行街，其中有许多有特色的怀旧店铺。这一部分将以老北京文化创意店“创可贴 8”、兴穆手工店和“准时到校”怀旧零食小店为例具体说明南锣鼓巷中的怀旧店铺情况和怀旧手段。

“创可贴 8”是一家位于南锣鼓巷 61 号的怀旧小店，主要售卖“老 T 恤”，是一家老北京文化创意店。所谓“老 T 恤”，是指在纯白或纯黑色的 T 恤衫上印上老北京物件的创意描绘图案，这些图案包括早已作废了的北京三元地铁票、80 后小学语文课本里的插画，以及红色带花的暖水壶和写着“喜”字的搪瓷痰盂。而 T 恤衫上印着的这些老北京物件的实物，就藏在店里的各个角落：店里摆着一个大痰盂；除此之外，橱窗里整齐地摆着一排精巧印花的老式纽扣钱包。T 恤的图案以及店内的布置很容易把人的思绪拉回民国年代①。

兴穆手工店位于南锣鼓巷 99 号，是一家售卖自制手工笔记本的小店。兴穆手工店售卖的笔记本以牛皮本居多，其售卖的所有本子都是经过其原创设计和手工制作而成的。牛皮本都是以一张纯牛皮做封面及封底，中间是没有任何格纹的牛皮纸，用麻线装订起来。麻线、蜡黄色的牛皮纸很容易将人带回 20 世纪 30 年代。其他本子的封皮设计主要取材于中国传统的水墨画、青铜器图案、脸谱、书法剪纸等中国传统文化的元素。整体来看，兴穆手工店售卖的笔记本子都具有怀旧风格②。

位于南锣鼓巷 38 号的店铺“准时到校”是一家怀旧零食小店。里面售卖各式各样的 70 后、80 后、90 后常买的小零食，如无花果、猴王丹、南京板鸭、秀逗、汽水、泡泡糖、流口水、辣条、跳绳糖、口红糖等。此外，店内的环境也几乎复刻了几十年前零食店的布置③。

---

① 北京怀旧小店之创可贴 8：南锣鼓巷洋掌柜的京味儿“老 T 恤”https：//www.takefoto.cn/viewnews-245179.html

② 南锣鼓巷里淘个宝 .https：//www.wenmi.com/article/pz7sso03gy1d.html

③ 大众点评 .http：//www.dianping.com/review/772773007 ？ source=m_jump

3.3.3 怀旧主题酒店

怀旧主题酒店也为顾客提供怀旧服务，其主要通过布置怀旧场景、具有历史场景复现、提供怀旧零食、陈设历史物件等方式营造一种具有历史年代感的氛围，让顾客产生在主题酒店入住就仿佛回到了童年的家的感觉，从而激发顾客的怀旧情绪。这一部分将以时光漫步主题怀旧酒店为例，说明怀旧主题酒店是如何通过以上手段营造怀旧氛围、引发顾客怀旧情绪的。

时光漫步主题怀旧酒店是一家主打怀旧主题的酒店。酒店大楼的整体外观是一座洋楼。酒店大院墙面上印着许多 3D 立体画：姿态标准的李小龙和破门而出的狰狞恐龙等。在酒店内部摆放着自行车、老电视、双卡收音机和播放着经典怀旧音乐的留声机等具有历史年代感的老物件。酒店内摆放榆木家具，木制的质感、榆木的深褐色还有其表面的纹理具有一种历史的厚重感，演绎着时光流逝的痕迹。居室内床头的墙上画着一个在草地上吹泡泡的红领巾男孩，是宋庄的知名画家根据自己对怀旧的理解一笔一笔画上去的。在其中一个床头柜上摆着经典的绿色台灯、闹钟、两罐 AD 钙奶和两颗大白兔奶糖；在另一个床头柜上摆着两本小儿书《黄继光》《钢铁是怎样炼成的》和一部拨盘电话。时光漫步主题酒店通过经典壁画、老物件等种种细节引发入住的顾客对于童年的回忆，从而映照其“怀旧”的主题①。

3.3.4 怀旧旅游

谭杰倪等（2010）认为，怀旧旅游是基于怀旧情结的特殊旅游，是一种将现代与传统相结合的旅游方式，是在寻找一种熟悉的感觉。龙梅（2010）认为，怀旧旅游的主体是所有具有怀旧情结的游客，客体可以是任何带有过去记忆符号的载体，例如一座古城镇、一幢老建筑、一条老街，甚至一间挂满老照片的咖啡馆等。吴必虎（2001）认为，人们前往

① 时光漫步怀旧主题酒店重返童年时光 .https：//www.sohu.com/a/60555863_102490

与本人的人生历程具有某种特殊联系的地点参观探访，也是一种特殊的怀旧之旅。熊剑峰等（2012）认为，怀旧旅游的具体指向为重传统文化、重物、重情、重家园；同时，怀旧旅游的本质属性是时间维度上的自我认同、空间维度上的“寻找家园”和哲学维度上的完整生命线条。王琦娜（2015）将怀旧旅游分为了四种类型：遗产旅游、红色旅游、乡村旅游和古镇旅游。以下将以古镇旅游和红色旅游为例，详细介绍怀旧旅游的内容。

1. 古镇旅游

古镇旅游是怀旧旅游其中的一个类型。古镇包含了诸多怀旧符号，这些怀旧符号包括古建筑等能够唤起旅游者对过去历史和生活的遐想与回忆的物品（余志远、游娇，2018）。现以云南省禄丰市黑井古镇为例，说明古镇旅游的概况。黑井古镇特色小镇位于云南省禄丰市西北部，距市区 98 公里，距州府 75 公里，距省城 200 公里，镇域面积 133.6 平方公里，成昆铁路、永广铁路复线自南而北穿境而过。黑井镇地处金沙江右岸支流，龙川江中游河谷地区，龙川江自南向北纵贯全境，绕经元谋后注入金沙江。黑井镇地势东西窄、立体气候明显；居住着汉、回、彝、苗等 10 个民族，总人口 18036 人[①]。禄丰黑井古镇是云南四大古镇之一，被誉为“失落的盐都、明清建筑的活化石”，自古以来出产贡盐。其制盐业最早可追溯到汉代，南诏时期为贡盐，清代达到鼎盛[②]。黑井古镇历史悠久，文物众多且类型多样，有盐井、庙宇、民居、桥梁、石刻、牌坊等，武家大院、大龙祠、文庙等明清时期建筑都是黑井历史上盐业经济文化繁荣的见证。

黑井镇是中国历史文化名镇，是“西南丝绸之路”上著名的“盐都”，素有“明清盐文化博物馆”和“明清社会活化石”之称。2018 年

① 黑井镇概况 .http：//www.ynlf.gov.cn/info/1090/43318.htm

② 禄丰黑井古镇不断丰富旅游产品，升级消费业态，拓展消费空间 .http：//www.ynlf.gov.cn/info/1042/35458.htm

黑井古镇被命名为州级特色小镇，同期，黑井古镇特色小镇创建项目被列为楚雄州“四个一百”、禄丰市“3个20”重点建设项目之一。2005年，黑井镇入围全国56个“魅力名镇”，同年荣膺“中国历史文化名镇”殊荣；2006年入选“云南十大名镇”，2007年被评定为国家AAA级旅游景区和省级文明风景旅游区，2010年被评为中国旅游文化名镇、云南旅游名镇；2014年被评为省级卫生乡镇，2016年12月被评选为全国第四批美丽宜居小镇，2020年被中央精神文明建设指导委员会连续四届评为“全国文明村镇”、被云南省民族宗教事务局评为省级民族团结示范镇，并成功创建云南省级特色小镇。

人们在黑井古镇中能看到具有唐宋风貌的坊巷、具有明清风格的民居，以及碑刻、石雕、古塔、石牌坊、古戏台、古寺庙、古盐井、煮盐灶等。保存完好的典型明清建筑——武家大院享誉云南省内外。黑井古镇至今仍然保留着“王”字形的武家大院豪宅、贞节牌坊、道光皇帝的御笔、飞来寺、以前曾产过盐的盐井及卤水池子等。黑井古镇凭借自身拥有的古迹，激发人们心中对于历史、古迹的怀旧感情，从而吸引游客前来游玩。2020年11月27日至29日，黑井古镇共接待游客6000多人次，实现旅游收入约493万元[①]。许多游客从昆明、楚雄、攀枝花等地慕名而来，观看舞龙、皮影戏、牛灯舞、旗袍秀、洞经音乐、腰鼓、古筝演奏等节目，并参加广场小型火把节、篝火晚会等活动。来游玩的游客数量几乎住满了当地的民宿客栈。

2. 红色旅游

中共中央办公厅和国务院办公厅于2004年在《2004—2010年全国红色旅游发展规划纲要》中对“红色旅游”的定义为：以中国共产党领导人民在革命和战争时期建树丰功伟绩所形成的纪念地、标志物为载体，以其所承载的革命历史、革命事迹和革命精神为内涵，组织接待旅游者

---

① 黑井特色小镇掀起新一轮旅游热潮 .http：//ynlf.gov.cn/info/1041/37265.htm

开展缅怀学习、参观游览的主题性旅游活动。尹晓颖等（2015）将红色旅游定义为：以参观游览红色景观为主要内容，以接受爱国主义教育和革命传统教育为目的的旅游活动。这里的红色景观是指所有与中国革命有关的各种红色资源（狭义），既包括革命遗址、纪念场所，也包括与之有关的人造景观，其中革命遗址主要包括会议会址、革命活动旧址、伟人故居和战场遗址等；纪念场所主要包括纪念博物馆、陵园等；人造景观主要包括雕塑、石刻、主题公园等。

左冰（2014）认为旅游者在体验红色氛围和认识中国共产党革命历程的同时，也在无意识地经历着自身政治意识和政治立场的变化。由于现代旅游是构建社会记忆的重要机制（Winter，2009；Walter，Sharpley & Stone，2009），因此红色旅游可以在全社会构建红色记忆。红色旅游的爱国话语使其更倾向于作为精神旅游产品（何景明，2012），从而具有“神圣性”的特征。红色旅游的神圣体验来自个体将自我与国家和民族命运紧密联系的努力。这种体验根植于社会现实，而这种联系则让游客成为“世俗的朝圣者”（Lau，2011）——参观者在喜、怒、哀、乐等多种情感体验中获得国家强盛带来的个体自豪感，从而获得自我价值的升华。因此，红色旅游所能构建的红色记忆的价值体现在以下三个层次上：微观上提高个体的情感归属和心理安全（金太军等，2014）；中观上实现社会主义核心价值观的传承和政党认同，促进社会团结和凝聚；宏观上体现以反战与和平为核心的全球价值（何景明，2012；徐克帅，2016）。

2021 年是中国共产党成立一百周年。红色旅游掀起新热潮，参观红色遗址、接受革命传统教育已经成为老百姓常态化的生活方式，而这恰恰是中国人对于党的奋斗历史和中华人民共和国诞生过程的一种集体追忆，是一种广泛意义上的怀旧。因此，红色旅游也属于怀旧旅游的一部分。2021 年红色旅游的热度较往年大幅增加。根据中国旅游研究院和马蜂窝自由行大数据联合实验室发布的《中国红色旅游消费大数据报告》（2021），2021 年在参与的调查者中，41.7%的游客参加红色旅游的次数达到 3 次以上，其中 7.1%的游客红色旅游的次数超过 5 次，40%以上的游客经常、自主选择红色景区参观学习。根据马蜂窝旅游大数据，今年 1 月以来，红色旅游搜索热度较上年同期增长 176%。报告指出，2021 年经典红色景区热度同比增长 89%，其中，中共一大会址热度涨幅为 243%，井冈山风景名胜区热度涨幅为 140%。

其中，位于江西吉安的井冈山风景名胜区和井冈山革命博物馆在红色旅游全面占比中位列第二名；井冈山风景名胜区在 2021 红色旅游自然风景区热度榜中位于第 7 名；井冈山革命博物馆在“红色＋研学”博物馆热度排行榜中位于第 10 名。以下部分将结合井冈山的具体情况说明井冈山的红色旅游。井冈山是中国第一个农村革命根据地，被誉为“中国革命的摇篮”“中华人民共和国的奠基石”和“宪法故里”。党在井冈山的斗争共计两年零四个月，为中国开辟了一条成功之路，尤其为后人留下宝贵的精神财富——井冈山精神。迄今保存完好的井冈山斗争革命旧址遗迹达 100 多处，其中 21 处被列为中国重点文物保护单位。井冈山作为中国爱国主义教育示范基地之一，已经成为进行革命传统教育和爱国主义教育的理想课堂。到井冈山进行红色旅游，一方面是缅怀革命先烈，缅怀老一辈无产阶级革命家的丰功伟绩；另一方面也是更好地追忆、理解和感悟井冈山精神——坚定信念、艰苦奋斗、实事求是、敢闯新路、依靠群众、勇于胜利。这种追忆、怀念和缅怀也是怀旧的表现。

第 4 章
传播活动中的怀旧

4.1　怀旧广告

《中华人民共和国广告法》将“广告”定义为：商品经营者或者服务提供者承担费用，通过一定的媒介和形式直接或者间接地介绍自己所推销的商品或者所提供的服务的商业广告[①]。据此，我们可以认为，广告是商品经营者或服务提供者介绍其所推销的商品或所提供的服务的一种媒介。因此，怀旧广告可以定义为：有怀旧元素的广告（吴佳佳，2019）。怀旧广告能够利用过去的事物，勾起消费者的共同记忆、激起消费者怀旧情怀元素，从而刺激消费者，使消费者对企业所提供的商品或服务产生联想和消费倾向。商品经营者或服务提供者希望通过怀旧广告使消费者对所提供的商品或服务产生积极的消费态度和品牌态度。怀旧广告本质上就是一种激发消费者怀旧情绪的方式（Reisenwitz et al.，2004）。通过运用怀旧文字、图片、音乐等怀旧元素，怀旧广告唤起了消费者与品牌相关的美好回忆，进而使其对品牌产生积极的态度和购买意愿（Muehling & Pascal，2011）。视频类的怀旧广告出现的场景大多是电视、网络视频平台，平面类的广告出现的场景大多是线下的实体店和各大网页。在互联网时代，人们无时无刻不在接收大量信息，为了给消费者留下印象，大部分企业都会利用广告来进行营销宣传并不断提高广告的内容质量。当消费者受到怀旧广告的触动，对企业提供的商品形成认

① 《中华人民共和国广告法》第一章第二条。

知，并且对企业产品产生好感时，消费者就会产生对该产品的消费倾向。

可口可乐和百事可乐这两大全球饮料巨头对怀旧营销情有独钟。百事可乐则在其每年的新年广告中都将怀旧情怀运用得淋漓尽致。从2016年春节引发几代人共鸣的《猴王世家》广告到2017年春节唤起80后、90后对电视剧《家有儿女》童年回忆的《把乐带回家》广告，每一个运用了怀旧元素的广告都受到了消费者的广泛欢迎。除了国外品牌善于运用怀旧营销之外，国有品牌在营销活动中也擅打怀旧牌。例如传统品牌六神和百雀羚利用怀旧营销使品牌在逐渐落寞的老品牌中脱颖而出，塑造了良好的品牌形象。而诞生于1984年的国有饮料品牌健力宝在2008年重新推出时，也采用了带有怀旧风的营销推广方式。健力宝通过“盛世有我，国饮健力宝”等宣传口号唤起人们关于该品牌与奥运历史情缘的记忆，在社交网络上引发人们的怀旧情愫，大大提高了品牌好感度。由此可见，怀旧营销对于传统品牌的品牌活化策略也有着十分重要的作用。

在传播视角中，怀旧广告按照形式又分为怀旧平面广告和怀旧视频广告。怀旧平面广告主要是指怀旧元素以及广告以二维的形式展现；怀旧视频广告是指怀旧元素以及广告以动态视频的形式展现。目前市场上占主要地位的是怀旧视频广告。接下来我们将从怀旧平面广告和怀旧视频广告两个维度详细介绍几个经典的怀旧广告。

4.1.1 怀旧视频广告

最经典的怀旧视频广告是南方黑芝麻糊的古镇篇广告。广告以商贩的叫卖声“黑~芝麻糊嘞~”开篇，并用旁白阐述小时候的记忆，广告中人们都穿着具有民国风格的衣服，还出现了具有年代感的木制小推车。广告中孩子纯真的眼神，奶奶慈祥的微笑营造了浓浓的怀旧感。该广告利用怀旧元素精确地表现了南方黑芝麻糊味道香醇、历史悠久的特点。

国产护肤品牌百雀羚也曾使用怀旧广告进行宣传。百雀羚于2018年推出了《时光是最好的礼物》这一短片广告。该短片广告讲述的是六七十年代纯真质朴的爱情故事。故事中两个相爱的男女不顾家人反对走到了一起，并结为夫妻。后来男主因为一场意外过失杀人，入狱。入狱后的他不希望耽误爱人一生，狠心让女主忘了自己。后来男主随着年龄的增长，认知能力下降，出狱时已经认不出自己的爱人。后来跟着爱人回到家后，看到自己在入狱前买给爱人的礼物——百雀羚，才逐渐想起过往，认出眼前的老伴。该短片广告表达了“陪伴的时光是最好的礼物”的主题，阐释了百雀羚“相守陪伴”的理念。

百雀羚 2020 年推出的 89 周年纪念广告也是以怀旧为主题。该广告以百雀羚创始人顾植民先生与其妻子徐帧志女士的爱情故事为背景，讲述了民国时期百雀羚创始人顾植民先生与徐帧志女士相识相爱且顾植民先生用徐帧志女士喜欢的香味做成香膏冷霜并命名为“百雀羚”的故事。该广告通过表达顾植民先生希望徐帧志女士容颜永驻、永留人间，不断更新百雀羚配方的个人角度映射到百雀羚企业希望所有女性青春永驻、爱情圆满，紧跟时代利用科技不断更新其产品的企业价值理念。该广告故事背景具有怀旧元素，广告片中的场景营造了浓厚的怀旧氛围。如图 4-1 所示，在片中男演员穿着民国时期款式的西装，女演员则身着具有民国韵味的旗袍，两人走在红墙瓦砖的上海街道，整部广告充满了浓浓的怀旧氛围。这篇广告既抓住了当代年轻人希望爱情美满的心理，与消费者达到了情感共鸣，又讲述了自己的品牌故事，传达了企业的价值理念，增加了消费者对企业的熟悉度和喜爱度。

图 4-1　百雀羚 89 周年纪念短片

健力宝在 2011 年推出过一部优秀的怀旧广告——《80 后的纪念馆》，该广告通过表现当时 80 后面对工作、家庭的压力和没能实现自己梦想的窘迫，引出“建立 80 后的纪念馆，收集儿时的回忆，寻找丢失的梦想”

这一主题。该广告的创新点在于它并不把企业所推销的产品——“健力宝饮料”作为广告表现的主体，而是将健力宝饮料作为怀旧元素，放在了主人公们的回忆中，从而使消费者的情感共鸣的积极态度大于商业营销所带来的消极态度，促使消费者主动购买记忆，购买产品。健力宝在2014年也推出了新春怀旧广告《开启被封存的感动》。广告的主要内容是：外出工作的男主回家过年，从而想起儿时的记忆。男主在和弟弟购置年货“健力宝饮料”后，在回家的途中看到了一群孩子在足球场上踢足球，使男主和弟弟想起了他们小时候一起踢球的场景。男主和弟弟小时候在踢完球后，都会喝健力宝饮料补充体力。这次也一样，男主和弟弟在加入小朋友的队伍一起踢完球以后，也打开了健力宝补充体力。在喝完健力宝后，两兄弟相视一笑，说：“还是一样的味道”。该怀旧广告通过表达“在时光变迁中总有一些不变的东西，比如亲情，比如友情”，从而传达了健力宝“味道不变，传统正宗，始终如一”的产品特点。

如图 4–2 所示，百岁山矿泉水的怀旧广告也做得十分精致。百岁山广告共有三部，这三部广告曲都是以欧洲中世纪的故事为背景创作的，创作的思路是模拟怀旧。模拟怀旧是指通过对历史事件、历史人物传记、历史文物等对没有直接经历的历史的怀旧。如个体通过古董和收藏唤起的对唐宋元明清等历史时代的向往和怀念。百岁山通过模拟怀旧，改编笛卡尔与贵族公主的爱情故事，从而突出其产品定位——水中贵族。这三部广告片都表达了在中时期，欧洲贵族对于百岁山的喜爱，以及对喜欢百岁山的人的欣赏。广告的故事剧情细节虽有争议，但广告中充满欧洲中世纪风情的骑士、精致的马车、古堡等元素透露着怀旧复古的高级感，从而向消费者传达百岁山矿泉水的产品定位——高端水。

图 4–2　百岁山广告

同时，通过广告塑造出的怀旧复古的高级感也吸引着消费者，给消费者留下“喝了百岁山就是贵族”的认知，从而使消费者为自己的身份地位而购买百岁山。

其实不只是国内企业喜欢使用怀旧广告进行营销，国外的品牌也是如此。肯德基曾在 2014 年推出了藤椒系列广告，其中思乡篇描述了一名漂泊他乡的女孩子在结束了忙碌的一天后，在路边看到肯德基藤椒系列的产品，想到了小时候妈妈给自己做的藤椒味的食物，女主角说道：“还是想念家乡的味道”。进而引出肯德基藤椒系列“使用地道工艺，给你带来家乡味”的产品特点。该广告片就通过对女主角的个人描写映射到社会上的青年，体现了在异乡工作的青年生活和工作的不易，以及对家乡的想念。由此勾起目标消费者对家乡的怀念之情，以及对家乡味道的怀念，从而使目标消费者对该产品产生好感。肯德基在 2018 年也推出了以“致敬时代”为主题，TFBOYS 和小虎队隔空对唱的怀旧广告。该广告以小虎队的经典歌曲《爱》贯穿全片。广告的开头，1988 年，一位父亲和戴耳机的小男孩坐在一起，耳机里播放着“把你的心我的心串一串，串一株幸运草，串一个同心圆……”熟悉的音乐响起，人们仿佛又回到了自己的青春时代；广告的转场：1988 年的父亲送给了男孩小虎队的磁带，2018 年的父亲为儿子用手机播放 TFBOYS 翻唱的《爱》，2018 年仿佛与 1988 年重合；广告的结尾呈现广告语“1988—2018，献给我们共同的青春记忆，向时代致敬”和祖孙三代人一起吃肯德基的画面。该广告用经典音乐勾起 70 后、80 后的青春记忆，又与 TFBOYS 合作，与 2018 年的青少年的青春记忆相呼应，从而扩大了消费者的年龄覆盖范围，并赢得了消费者的喜爱。肯德基在此期间又重新推出了十年前的产品“嫩牛五方”，该产品一经推出就引发了 80 后、90 后的购买热潮。

4.1.2　怀旧平面广告

平面广告主要以海报、易拉宝等形式所呈现。现在的平面广告大多数的内容是知名人物、明星偶像等产品代言人的平面宣传照。怀旧平面

图 4–3 李雷和韩梅梅在麦当劳

广告比较罕见，但优秀的怀旧平面广告案例也不少。麦当劳曾在 2018 年发布条漫《李雷和韩梅梅在麦当劳点 Big Mac》，熟悉的李雷和韩梅梅迅速引起了各大网友的关注。李雷和韩梅梅是 80 后、90 后英语启蒙课本中的经典人物。在他们学习英语、不断成长的过程中，李雷和韩梅梅一直陪伴着他们。在 2001 年英语教材改版后，李雷和韩梅梅不再出现。“李雷和韩梅梅”成为那一代人的共同记忆。如图 4–3 所示，该平面广告的内容是韩梅梅教李雷在麦当劳如何正确使用英文点“Big Mac”，巨无霸（Big Mac）是麦当劳 1967 年推出的产品，经典且历史悠久，巨无霸同样也是很多人对麦当劳的共同记忆。因此，当消费者看到熟悉的李雷和韩梅梅，看到熟悉的英文对话方式和排版版面，也会对麦当劳产生亲切之感，产生去麦当劳购买巨无霸来怀念熟悉的味道的倾向。

国产品牌百雀羚在 2017 年联合知名微信公众号——局部调查组发布了《一九三一》的长图广告。这篇广告以 1931 年的上海为背景，讲述了一名女特工完成刺杀任务的故事。图片从女子精心装扮自己、带好枪支展开，跟随女子寻找刺杀目标的脚步，向我们展示了民国时期上海的繁华与多元。上街游行的学生、巡逻的警卫、忙于生计的黄包车车工、西餐厅、洋行、裁缝铺、百货大楼、大剧院、百乐门还有随处可见的百雀羚香粉广告……生动地描绘出了消费者记忆中的旧上海。女特工刺杀目标的故事情节，既符合广告的时代背景，又吸引了读者，增加了刺激感。

如图 4-4 所示，在长图的最后，女特工成功击杀目标——时间，并说出了广告语：“我的任务就是，与时间作对”，从而与百雀羚的产品理念相呼应。

图 4-4　百雀羚《一九三一》长图结尾

4.2　怀旧电影

电影是根据人的视觉具有保留印象的原理，用摄影机将人物或其他被摄体的活动影像拍摄并剪辑成连续性的画面，通过放映机在银幕上再现的一种视觉及听觉艺术。怀旧电影则是以过去的时代为背景叙述故事的电影。怀旧电影同样也能引发人们的怀旧情绪，优秀的怀旧电影会使人们从电影中找到共同记忆并产生共鸣，从而使电影票房获得较大的收益。在电影中使用怀旧营销不仅能引发中老年群体对青春的回忆，更能引发 80 后、90 后甚至 00 后的共鸣。从电影题材对电影进行分类可以分为动作电影、科幻电影、战争电影、史诗电影等 20 多种类型。如果从电影题材角度分类分析怀旧电影就太过繁杂，因此我们可以从怀旧情绪的来源将怀旧电影分为真实怀旧电影和集体怀旧电影。真实怀旧是指个人对个体所经历的真实经历的怀念，例如儿时的旧照片引发对童年时代的怀念。集体怀旧是对文化、国家、社会的时代的大事件的怀旧，例如北京 1990 年举办亚洲运动会，2008 年举办奥运会等。

怀旧电影作为电影类型的一种，出现的场景主要是电影院、电视、网络平台。怀旧电影除了具有艺术审美上的作用以外，其本身也是一种商业产品，衡量电影的商业价值的指标是票房。因此优秀的怀旧电影通过唤醒并重构观众们的记忆引发观众们的怀旧情怀，从而获得观众们的青睐，进而增加电影的上座率和票房，获得商业上的收益。优秀的怀旧电影除了电影票房会受益以外，电影中出现的怀旧符号的相关产品作为触发观众怀旧情怀的记忆点，也会受到观众们的关注。优秀的怀旧电影还会产生出许多电影 IP 的衍生产品，比如印有电影角色的杯子以及其他周边等，这些产品会因为怀旧电影的火热而受到消费者的喜爱。网络平台上的用户们还会对电影内容进行二次创作，这些创作内容本身就是一种宣传，能够扩大电影以及电影衍生产品的受众范围。接下来，我们将从真实怀旧电影和集体怀旧电影两个维度详细介绍怀旧电影的几个案例。

4.2.1 真实怀旧电影

真实怀旧电影的内容主要是从个体角度讲述个人经历或个人回忆的电影。从电影中主人公回忆的内容或者主人公的经历中，观众们可以找到自己的影子，与电影主人公产生共鸣，并对自己的过往产生回忆。

《庐山恋》作为第一部出现吻戏、表现青春爱情的电影，在我国怀旧电影中具有划时代的意义。《庐山恋》这部电影在中美建交、华侨渴望回归祖国、青年们积极建设祖国未来的宏大背景下，描述了一位侨居美国的前国民党将军的女儿周筠，回到祖国游览庐山时与中共高干子弟相遇、相识、相爱的故事。细致地表现了周筠与耿桦两位青年之间青涩而又纯真质朴的爱情。该电影上映后就获得了第四届电影百花奖的最佳故事片奖，在 2018 年，又被评为改革开放 40 周年中国十大优秀爱情电影。《庐山恋》寄托了 20 世纪 70 年代的人们的爱情旗帜和情怀，表达了当时中国青年纯洁而含蓄的情感向往。电影中耿桦给周筠送花、耿桦在周筠住处楼下等待周筠、两个人分别后再次见面的激动和两个人第一次亲吻等情节，表现了男女恋爱中的羞涩、甜蜜和美好，引起了 70 后人群对自己曾经的爱情和那个青涩的自己的回忆，唤起了那一代人对于青春的怀旧。该电影不仅仅表现了青春时代爱情的纯真，也表现了青年们将自己的青春奉献给国家社会，积极建设祖国的勇气和热情。庐山上有一家电影院，每天都只播放《庐山恋》这部电影，这部电影成为 70 后的共同记忆，也成为现代人了解那个年代、怀念那个年代的一种途径。

市场上最为普遍的怀旧电影就是校园青春电影。《我的少女时代》是校园青春电影的代表作。这部电影讲述的是平凡少女林真心与校园“差生”徐太宇的初恋故事。称其为校园青春电影的代表作是因为这部影片包含了所有校园青春电影的元素：如图 4–5 中少年们穿着统一的校服还有少年对梦想和未来的幻想、少年们真挚的友情、对爱情的向往和追求、对校园暴力（同学们的闲言碎语、老师对学生的偏见等）的反抗等。《我的少女时代》里是林真心与徐太宇在野外一起看流星时相互讨论未来要考哪所大学，是何美与小只对林真心义无反顾的支持，是林真心和徐太宇对自己喜欢的人的追求，是校庆时同学们对刻板的教导主任的反抗。这些元素在《匆匆那年》《致青春》《同桌的你》等校园青春电影中都有体现，或许表现的方式不同，但其主题和核心都是这些元素。校园青春电影能够极大地建立与观众的共鸣，是因为电影的故事情节大多发生在校园内，情节内容也与每个人的学生时代经历高度重合。校园青春怀旧电影与观众的共鸣点主要体现在两个方面，一是对青春美好记忆的怀念，二是对青春遗憾的弥补。有些人的校园生活过得很绚烂，有些人的校园生活过得很平淡，但无论是怎样的我们，都能在校园青春电影中找到自己的缩影。观众在电影中寻找自己的影子，寻觅曾经的青春记忆，也在期盼着电影中的自己能够实现自己没实现的梦想，做自己没敢做的事，弥补自己青春的缺憾。校园青春电影带给在现实世界中身陷囹圄的成年人一个出口，去怀念曾经的炙热与真诚，寻找到“最初的自己”。

图 4–5 《我的少女时代》剧照

在爱情、友情怀旧电影之外，还有亲情怀旧电影。《你好，李焕英》

是2021年春节档电影，该电影票房约51亿元，是中国电影史上第三部突破50亿元的影片，贾玲也因此成为全球票房最高的女导演。该电影能够获得如此大的成功，不仅是因为其故事主线以母女亲情为主题，歌颂了母爱的伟大，电影中对于20世纪80年代的场景重建和高度还原所引发的集体怀旧在票房贡献中也功不可没。从微观角度上看，《你好，李焕英》对于怀旧的塑造主要体现在主线剧情中对集体生活的描写。摆满各种商品的杂货铺里，人们争先恐后地拿着“票”排队购买电视机；李焕英买到电视机后大家聚在一起看电视；激烈的排球比赛；到剧院看电影；胜利化工厂的文艺会演等多镜头表现的集体生活是职工时代的常见场景，有意引发六七十年代的人群对青春的追忆。

在主线剧情之外，还有副线剧情和外部环境的烘托，加深了影片的怀旧氛围。《你好，李焕英》开篇就对贾晓玲从出生到考上大学的经历进行了简单的描写，比如幼儿园时拉裤兜、中学时成绩不好被叫家长等，迅速地将人们带入怀旧记忆中。《你好，李焕英》中对于怀旧场景的重建主要是从贾晓玲穿越回李焕英的青春年代开始的。该电影通过医院里的黑白电视机中的播音腔以及电视中对社会的描写，走进20世纪80年代，走进胜利化工厂。错落有致的红砖厂、身穿蓝色工服的工人、路边下棋的大爷、扔沙包跳皮筋的小孩、如图4–6所示的“发展经济、保障供给”等标语是五六十年代的青年们以及七八十年代的孩子们的共同记忆。电影的拍摄地点选在了湖北襄阳化工厂等保留了原始工厂设施的地方，致力于对场景的高度还原，为叙述主线剧情创造了环境条件，进一步烘托出怀旧氛围。《你好，李焕英》还从宏观背景上添加了怀旧元素。电影中贾晓玲和沈光林在胜利化工厂的文艺汇演上表演的“二人转”，是对国家三线战略的反映；人们持票证购买物品，是对计划经济的反映；电影中出现的茶缸、自行车等碎片性的元素也都反映着浓厚的时代特征。总的来说，《你好，李焕英》从整体框架上再现了属于七八十年代的集体记忆，既帮助贾玲弥补了青春中的缺憾，也将观众带入对青春时代的回忆和对母亲陪伴着的成长过程的回忆中。

图 4–6 《你好，李焕英》剧照

许多优秀电影能够在个体怀旧的基础上反映对历史的追思，例如《山楂树之恋》就是一部典型的以小见大的怀旧电影。《山楂树之恋》讲述的是在“文革”时期，静秋与老三之间相识、相恋最后天人永隔的凄美爱情故事。电影中的钢笔、自行车、布鞋等怀旧元素给人们营造了更真实的怀旧场景。让人们体会到“文革”时期实现美好爱情的不易与珍贵，使“年华已逝、青春不再”的怀旧与乡愁韵味更加地浓烈。这部影片不仅仅是对于青春爱情的美好追忆，其更深层的语境在于一定历史时期社会中的传统思想对美好爱情的阻挠和扼杀，还表现了对时代、对历史的追忆和反思。

怀旧电影的主流目标市场主要是青壮年人群，忽略了最容易产生怀旧情绪的老年市场。《芳华》这部由冯小刚和严歌苓合作的电影以 20 世纪 70 年代至 80 年代为背景，讲述了在军队文工团中，一群正值青春年华的少年们的成长经历与成长故事，成功地引发了老年人群的怀旧。《芳华》这部电影的诞生本身就含有怀旧意义，由于冯小刚和严歌苓都有过在文工团工作的经历，在 2014 年北京文艺界的一次活动中，两个人相约拍一部文工团的电影。冯小刚更是直截了当地说：“你我都是文工团的，我现在特别怀念那段生活。”后来，在 2016 年，严歌苓仅用两个月的时间就创作出了《芳华》这本小说，小说中的两位主人公刘峰和何小曼（电影中为何小萍）的原型也是严歌苓的两位战友。因此，由小说改编的《芳华》本身就包含着导演和编剧对文工团的怀念和回忆。电影中毛主席的画像、军装、红墙砖瓦等元素还原了部队文工团的环境。主人公们排练时跳跃的身影，何小萍、萧穗子舒展的肢体，激昂的音乐，青年们对表演的投入、排练结束战友间的嬉笑打闹……展现了在那个时代的文工团中独有的青年风采和青春芳华。电影中的人物在文工团度过自己的青春时代，发生蜕变后，少年们的命运轨迹大不相同，令人唏嘘。“老好人”刘峰因为触摸事件被调到南边，参加了对越自卫反击战，却被炸断了一条手臂，后来做着小生意，勉强维持生活；何小萍在反抗文工团的暴力行为后，被调离岗位，以护士身份参加了对越自卫反击战，为战士们进行包扎，留下了战争带来的心理创伤，成了精神病人；萧穗子成为大明星……少年们的文工团已经解散，青春不再，芳华不再。每个人都经历过青春年代，也都有属于自己的青春芳华，如今也都已进入社会，成为忙碌人群中的一员。《芳华》将人们心中“青春不再，芳华已逝”的情怀表达了出来，引发了人们的怀旧之情。除了电影剧情带来的怀旧，电影中的副线剧情和细节也具有浓重的时代色彩。如图 4–7 所示，电影开篇，刘峰把何小萍带入文工团时，何小萍看到的正是文工团在排练的场景。何小萍加入文工团后排练的《沂蒙颂》在当时也是家喻户晓。还有林平平唱的《我的祖国》《英雄赞歌》《甜蜜蜜》等歌曲也为人所熟知。这些具有时代性的音乐元素勾起了人们对 20 世纪七八十年代的回忆。《芳华》这部红色怀旧影片对七八十年代回忆的成功重建引发了中老年群体的“芳华热”，带动了中老年这一非主流观影群体，拓宽了怀旧电影的消费市场。

图 4–7 《芳华》剧照

4.2.2 集体怀旧电影

随着国家实力不断的强大和民族意识的觉醒，人们的文化自信也不断增强。以国家发生的大事件为创作背景的歌颂国家发展、致敬英雄的主旋律电影也逐渐进入大众视野。主旋律电影中最主要的手法就是集体怀旧，集体怀旧是指对文化、国家、社会的时代的大事件的怀旧。主旋律电影通过重现全国人民的时代记忆从而引发人们的怀旧之情，达到所期望的艺术效果并从中受益。

2019 年 10 月 1 日，新中国成立 70 周年献礼片《我和我的祖国》上映。如图 4–8 所示，该电影由《前夜》《相遇》《夺冠》等七个新中国成立七十年间普通百姓与共和国息息相关的故事。该电影通过改编真实的历史故事，重现了新中国历史重大事件背后人民的辛苦付出，使人们能够通过该电影认识到新中国的伟大发展离不开前辈们的贡献，离不开人民的付出，在当代人民心中构建起属于中华民族的集体记忆，从而强化人们的民族意识和身份认同，引发群体对前辈们的怀旧情怀。该电影从小人物的角度叙事，打破了人们对主旋律电影“英雄神化”“形式内容单一”的刻板印象。《我和我的祖国》通过打造电影的“温情”感，使重构的历史事件更平民化、日常化，从而使在人民心中构建的集体记忆更加真实。

图 4–8 《我和我的祖国》电影海报

在《我和我的祖国》的影响下，当代人民的文化自信不断增强，主旋律电影受到了大众的追捧。在这种形势下，陈可辛导演了《夺冠》这部电影，该电影讲述了中国自 1981 年首次获得世界冠军到 2016 年里约奥运会夺冠的经历，表现了不屈不挠的女排精神。中国女排对我们来说都不陌生。从新中国成立初期以 9 人排球为主流的中国排球加入世界 6 人排球的主流开始，中国女排就开启了走向世界为国家争取荣耀的历程。起初，中国女排在经过系统的训练和明确的发展方针下，于 1979 年的亚洲女排锦标赛中夺得冠军，80 年代，中国女排进入了腾飞时期。在 1981 年中国女排自第三届世界杯上以七战全胜的姿态获得了冠军，成为中国三大球中的首个世界冠军。1982 年获得了世界女排锦标赛冠军，1984 年获得奥运金牌。20 世纪 80 年代的中国，正处于百废待兴的时期，中国女排为国家带来了荣誉，成为国民的骄傲。在 80 年代，中国女排对于 50 后、60 后来说，起到了精神上的引领作用，在当时，家家户户都看女排比赛，全国上下都关注中国女排。在 20 世纪 90 年代至 21 世纪初，中国女排经历了大起大落，经历过实力下滑的时候，也曾重新拿到过几个国际赛事的金牌，但仍不及往日的辉煌，进入了低谷期。直到 2013 年，郎平重新上阵，带领中国女排重生，夺回了往日的荣耀。中国女排坎坷的发展历程在每一个时期都受到了全国人民的关注，上至 50 后、60 后，下至 00 后，无一不时刻关注着女排的发展。女排不断拼搏、永不放弃的精神也不断地激励着我们，成为全国人民的集体精神；中国女排也成为全国人民的共同记忆。电影中出现了如图 4–9 所示的中国女排主要的训练基地——漳州训练馆、1976 年女排队员们身上缠绕着的绷带和淤青、女排队员们深夜仍在训练、女排夺冠后人们挥舞着小红旗走上大街，一起欢呼……这些场景有效地还原了全国人民对中国女排的集体记忆，引发了全国人民对女排的怀旧和致敬。该电影也获得了第 33 届中国电影金鸡奖最佳故事片和北京国际电影节“光影青春”优秀国产影片。

图 4–9 《夺冠》中的漳州训练馆

4.3 怀旧电视剧

电视剧是一种适应荧屏、专门在电视或网络视频平台上播映的戏剧形式。目前在市场上大多数的电视剧都是以连续剧的形式呈现的。怀旧电视剧中的“怀旧”有两类：一类是人们对电视剧本身的怀旧，这些在日常生活中曾经家喻户晓的经典电视剧，即使随着时间的推进，人们对它仍留有很深的印象；另一类是电视剧内容引发的怀旧，这些电视剧以过去的时代为创作背景，引起人们对曾经的年代的怀念。本文在此部分将从这两个角度介绍怀旧电视剧的一些经典案例。怀旧电视剧出现的场景大多是电视、网络平台。怀旧电视剧本身也可能作为创作素材出现在其他作品中。优秀的怀旧电视剧其本身的内容能够吸引观众，引发观众的怀旧情怀和对电视剧的喜爱并观看甚至反复观看电视剧，电视剧的收视率和口碑也会因此受益。怀旧电视剧中的演员也会因此受到观众喜爱。怀旧电视剧及其制作剧组的商业价值得到肯定。怀旧电视剧作为素材出现在其他作品中的频率也会更高，怀旧电视剧的衍生产品也会增加，比如因《还珠格格》大火而创作出的尔康表情包也十分受欢迎。和怀旧电影类似，电视剧中出现的怀旧符号的相关产品也会受到观众们的关注。所以消费者可能会因为对电视剧中的人物、情节、演员的喜爱而去购买相关产品，也可能会因为怀旧电视剧触发了消费者的记忆，从而去购买相关产品。

4.3.1　对电视剧的怀旧

由于内容的新颖和制作的优良，使观众们对一部电视剧产生了深刻的印象，这部电视剧就会成为一代人心中的经典。而随着时代的变迁，这些经典电视剧就会逐渐退出市场，变成观众们的记忆。当观众在某个场合再次看到熟悉的经典电视剧或者电视剧的元素时，就会产生怀旧情绪。该类怀旧主要体现在当代对经典 IP 的二次创作上，当经典 IP 与流行元素相结合时，又重新构建了观众对电视剧的记忆。

电视剧《射雕英雄传》是 1983 年由香港无线电视台出品的武侠剧，改编自金庸的同名武侠小说。中国内地在 1985 年引进了这部电视剧。该电视剧播出后，引发了轰动。电视剧中主人公们的侠义豪情感染了当时还是少年的70后、80后，带给了他们精神上的鼓舞，影响着他们的人生观和价值观。该电视剧因其曲折跌宕的剧情和演员们精湛的演技深深吸引了观众，也获得了较高的收视率，是人们公认的经典武侠剧。83版的《射雕英雄传》播出后，各大卫视不断重复播出，成为内地70后和80后的集体回忆。后来这部电视剧分别在2007年和2017年被重新翻拍，可见《射雕英雄传》的经典以及它在人们心中的地位。人们怀旧《射雕英雄传》，不仅仅是怀旧电视剧中所展现的侠义豪情，还有心动、单纯、青春、热闹、浪漫等多重组合的记忆，还有演员们精湛的演技和剧组对于整部电视剧的精心打磨。

电视剧《西游记》是一部改编自明代同名文学名著《西游记》的古装神话剧，1986年春节在中央电视台首次播出。《西游记》一经播出，就引起了大家的关注。该电视剧高度还原了原著中的人物、情节，演员们也将每个角色塑造得很成功，每个角色都有鲜明的特点。电视剧的改编有效地缓和了文学名著的枯燥，有趣的剧情消除了人们对经典小说翻拍类型电视剧的抗拒，受到了人们的喜爱。电视剧《西游记》重播次数超过4000次，许多演员成为大家心目中的偶像。该电视剧甚至还被翻译成多国语言在其他国家播出，至今仍然是各大卫视的暑期热播剧，成为一部公认的无法超越的经典。电视剧《西游记》陪伴许多人走过了人生岁月，六小龄童饰演的“孙悟空”、徐少华饰演的“唐僧”等人物和“三打白骨精”情节成为全国人民的共同记忆。可以说，《西游记》这部电视剧已经成为我们的集体记忆。该电视剧的经典性、成就及其在人们心中的地位都是无法超越、无可替代的。

对于20世纪八九十年代的人来说，《还珠格格》是陪伴他们成长的一部电视剧。古装清宫喜剧《还珠格格》共有三部。1998年10月28日，《还珠格格》在内地首次播出后，火遍了大江南北，成了人们的热议话题。在接下来的16年间，湖南卫视在寒暑假都会重播《还珠格格》，直至2015年，湖南卫视才宣布由于排片量的限制，寒暑假停播《还珠格格》，改播《古剑奇谭》。由此可见，《还珠格格》陪伴 80 后、90 后的人走过了很长的一段时间，成为他们共同的青春记忆。2015 年《还珠格格》停播后，人们对《还珠格格》产生了怀念之情，许多网友在网络上纷纷表达了对《还珠格格》的喜爱和对重播的期待。2018 年，湖南卫视宣布重播《还珠格格》，引发了大家的关注，一时间 # 还珠格格重播 # 的话题冲上热搜，热搜排名居高不下。湖南卫视也凭借重播《还珠格格》收视率大涨，收视率排名第一。

4.3.2　电视剧内容引发的怀旧

电视剧内容引发的怀旧，主要是通过设计电视剧的剧情、场景以引发观众们的怀旧。其原理主要是真实怀旧和集体怀旧相结合，在真实怀旧的剧情中增加某个具有时代特征的历史大事，从而引发集体怀旧。

2014 年播出的《父母爱情》讲述了 20 世纪五六十年代，海军军官江德福和资本家小姐安杰之间的爱情故事和家庭生活。该电视剧为了还原五六十年代的场景，专门搜集那个年代的报纸、画报、摆件和手表。电视剧中江德福单位中穿的标准制服、人们穿的格子衣、工装裤，安杰穿的连衣裙、随身携带的帆布包、旧式的台灯和办公桌、台式老电话等都是那个年代经典的物品，反映了那个时代的特点。如今距离《父母爱情》播出已有八年，这八年间，各大卫视一直重播该电视剧。自 2014 年开播至 2021 年，CCTV 怀旧剧场、浙江卫视、宁夏卫视仍在重播这部电视剧，由此可见该电视剧的成功。在这部电视剧里，不仅是五六十年代的人能够看到自己爱情和家庭生活的缩影，年轻人们也能了解到自己的父母曾经的生活。所以，这部电视剧包含了五六十年代的人对往日生活的怀旧，也包含了年轻人对父母生活的好奇和探寻。

韩剧《请回答 1988》是 2015 年起在韩国 tvN 电视台播出的青春怀旧电视剧。这部电视剧是“请回答”系列的第三部，以 1988 年的汉城奥运会为背景，讲述了在首尔市道峰区双门洞居住的五个家庭之间温暖的亲情、友情、爱情、邻里情的故事。该电视剧在中国和韩国都有良好的口碑和收视率，是经典的青春怀旧电视剧。直至今日，仍有许多观众在重复观看该部电视剧，这在一定程度上说明了该电视剧对于韩国 20 世纪 80 年代的生活场景的塑造受到了观众们的认同。韩剧《请回答 1988》主要是通过怀旧符号和记忆构筑两个方面唤醒观众们的集体记忆。该电视剧中使用了大量的韩国 20 世纪 80 年代的物品，比如蜂窝煤、黑白电视机还有许多食物、器具都是制作团队专门搜寻的老物件。该剧中特色的怀旧符号还包括许多具有时代特征的音乐，出现了 1988 年汉城奥运会主题曲《手拉手》，还有李文世、申海澈和野菊花乐队等 20 世纪 80 年代正火的偶像。除了这些社会化的符号，该电视剧还塑造了贴近人们生活的人物形象，使观众们的怀旧更具有真实性。这些具有时代特征的贴近日常生活的元素，能够有效地唤起观众对那个年代的回忆和追思，代入个体经历，形成个体意识和共同记忆。仅仅依靠怀旧符号对营造氛围还不足以达到引发集体记忆的效果，电视剧还需要再现 1988 年的特殊场景，建构起当代人对于过去的时代的集体记忆。该电视剧在剧情上将德善塑造为汉城奥运会参赛国马达加斯加的举牌礼仪小姐，并不断地出现奥运会场、奥运吉祥物和奥运口号，将观众带入对奥运会的期待中。但德善却以马达加斯加退赛，被换到为另一个国家举牌的方式参与了历史。随着奥运会的开始，代表队入场，德善作为历史的亲历者，而其他家庭则是由于关注德善间接参与了历史。该电视剧通过对奥运会这一盛大的赛事的再现，唤起了观众们对奥运会的集体记忆。除了奥运会这一重大历史事件外，该电视剧还重塑了许多的社会事件，如汉城大学生民主游行事件、池江越狱事件、以周润发和张国荣受到韩国人民喜爱所表现的香港电影的全球热潮。历史事件和社会事件从时代背景上还原了人们对于那个年代的独特记忆，该电视剧还从德善家每年年底收看 KBS 演技大赏、上下课对老师的问候等日常生活场景的再现，加深了人们对往日生活的怀旧。如今，电视剧中的情节和人物已经成为经典，电视剧自身也成为当代年轻人怀旧的对象。

4.4　怀旧综艺节目

综艺节目是指综合各种艺术形式的文化娱乐节目。根据传播媒介可以分为电视综艺节目和网络综艺节目。由于港台地区综艺节目的诞生与发展环境与内地区别很大。因此本文在此仅讨论内地综艺节目的发展。1983 年的春节联欢晚会是中国内地最早的电视综艺节目。20 世纪 90 年代，我国电视综艺节目步入了发展的新时期。90 年代初，中央电视台的一些综艺受到了观众的喜爱，邀请观众们到演播现场观看。后来又陆续出现了让人民大众走上屏幕、走上舞台的综艺节目。90 年代后期，《快乐大本营》《欢乐总动员》等游戏类综艺节目出现。21 世纪，综艺节目出现了蓬勃发展的趋势。选秀类节目《超级女声》《快乐男声》取得了巨大成功。相亲类节目《非诚勿扰》也以其创新的节目形式和节目内容受到大众的喜爱。近几年出现的《花儿与少年》《爸爸去哪儿》《真正男子汉》《极限挑战》等真人秀节目获得了较大热度。随着数字化的发展，网络综艺节目也越来越多地出现在观众眼前。节目形式多元，有《偶像练习生》《青春有你》《创造营》等青春偶像选秀类节目，还有《奇葩说》《脱口秀大会》《吐槽大会》等语言类节目，也有《心动的信号》等恋爱综艺节目和《令人心动的 offer》等求职类综艺节目。

虽然随着时代的发展，综艺节目的形式和内容不断多元化，但怀旧却永远是综艺节目能够获取热度的方法。怀旧综艺节目就是指在综艺节目中引入了从前的、过去的、历史的经典元素。包括嘉宾扮演经典角色、邀请经典电影或电视剧的剧组成员等。怀旧综艺节目应用场景与怀旧电视剧相似，出现的场合主要是电视和网络平台。但怀旧综艺节目对消费的影响与怀旧电视剧的侧重点不同。这主要体现在文史类怀旧综艺节目上。文史类怀旧综艺节目更注重文化宣传，因此文史类怀旧综艺节目促进的大多是博物馆、历史景点的文化旅游还有书籍等文化类产品的销售，以及文创产品的生产和销售。比如，《中国诗词大会》就在社会上掀起了

“诗词热”，这就会增加大众对诗词类书籍的购买。《国家宝藏》也会起到促使大众去博物馆参观，进行文化消费的效果。娱乐类怀旧综艺节目的宣传重点主要还是明星，通过为明星增加人气，从而促进人们对明星周边、明星代言产品的购买。根据综艺节目的内容，可以将怀旧综艺节目分为文史类综艺节目和娱乐类综艺节目。接下来我们将分别介绍文史类综艺节目和娱乐类综艺节目中的几个案例。

4.4.1 文史类综艺节目中的怀旧

文史类综艺节目是指以传播历史文化内容为目的的综艺节目。在国家号召发扬中华传统文化、增强文化自信后，央视推出了许多文史类综艺节目宣传中华传统文化。其他平台也在积极创作出优秀的文史类综艺节目。

《国家宝藏》是由央视制作的文博探索节目，目前一共有三季，前两季央视与各地博物馆合作，各博物馆选出三件镇馆之宝交给民众投票，选出能够在节目上展示的“宝藏”。每件宝藏都拥有自己的“国宝守护人”，这些国宝守护人会向大家介绍关于文物的历史、故事，让人们走近文物，也让文物走近人。可以看出，节目组尝试着在人与文物之间建立联系。第三季介绍的是九座中华文明历史文化遗产，通过展示影像和讲述故事探讨中华文明的形成及其对世界的贡献。在《国家宝藏》出现以前，大多数传播文物的媒介都是纪录片，内容枯燥乏味。《国家宝藏》则以综艺节目的形式来介绍文物，形式新颖。节目的目的是唤起人们对历史的认识和对保护文物的重视，为了达到节目目的，势必需要通过节目唤起人们的集体记忆。那《国家宝藏》这档综艺节目是怎样构筑起人们对中华民族历史和文物的集体记忆的呢？首先是通过建构情景，唤起人们的集体记忆。《国家宝藏》利用舞台、声音、灯光等视听元素为观众营造出神秘和崇高的历史氛围，塑造时空情境。如图 4-10 所示，《国家宝藏》前两季还设计了文物的“前世传奇”这一板块，通过明星国宝守护人演绎剧情，呈现与文物对应的历史情节，向观众传递文物背后的历史时代、历史故事以及文化内核。在第三季中通过 LED 大屏、全息影像等技术实现虚拟与现实的交互，为观众打造沉浸式体验，营造了一种穿越的感觉。其次是增加人们的互动和参与。《国家宝藏》通过讲解员与观众、明星国宝守护人的互动拉近观众与节目的距离，让观众更投入。讲解员与明星国宝守护人的互动也是推进文物历史故事的关键，能够对文物的相关知识进行补充，使文物形象更完整，加深观众对文物的认识，勾起观众的回忆。同时，节目组还与许多新媒体平台联合，在新媒体平台上播放节目，其中最受欢迎的是 B 站。大部分的观众通过弹幕讨论节目内容，获得强烈的认同感和归属感，构筑自己这一代人对文物的集体记忆。而且许多观众在观看完节目后，对节目内容和文物进行二次创作，如制作表情包、人物仿妆等，再一次加深了对文物的印象，赋予了文物新时代的共同记忆，也在人们心中留下了中华文明的历史痕迹。

图 4–10 《国家宝藏》中的前世传奇

央视推出的另一档原创文化类综艺节目《中国诗词大会》也大受欢迎。在节目播出后，其市场份额远远超过了第二名，引起了大家的关注，大家也因节目开始关注中华诗词文化，追忆中华传统文化。《中国诗词大会》目前共有七季和一档衍生节目《中秋诗会》。《中国诗词大会》主要通过游戏竞赛的形式重温经典诗词，发扬中华民族优秀传统。中华优秀传统文化是我们所有中国人的集体记忆，改革开放以后，许多外国文化涌入中国，很长一段时间对中华传统文化造成了冲击，在这样的形势下，该如何传播优秀传统文化、唤醒人们内心深处对中华传统文化的集体记忆并增强文化自信，成为文史类节目的第一要务。《中国诗词大会》就成功地唤醒了人们对中国古诗词的记忆和学习热情。首先，在节目内容上，《中国诗词大会》选择了最有特色的也是最突出的中华文化——古诗词。

节目里出现了“长风破浪会有时，直挂云帆济沧海”“晴空一鹤排云上，便引诗情到碧霄”“稻花香里说丰年，听取蛙声一片”等大家耳熟能详的古诗词，唤起了人们对中华经典诗词的回忆，在中华诗词中找到共同记忆和归属感。节目知识竞赛的模式也能让观众参与到节目中，即使观众不在演播室，也会在看到题目后去思考和回忆自己了解过的古诗词。节目还邀请了知名教授作为嘉宾，在选手答题结束后做专业知识的补充，向大家介绍古诗词背后的时代背景和历史故事。观众们在观看节目时，既增长了知识，又能体会到中华文化的博大精深，从而增强民族认同感和自豪感。

除了央视积极推出文史类综艺作品外，其他综艺制作方也在响应国家号召，不断推出优秀的文史类综艺作品。《登场了！洛阳》是由爱奇艺推出的文化探索类综艺节目，是继《登场了！敦煌》后推出的《登场了！》系列 IP 第二季。该节目由汪涵领携嘉宾唐九洲、李浩源等明星为节目助力。《登场了！洛阳》携手青年明星，实地参观名胜古迹、考古遗址和博物馆，从美食、建筑、姓氏、爱情故事等维度介绍“千年古都”洛阳，介绍洛阳的文物和这座城市背后的历史文化。节目全程在洛阳拍摄，实地取景，还会增加一些小剧情，请素人嘉宾穿上汉服扮演角色并演绎场景，突出历史氛围感。如图 4-11 所示，第二期中，明星嘉宾刘隽和罗一舟一同在应天门参观洛阳古建筑时，节目组就安排了几位演员，演绎古代礼仪，考验明星嘉宾。这些演员们在历史古迹前生动地还原了历史场景，使观众更有代入感。节目组在挖掘中华传统文化情怀、展现洛阳的历史文化底蕴的同时，也在用年轻化的形式传播中华传统文化，唤起观众对历史、对中华文化和中华民族的认同感。《登

图 4-11 《登场了！洛阳》中嘉宾演示唐朝礼仪

场了！》系列以城市为着眼点，也更能唤起某些观众的家乡记忆和文化认同。

4.4.2　娱乐类综艺节目中的怀旧

随着时代的发展，我国综艺市场呈现上升趋势，随着国民素质的不断提高和社会文化环境的日益清朗，纯娱乐性质的综艺节目在市场上已经逐渐被淘汰，综艺节目的形式和内容也不断多元化，许多综艺节目都考虑将怀旧元素纳入节目内容中，但大多数节目由于单一的节目内容和过分的消费情怀导致节目过于枯燥，最终被市场淘汰。在众多运用怀旧元素的娱乐类综艺节目中，《王牌对王牌》和《时光音乐会》这两个综艺节目就合理地运用了情怀元素，在为观众提供休闲娱乐享受的同时也为观众提供了精神滋养。

《王牌对王牌》是 2016 年由浙江卫视推出的室内竞技真人秀综艺节目，该节目目前共有六季，每一季都会有固定队长和固定嘉宾，将嘉宾分为两队，两队之间进行游戏比拼，选出"王牌中的王牌"。《王牌对王牌》从开播以来收视率稳居高位，六季以来排名一直位于前十名。节目主要通过从节目主题、邀请嘉宾、角色扮演和游戏环节这几个方面中引入怀旧元素，将节目内容与怀旧元素结合，在通过游戏竞技给观众带来笑点的同时，也能通过嘉宾互动结合主题为观众带来泪点。邀请经典演员作为嘉宾是《王牌对王牌》在节目中引入怀旧元素的常用手段。《王牌对王牌》第一、二、三季就通过经典明星和人气小生两大 IP 进行同台比拼引入怀旧元素，并取得了较好的效益。第一季第三期和如图 4–12 所示的第二季第三期都是经典喜剧演员和新生代喜剧演员进行比拼，其中经典喜剧的嘉宾有曾志伟、潘长江、蔡明等著名演员，他们的许多作品都在观众中留下了深刻的印象，这些喜剧演员都是春晚的常见面孔，是 20 世纪八九十年代的观众的共同记忆。同样地，第一季第七期邀请了任家萱、陈嘉桦、陈汉典等曾经的人气偶像和王俊凯、王源、易烊千玺等新生代人气偶像进行比拼，勾起了 90 后的青春记忆并重构了 90 后和 00 后的“追星”的集体记忆。第二季第七期第八期都是经典老戏骨和青年演员竞技，邀请了张国立、王刚、张铁林等老戏骨作为嘉宾。还有其他期也邀请了赵文卓、黄日华、六小龄童等在几代人心中有较高地位的知名演员作为嘉宾出场。

《王牌对王牌》每期的节目主题也都体现了节目组对怀旧元素的巧妙应用，第二季第八期的主题就是经典电影《大话西游》，大话西游中的凄美爱情故事在人们心中留下了深刻的印象，其中的经典台词“如果非要给这份爱加上一个期限，我希望是一万年”“总有一天，我的意中人会踩着七彩祥云来娶我”更是成为人们对爱情的共同记忆。第四季第一二期的主题是“青春记忆”，致敬了经典电影《庐山恋》；第四季第三四期的主题是致敬春晚……《王牌对王牌》六季以来致敬了超过 30 个经典 IP，但却不会令观众觉得枯燥单调，可见《王牌对王牌》将怀旧元素与节目内容融合得很好。除了致敬经典以外，《王牌对王牌》还会以剧组重聚为主题，邀请经典电视剧的演员一起上台参加节目，第五季第一期的主题就是《还珠格格》演员重聚，第五季第二期的主题是《情深深雨濛濛》剧组重聚。《王牌对王牌》还在游戏环节中自然地融入了怀旧元素，在一些猜歌游戏环节中会出现一些经典曲目，比如《冬天里的一把火》《健康歌》《相约九八》《小酒窝》等某一代人青春时代很喜欢听的歌曲；也会在表演环节演唱经典歌曲，比如在第三季第八期邓紫棋和张靓颖演唱了《雨蝶》，沈腾、贾玲、大张伟演唱了《敢问路在何方》《千年等一回》等经典歌曲。当熟悉的面孔、熟悉的角色和熟悉的歌曲再次出现时，就会让观众重新找回当年追剧、追星的感觉，勾起观众的回忆。而这些经典 IP 结合游戏竞技的形式在综艺节目中被二次创作后，又重建了观

图 4-12 《王牌对王牌》经典喜剧人队

众对他们的集体记忆。《王牌对王牌》对经典 IP 的二次创作的意义并不局限于此，节目最打动观众的是其所传递“致敬经典、致敬时光”的正能量，每一期节目都能给观众带来感悟，真正地触动观众内心的情感，构建属于观众和《王牌对王牌》的共同记忆。

《时光音乐会》是湖南卫视 2021 年 10 月推出的户外音乐综艺节目，该节目由谭咏麟、张杰、林志炫、凤凰传奇、许茹芸、郁可唯担任“时光音乐人”。《时光音乐会》的每期节目都会邀请歌手在户外相互翻唱自己的代表作，歌手们也会对翻唱的经典歌曲进行改编，讲述歌曲背后的故事和自己的时光记忆。《时光音乐会》的定位是逆潮流的慢综艺，在如今快节奏的社会中，慢节奏是《时光音乐会》的独特之处，是《时光音乐会》与其他综艺节目的差别点。如节目的名字一样，整个综艺节目以怀旧为主题，由歌手们演唱经典歌曲，探寻那些曾经出现在我们时光中的音乐，切合慢综艺的定位，在众多综艺节目中收获了观众们的喜爱。

图 4–13 《时光音乐会》第一期

《时光音乐会》以嘉宾们在户外围坐在一起聊天的形式展开，运用灯光、乐团实时伴奏、镜头语言营造了浓浓的氛围感，给观众带来温情舒适的感觉，这样的场景布置为引入怀旧元素营造了很好的环境，就像朋友和家人们坐在一起聊聊往事的感觉，能够带给观众沉浸式体验。每期节目开头都会请嘉宾们给曾经的自己写一封信，并选出对那个年代自己印象最深的一首歌曲，然后进行改编翻唱。每位嘉宾演唱前，都会由电台女主播宣布嘉宾所要对话的年代，然后嘉宾领取自己的信件，将自己的信件内容分享给大家，并如图 4-13 所示分享自己关于那一年的回忆以及选取的歌曲对自己的意义，其他嘉宾也会逐一分享自己对于那个年代的回忆。《时光音乐会》以“和过去的自己对话”的形式，完成了时空的穿越，带领观众们进入回忆。在嘉宾们回忆光阴，讲述自己的经历的时候，许多观众也在弹幕上回忆起了那一年自己的独有记忆。如此，节目就重构了观众们的集体记忆。节目没有主持人，以“电台”广播的方式推进节目进程。在还没有进入互联网时代时，对于八九十年代的人来说，收音机里传来的电台主播的声音是抚慰他们的力量。节目中出现的电台主播的声音也是观众们的共同记忆符号。

节目邀请的嘉宾的黄金年代都不同，演唱风格也各不相同。谭咏麟是20世纪80年代香港流行音乐代表人物之一[①]，他从1968年就开始出道，至今仍活跃在观众面前。对于六七十年代的人来说，谭咏麟是他们青春时期的偶像，是当时家喻户晓的歌手。谭咏麟在华语乐坛上的地位和威望很高，从 1981 年至 2002 年一共拿了 20 多个十大中文金曲奖、20 个十大劲歌金曲奖项还有十大劲歌金曲最受欢迎男歌星等其他奖项。对于华语乐坛来说，十大中文金曲评选的公正性、客观性受到圈内外人士的普遍认可，顾嘉辉曾指出：“十大中文金曲评选具有真正的领导乐坛的地位”。而十大劲歌金曲代表着单项歌曲的最高荣誉，十大劲歌最受欢迎男女歌星奖获得者则被视为香港乐坛的天王和天后。可见谭咏麟有很高的成就，而他也因为其对华语乐坛的影响和对后辈的关照被大家亲切地称为“谭校长”。许茹芸是 70 后群体的怀旧对象，她用独特的“芸式唱腔”在《如果芸知道》《独角戏》等歌曲中展现了绵长的情意，深受 70 后的喜爱，成为当时人们互诉情谊的媒介。林志炫则以其绅士的音乐风格和高超的演唱技巧为人们所熟知，他和李骥组成的乐队“优客李林”发行

① 百听不厌10首粤语金曲：万水千山总是情 我却偏偏喜欢你.人民网（people.com.cn）

的首张专辑《认错》，就收获了百万销量，传唱度也很高，演唱排行位列第三。1998 年，林志炫发行了他的代表作《蒙娜丽莎的眼泪》。同年四月，林志炫在上海、南京、武汉、北京等多所大学举行校园巡回演唱会，成为许多 90 后的青春记忆。张杰在 2004 年出道，他是许多观众熟知且喜爱的歌手。他的许多歌曲，如《这，就是爱》《最美的太阳》《逆战》等深受观众喜爱。张杰的粉丝覆盖了 90 后和 00 后，他在 2018 年的“未 · LIVE 巡演”在北京鸟巢举办，上座率爆满，创下了鸟巢单场演唱会票房纪录。自出道以来，张杰获得了第 2 届国际艺人奖、2010 年度亚洲最佳歌手奖、最受欢迎男歌手、年度十大金曲等多个奖项。张杰创作的歌曲中传递出的正能量深受观众喜爱。凤凰传奇以其独特的民族流行音乐风格给人们留下了很深的印象，他们的经典歌曲《月亮之上》《最炫民族风》等被人们视为广场舞神曲，深受中老年妇女喜爱，传遍大街小巷，响彻各大广场。节目组还邀请了许多在音乐领域深受观众喜爱且有较高成就的歌手，如汪苏泷、任贤齐等，他们都曾在一代人的青春中留下记忆。

节目中引入怀旧元素的主要途径除了邀请经典歌手作为嘉宾以外，还有对经典歌曲的翻唱和改编。也许观众不会对每一位歌手都很熟悉，也不会记住每一首歌的歌名，但当熟悉的音乐响起，就会带领你回到那时的记忆。《时光音乐会》第一期，歌手们就演唱了许多经典歌曲，比如《朋友》《红日》《这，就是爱》《月亮之上》等。第二期出现的经典歌曲有《披着羊皮的狼》《东方之珠》等。许多观众在听歌手们演唱时也在弹幕上进行实时互动，回忆起自己和歌曲的时光记忆。

4.5　怀旧歌曲

歌曲是歌词和曲谱相结合的一种艺术形式，历史悠久，古时候人们对歌曲的演奏和演唱我们很难再去追溯，但随着时代的发展，歌曲成为大众文化的一个重要组成部分，歌曲的发展也在某种程度上反映了大众文化潮流的走向和大众的审美变化。歌曲由两部分构成，一是歌曲主体本身的要素，比如旋律、歌词等，还有歌曲的思想价值，比如歌曲传达的情感、价值观等。歌曲的发展呈现着多元化发展趋势，从歌曲本身的要素来看，歌曲发展出了民谣、流行歌曲、古风歌曲等多种类型，从歌曲的思想价值来看，歌曲有表达亲情、爱情、友情，歌颂家乡，歌颂祖国等多种思想情感。中国歌曲本身并不具备商业性质，更多的是一种娱乐享受，但随着社会经济的发展，歌曲逐渐走向商业化，这一点在流行歌曲中表现得较为明显。既然歌曲出现了商业化的性质，从中自然也能窥见怀旧营销的痕迹，且随着怀旧营销的兴起，怀旧歌曲的市场也逐渐扩大，怀旧歌曲的数量也不断地增加，歌曲中对于怀旧情怀的表达也有许多不同的形式。怀旧歌曲可以简单分为不含传统元素（古诗词、戏曲、传统乐器等元素）的怀旧歌曲和含有传统元素的怀旧歌曲。歌曲因其商业性一般都会在音乐播放平台中出现。歌曲具有营造氛围的效果，因此怀旧歌曲出现的场合较多。在广告、电影、电视剧还有小视频等很多地方都会作为记忆符号出现，怀旧歌曲还会出现在商场、餐厅等环境中。在消费中，怀旧歌曲首先作为作品会被听众们收听。其次怀旧歌曲会烘托氛围，促进消费者在商场、餐厅的消费以及对电影、电视剧的相关消费。

4.5.1 特定时代和人群的怀旧歌曲

个人怀旧是对实际的“鲜活”的过去生活的向往（Baker & Kennedy，1994），它主要是从个人本身的经验出发，个人对过去经历以及生活经验所引发的怀旧情绪（Holak & Havlena，1998）。在人的一生中，对年轻时期流行事物的喜爱是一种非常普遍又稳定的偏好（Holbrook & Schindler，1989；Schindler & Holbrook，2003）。不同年代的人群对自己在年轻时候流行的歌曲都存在怀旧的感情。罗大佑的很多歌曲的主题都是怀旧，比如《童年》。《童年》歌词中出现了操场、黑板、粉笔、福利社、嘴里的零食、手里的漫画等怀旧元素，这些怀旧元素构成了一幅校园生活的场景，很容易把人带回校园时光，勾起人们对于童年时光、校园时光的回忆。罗大佑比较经典的怀旧歌曲还有《光阴的故事》。《光阴的故事》的歌词内容中也含有一些怀旧元素但没有《童年》中的怀旧元素多，其主要是通过少年自述的角度，表现了对青春易逝、光阴难留的慨叹。让听众代入感更强，引起听众对青春的怀思。怀旧歌曲除了这些在时间上的怀旧还有空间上的怀旧。罗大佑在空间上的个人怀旧歌曲最具有批判性的是《鹿港小镇》，《鹿港小镇》中通过对鹿港小镇和经济发达的台北进行对比，体现了在城市中打拼的年轻人对于家乡的怀念，也表现了对经济发展带来的城乡经济发展不平衡的反思。空间上的个人怀旧歌曲还有很多，比如《外婆的澎湖湾》就用阳光、沙滩、海浪等意向对澎湖湾进行了简单的描写，也简单描写了“我”和外婆一起回家的场景，表达了对外婆、澎湖湾和童年时光的思念。还有许多怀旧歌曲写的是关于个人对于生命中的某个人的回忆，比如说老狼的《睡在我上铺的兄弟》，还有《同桌的你》，都是对于青春中的友情和爱情的怀念。个人怀旧歌曲带有较强的创作者的主观思想，创作者的经历不同，创作出来的个人怀旧歌曲也会有区别，也就导致了个人怀旧歌曲的多样性。听众也能根据自己的经历和偏好在众多个人怀旧歌曲中找到与自己经历相似的歌曲，从而与创作者产生怀旧共鸣。

集体怀旧在怀旧歌曲中表现为歌曲内容引起的某个群体的怀旧还有歌曲由于本身的经典性成为听众们的共同记忆两种。由歌曲内容引起的某个群体怀旧的经典怀旧歌曲包括由余光中先生的诗歌改编而来的《乡愁》，歌词内容从个人对母亲的思念升华到台湾人民对大陆的思念，表达出了台湾人民渴望回归祖国，对过去祖国统一局面的怀念，引发了两岸人民对于两岸统一的怀念和期盼。《故乡的云》也是一首歌词内容引发的集体怀旧歌曲，这首歌将故乡的云拟人化，呼唤游子归来，表达了游子对故乡的怀念。这首歌曲引发的是在外漂泊打拼远离故乡的听众群体对故乡的怀旧。在现代，由歌词内容引发集体怀旧的歌曲典例是周杰伦的《上海 1943》，该歌曲的创作背景是台湾老兵回到上海后回想 1943 年的上海。歌词中描绘出了 1943 年的上海场景——斑驳的砖墙、雕花的门窗、吴侬软语的姑娘、老街坊、小弄堂。这些意象代表着 1943 年的上海，对于 20 世纪五六十年代在上海居住过的人来说，这是属于他们的集体记忆。歌曲本身成为听众共同记忆的经典歌曲也有很多。那些红极一时的明星们的许多歌曲就属于这一类。比如张国荣的《沉默是金》《我》等歌曲如今仍然有人收听，并以此表达对张国荣的怀念。邓丽君的《甜蜜蜜》《给我一个吻》是 70 后、80 后的共同记忆，小虎队的《青苹果乐园》是 80 后、90 后的共同记忆……当这些歌曲响起时，人们就会想到自己的青春时代，从而引发集体怀旧。

4.5.2 含有传统文化元素的怀旧歌曲

随着时代的发展，外国文化不断流入，歌曲的发展走向多元化、大众化，但中华传统文化逐渐退出人们的视野。音乐创作者们在歌曲中加入中华传统元素大多是为了增加歌曲内容和形式的多元化，吸引大众的目光。但这也在无形之中增加了中华传统文化的传播，逐渐唤醒了人们对中华传统文化的怀念和喜爱。随着人们文化自信的增强，人们对于能够与传统文化很好地结合并能有效传播传统文化的歌曲的喜爱度也在不断地增加。接下来我们将从歌曲与古诗词的结合、与传统戏曲的结合、与传统乐器的结合三个方面，介绍含有传统元素的歌曲是如何引发人们的怀旧情怀的。

首先，从汉乐府到宋词元曲，古诗词一直与中国传统音乐结合得很好，但随着外国文化的涌入，中华传统音乐逐渐变得小众起来。古诗词也逐渐与传统音乐分离，出现的场合大多数是在书籍上，大众对古诗词也有着“中学时期背诵内容”的刻板印象，很少有人将欣赏古诗词上升至审美情操阶段。古诗词和歌曲的有效结合，不仅能帮助中学生对古诗词进行背诵，还有助于古诗词的传播和降低人们对古诗词的理解难度。《明月几时有》是古诗词和现代曲调结合的经典案例，其改编自宋代词人苏轼《水调歌头·明月几时有》。该歌曲将苏轼的原词作为歌词，并在此基础上进行编曲，加入流行歌曲的风格，通过歌手富有情感的演唱让听众感受到苏轼在《水调歌头·明月几时有》中表达的对家人的深深思念。周杰伦的歌曲中也用了许多古诗词的意象，比如《烟花易冷》中就使用了“城郊牧笛声”“洛阳城”“烟花”等意向，《发如雪》中则使用了“狼牙月”“红颜”“铜镜”等意象。随着国家对振兴传统文化的重视，央视陆续推出了许多文史类综艺节目，其中《经典咏流传》作为一档音乐综艺节目，该节目将许多经典诗词与歌曲相结合，创作出了许多受大众喜爱的歌曲。凤凰传奇在该节目中演唱了《将进酒》，将李白的豪迈展现得淋漓尽致。还有黄绮珊演唱的由苏轼的《定风波·莫听穿林打叶声》改编而来的《定风波》、任嘉伦演唱的《琵琶行》都深受大众喜爱。古诗词与现代歌曲的融合也增加了歌曲的韵味。

中国戏曲历史悠久，在长期发展中形成了较为成熟的体系，但与中国古诗唱词相同，中国戏曲也面临着受众老龄化的局面，找到扩大传统戏曲的传播范围的途径是传统戏曲发展的当务之急。就目前来看，通过将传统戏曲与流行歌曲结合的方法是扩大中华戏曲文化传播的较有成效的途径。传统戏曲与歌曲的一种结合方式是在歌曲中加入传统戏曲的唱词，陶喆的《Susan 说》中就将京剧《苏三起解》的故事融合到歌词中，并且直接使用京剧片段“苏三离了洪洞县，将身来在大街前”，成功地将京剧与 R&B 结合。歌曲与传统戏曲的结合除了在流行歌曲中直接加入戏曲以外，还有就是在演唱方式上融合戏曲的唱腔。《新贵妃醉酒》是广受大众喜欢的融合戏曲唱腔的歌曲。《新贵妃醉酒》是由京剧《贵妃醉酒》改编而来的流行歌曲，收录于李玉刚 2010 年的同名专辑中。该歌曲中戏腔的运用是吸引听众的一大亮点。在该歌曲中的女声部分主要是旦角的演唱方法，李玉刚在此部分模仿了“梅腔”的共鸣，但又融合了美声和高音，唱出了歌曲中的婉转凄美，让戏曲文化以一种大众更能接受的方式出现在人们面前。

歌曲的旋律、曲调能够营造氛围，符合歌曲主题的旋律更能与听众共情，所以怀旧歌曲中使用传统乐器也十分重要。我国传统乐器种类繁多，历史悠久，每类乐器都有自身的特色，丝竹乐器清雅柔婉、铜鼓乐器气势磅礴，演奏方法和演奏效果多样。在现代歌曲中加入传统乐器能够提升歌曲质感，让听众感受到中国传统的含蓄美。《青花瓷》中使用了笛子、古筝等中华传统乐器，打造出清新而具有民族特色的曲风，营造出江南小镇的婉约氛围。《菊花台》中使用了琵琶、葫芦丝、古筝等传统乐器，在歌曲副歌部分营造氛围，加强了歌曲的“中国风”。《清明上河图》中使用了编钟、笙、磬等中华传统乐器。传统乐器在现代歌曲中的角色大多数是用来为相应的故事内容营造氛围，在某些情感表达中，传统乐器的表达效果是其他乐器无法替代的。而且传统乐器的使用也增加了歌曲的古典韵味，增加了歌曲的层次感。

4.6 新媒体平台怀旧

新媒体是进入数字化时代、互联网时代以后，出现的全新形式的传播平台。由于电视、电影等传统媒介在互联网出现以前就已经存在，因此本部分所讨论的新媒体平台不包括由传统媒体（电视等）演变而来的新媒体（网络电视）。我们主要讨论新媒体平台包括社交媒体（QQ、微信、微博）、短视频平台（抖音等）、视频网站（B 站）等。

新媒体平台中的怀旧包括人们对于该平台的怀念，如有些人曾经使用过 QQ，但后来随着年龄的增长和微信的出现，QQ 不再适合其社交和工作的需求，从而不再使用 QQ，但仍会怀念使用 QQ 的感觉，怀念自己曾在 QQ 上发布的内容。此时，新媒体平台既是怀旧的对象，也是承载人们记忆的载体。新媒体平台中的怀旧还有其他主体在新媒体平台上发布的怀旧内容；包括网络文章、创作视频等。例如，可口可乐将新媒体作为怀旧营销的平台，在“可口可乐重返中国三十五周年”之际，围绕 # 回忆的味道 # 这一话题在微博、微信、豆瓣等多个社交媒体平台开展了一系列的话题性互动传播活动。除了商家会利用新媒体平台发布怀旧内容以外，随着自媒体的兴起，新媒体平台上的用户也会进行怀旧内容的创作。

新媒体平台中的怀旧还包括平台本身发布的与用户互动的怀旧话题。微信曾在 2016 年 1 月 10 日推出“我和我的微信故事”H5 为“微信公开课 PRO 版”活动预热，受到了许多微信用户的喜爱。当用户点开“我和我的微信故事”H5 时，就可以看到自己 2015 年的活动轨迹，这张 H5 记录了用户添加的第一位微信好友以及用户一整年的活动轨迹和运动步数等对于用户来说具有纪念意义的东西，用户纷纷将“我和我的微信故事”H5 分享到朋友圈。类似地，在《哈利·波特》20 周年时，网易制作并推出了名为《纪念哈利·波特20周年》的H5，其内容展现的是《哈利·波特》小说和电影中的经典场景和画面，这一“纪念”主题的 H5 链接，短时间之内引发了众多哈利迷的疯狂分享和转发。微博上也有许多关于怀旧的话题，如 # 怀旧剧经典 # 是怀旧经典电视剧的话题，该话题阅读次数超过 4000 万。

新媒体平台怀旧首先会增加用户对平台的喜爱，增加平台的用户量。其次，新媒体平台也是一个宣传平台，怀旧内容的宣传会增加，促进了平台内容的多元化，从而扩大对消费者的影响。许多对于怀旧内容（怀旧电视剧、怀旧电影等）的二次创作的产品也会大量地出现在新媒体平台上。新媒体平台上的怀旧内容会引起人们的关注，增加消费者对所宣传的产品的了解从而促进相关产品的消费。

4.7　小结

从以上所述可以看出，怀旧营销在传播领域的应用十分广泛，并且大多是从个人怀旧和集体怀旧角度唤醒消费者的记忆，引发消费者怀旧。从感性的角度来说，传播视角下的怀旧，实质上是企业和艺术家的价值理念与消费者的记忆与情感共鸣。正是这种共鸣，拉近了企业和艺术家与消费者间的距离，也促成了企业和艺术家盈利，宣传自身价值理念；消费者得到精神满足、精神慰藉的双方互相满足需要的结果。从理性的角度来看怀旧营销的原理远不止这么简单。怀旧营销具体如何影响消费，其作用的内在机制是什么，本书将在后面的部分进行详细介绍。在大众传媒盛行的时代，“怀旧 +”的模式获得了人们的喜爱，也达到了宣传的效果。但是“怀旧 +”的模式也极易被模仿，如果商家滥用怀旧营销，过度消费情怀，也会受到观众的厌恶和抵制。因此，商家应当合理使用“怀旧 + 大众传媒”模式，在注重营销时，更要注重产品和服务质量的提升。

第 5 章
怀旧对个体从众消费选择的影响

5.1　理论背景

5.1.1　消费者从众行为

1. 与他人保持一致理论

Cialdini 等（1995）认为一致性偏好体现了个体想要与已有的观念、信息和行为保持一致的欲望的强烈程度。在一致性偏好的三种形式中，公共一致性（public consistency）是一种主要的一致性偏好，是指个体对于表现得与他人保持一致的需求。表 5-1 是一致性偏好量表的具体测量题项，其中“我努力表现得与他人是一致的”“对我来说，认识我的人能够预测我将做什么是十分重要的”和“对我来说，被他人看作是一个稳定的人是十分重要的”体现了个体想要与他人保持一致的倾向与偏好。由此可以看出，这种一致性偏好体现了个体受到的社会影响的程度。

表 5-1　一致性偏好的测量题项

序号	测量题项
1	对我来说，被他人看作是一个稳定的人是十分重要的
2	如果我的行为之间出现了不一致，这并不会使我心烦
3	我通常倾向于以相同的方式做事
4	对我来说，认识我的人能够预测我将做什么是十分重要的
5	我努力表现得与他人是一致的

续表

序号	测量题项
6	一致性是我想呈现给世界的十分重要的方面
7	我对我的朋友的一个重要的要求是他自我的一致性
8	我希望我亲密的朋友是可以预测的
9	我希望被他人描述为是一个稳定、可预测的人

资料来源：Cialdini R B，Trost M R，Newsom J T. Preference for Consistency：The Development of a Valid Measure and the Discovery of Surprising Behavioral Implications［J］. Journal of Personality and Social Psychology，1995，69（2）：318.

Heider（1958）提出的认知平衡理论（Heider's balance theory）也强调了人与人之间的影响，即他人对我们对某一认知对象看法的影响。认知平衡理论又称为“P–O–X”理论。其中，P、O、X分别是认知的主体、另一个人和态度对象。认知主体P对O和X存在正面或者负面的态度。P–O–X之间的关系呈现出三角关系。当P–X和P–O的态度正负相乘为正时，三角关系是平衡的，当P–X和P–O的态度正负相乘为负时，三角关系是不平衡的。当三角关系出现不平衡时，认知主体P的内心会出现不愉快和紧张，为了消除这种不平衡，P会想办法使得三者关系重新恢复平衡。例如，P为学生，O为老师，X是某一明星，P对O是尊敬的态度，P对X是喜欢的态度，O对X是厌恶的态度，此时三者关系之间出现了不平衡状态，此时为了恢复三者之间关系的平衡，P有三种可能的办法，第一是改变对O的看法，不那么喜欢O了；第二种是改变对X的看法，不那么喜欢该明星了；第三种办法是劝说O，改变老师对于该明星的负面态度。认知平衡理论说明了当我们接受的外部信息与我们自己的认知相互矛盾时，我们会采取办法使之重新恢复平衡状态。以上两种理论证明了个体的行为总是会受到他人行为和观念的影响。从Cialdini等（1995）关于公共一致性的定义可以看出，当消费者的公共一致性偏好被延伸到真实的消费选择中时，消费者做出的相应行为与从众行为在概念上存在高度的重叠。当消费者受到他人影响，在消费选择上保持与他人的态度和行为一致时，这种现象实际上是一种从众行为。

2. 社会影响理论

社会影响是生活中的普遍现象，也是社会心理学中的重要内容。自20 世纪 50 年代以来，受到了社会心理学家们的广泛研究和深入探讨。社会影响（social influence）指的是个体在想法、情感、态度或者行为方面的改变源自与另外一个个体或者群体的互动，这种改变的产生有可能是有意的，也可能是无意的（Cialdini & Goldstein，2004）。

（1）社会影响的机制

根据 Kelman（1958）的社会影响理论，他人或群体对个人态度行为的影响存在三种不同的影响机制，或者个体接受他人或群体影响的三种方式，即顺从（compliance）、认同（identification）和内化（internalization）（见图 5-1）。具体而言，顺从影响机制指的是个体希望通过接受来自他人或群体的影响进而得到积极的回应。此时，个体做出顺从的行为并非由于认同来自他人和群体的信息，而是因为他希望获得奖励或者认可进而避免惩罚或者不认可；认同影响机制是指个体接受来自他人或群体的影响是由于想要与他人或者群体建立或维持一种关系，进而使自己在这种关系中获得一种认同。在这种情况下，个体接受他人的影响并做出相应的行为是因为想要获得一种令人满意的关系；内化指的是个体之所以接受来自他人或群体的影响是因为做出相应的态度和行为的改变可以给自己内在带来某种好处的，例如对于解决某一问题是有用的或者与自己的某种需求一致。这种态度和行为的改变是与个体自身的价值观相一致的。因此，在这种情况下，来自他人和群体的影响与个体自身已有的价值观融合在了一起。由此可见，三种影响机制的区别在于驱动个体接受他人和社会影响的动力不同，在顺从情况下，这种驱动力是被他人接受；在认同情况下，驱动力是获得满意的关系；内化情况下，驱动力是态度行为本身的内容。

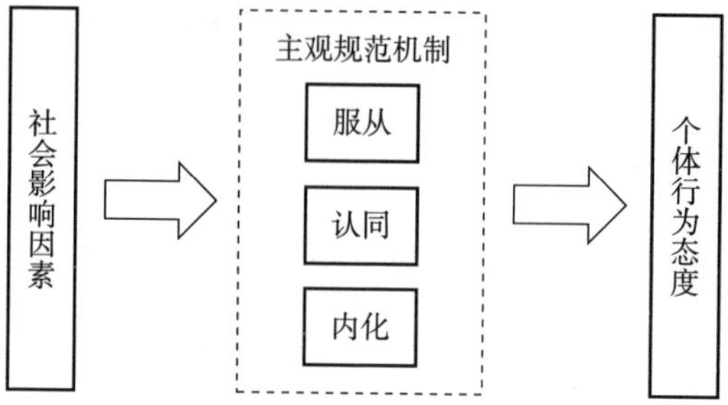

图 5-1　Kelman 社会影响理论框架

Kelman（1958）进一步指出，他人和群体对个人态度行为的影响通过哪种作用机制起到作用取决于三种因素：①预期影响的相对重要性；②影响者的权力；③所引发回应的优势。以影响着权力大小为例，Kelman（1958）发现当影响者的权力表现在对被影响者的控制上时，一致行为则会以顺从的形式出现。当影响者的权力表现在吸引力方面时，一致行为则会以认同的形式出现；当影响者的权力表现在可信性方面时，一致行为会以内化的形式出现。

（2）社会影响的形式

社会影响有三种主要的类型，分别是从众、顺从和服从。这三种类型的社会影响在内涵和表现形式等方面均有不同。从众（conformity）指的是改变自己的行为进而与大多数人保持一致。从众往往基于人们归属的需求和自尊需求，为了获得他人的认可或者友谊。从众可以是浅层次的，即只暂时性地影响了我们的行为；也可以是深层次的，即深刻影响了我们的思想和价值观。关于从众，最著名的实验就是阿希实验。Asch（1956）通过一个判断线段长短的实验发现他人对个体决策的影响是巨大的甚至可以歪曲我们的正确判断。顺从（Compliance）是指当个体被他人要求做某事时，个体按照其要求相应地完成了某事。个体可以选择顺从，也可以选择不顺从。然而，在大多数情况下我们都会选择做出顺从行为，这是由于考虑到社会奖赏和惩罚，人们一般不选择不顺从。服从（Obedience）是指个体按照某个权威人物的命令相应地完成某事。此时，个体认为自己除了按照要求去做没有其他选择权。大多数情况下，双方的关系是不对等的，影响者具有更高的地位或权力。服从这种社会影响的形式大多发生在上下级关系中，例如学校中的老师和学生，军队中的军官和士兵，职场中的经理和职员。关于服从有一个非常经典的社会心理学实验——米尔格伦实验，又称为权力服从研究（Millgram，1963）。该实验结果证明了在服从权力的环境下，人们可能会违背自己的内心道德服从命令。

3. 从众选择

从众是社会心理学中的一个非常重要的概念，也是社会影响的最主要的表现形式之一，是社会生活中的普遍存在的社会心理和现象，即个体由于受到群体的引导或影响进而在观念和行为上表现出一致的行为倾向（Burnkrant & Cousineau，1975）。在消费领域，从众行为被定义为在参照他人的评价、意向和行为后在产品评价、购买意愿和购买行为上与他人保持一致（Lascu & Zinkhan，1999）。在本研究中，从众选择是指消费者在做出消费决策时，做出与大多数人保持一致的选择。

（1）从众选择的概念内涵

学者们将从众行为发生的影响机制分为两类（Deutsch & Gerard，1955），即规范类社会影响（normative social influence）和信息类社会影响（informational social influence）。在规范类影响机制中，促使个体做出从众行为的动机是"规范动机"，即为了满足社会规范，满足他人或群体的企望，选择与大多数人的行为保持一致；而在信息类影响机制中，促使个体做出从众行为的动机是"信息动机"，即为了确保自己的选择正确，把他人的评价、意向和选择作为信息来源和参考，保持与大多数人的选择一致（Burnkrant & Cousineau，1975）。一般而言，这两种影响机制是同时发挥作用的，但也有例外情况。例如，一个人可能在行为上保持与他人一致，但是在心里并不认同对方的观点。也有可能存在另外一种情况，即一个人接受他人的观点并做出与他人一致的行为，但内心之中并没有满足他人预期和群体规范的动机。个体之所以做出从众行为是由于从众选择可以带来一定的好处。在规范类从众中，保持与群体一致的选择可以为个体从群体中获得好处打下基础。社会规范是群体中成员关于信仰、价值观、态度和行为公认的规则。这些规则可以是显性的，也可能是隐性的。不遵守社会规范往往会造成不良后果，受到群体的惩罚，例如被群体所排斥。同时，归属需求是每个个体的最基本的需求，遵守群体的社会规范是从群体中获得归属感的基本前提（Baumeister & Leary，1995））；信息类从众行为则可以帮助个体做出相对正确的选择。在以下三种情况时，我们会做出与他人保持一致的选择；第一种是当情景模糊时，我们面临很多个选项，但不知道应该选择哪个；第二种是当情况非常紧急时，我们没有时间去思考和实践，必须马上做出决定；第三种是在他人是专家的情况下，如果我们承认他人在该领域是权威，那么我们自然会认为他们是对的（Cialdini & Goldstein，2004）。

值得注意的是，个体的从众行为与常说的“羊群效应”并非完全一致的概念。二者的相似之处在于从众行为与羊群效应都反映了人际的社会影响，主体的行为在客体的影响下发生改变。而二者的区别在于，羊群效应是指群体内不需要刻意的协作，仅通过简单的学习和模仿就可以使群体之间的行为保持一致，通常从群体角度描述社会影响。而从众行为是指个体在群体的影响之下，把自己的行为调整为与群体一致，一般是从个体水平对社会影响进行刻画（王财玉和雷雳，2017）。当从个体角度描述羊群效应的影响时，研究通常把羊群效应和从众效应等同。

（2）从众选择的影响因素

在营销领域中，学者们对影响消费者从众选择的影响因素进行了广泛的研究。Lascu 和 Zinkhan（1999）在前人研究的基础上对从众行为的影响因素进行了归纳，将其分为个体特征、群体特征、任务 / 情境特征和品牌特征四类因素（见表5–2）。例如，在个体特征中，当个体的顺从和温顺的倾向较高时，个体可能就更容易从众（Helson et al.，1956）。而当个体的适应能力较强，创新意识较强或智商较高时，其做出从众行为的可能性就较小（Nakamura，1958；Toboski et al.，1956）；在群体特征中，当群体规模越大，吸引力越强，信用力越高的时候，个体从众的倾向也越高（Asch，1956）。此外，当个体认为自己未来与群体之间有较多交往的可能性时，个体会更容易做出从众行为（Bass，1956）；在任务和情境特征方面，当任务困难程度、模糊程度和主观程度较高时，个体做出从众行为的可能性较高（Allen，1965；Ross et al.，1976），而当出现危机和意外情况时，个体从众动机也越高（Huertas & Powell，1986）；在品牌特征方面，当购买的品牌是奢侈品时，个体从众倾向也越高。

表5–2 从众行为的影响因素

类型	影响因素	文献
个体特征	任务导向	Bass（1961）
	社会比较信息注意	Bearden & Rose（1990）
	自我监控	Nantel & Strahle（1986）
	公共自我意识	Davis（1984）
	服从，温顺，顺从	Helson et al.（1956）
	年轻	Huertas & Powell（1986）
	B型人格	Yarnold, Grimm, & Mueser（1986）
	自尊、自信（负向）	Allen（1956）
	适应能力、创新、智商（负向）	Nakamura（1958） Toboski, Juliano, and Kerr（1956）
	确定性（负向）	Williams（1984）
群体特征	群体规模大小	Asch（1956）
	群体与个人的相似性	Linde & Patters（1964）

续表

类型	影响因素	文献
群体特征	群体的吸引力	Kelman（1961）
	群体内互相的依赖程度	Berkowitz（1957）
	无领导	Huertas & Powell（1986）
	信用度	Kelman（1961）
	群体目标清晰性	Harvey & Bass（1958）
	未来与群体交往的可能性	Bass（1956）
	群体过去的成功	Bass（1961）
任务 / 情景特征	困难程度、模糊程度、主观程度	Allen（1965）、Ross et al.（1976）
	客观的标准（负向影响）	Insko et al.（1983）
	之前的从众经历	Harper & Tuddenham（1964）
	群体压力情境	Festinger（1953）
	危机 / 意外情况	Huertas & Powell（1986）
品牌特征	社会可见度	Fisher & Price（1992）
	品牌差异化	Kassarjian & Roberts（1981）
	奢侈品	Bearden & Etzel（1982）

资料来源：Lascu D N，Zinkhan G. Consumer Conformity：Review and Applications for Marketing theory and Practice［J］. Journal of Marketing theory and Practice，1999，7（3）：1-12.

在 Lascu 和 Zinkhan（1999）之后，很多学者继续从各个方面对从众行为的影响因素进行了探究。Tian 等（2001）在其关于独特性寻求行为的研究中，认为个体的独特性寻求倾向会负向影响从众行为，那些独特需求水平较高的个体不愿意与大多数人保持一致。Griskevicius 等（2006）研究了人类的基本动机——自我保护动机和求偶动机如何影响个体的从众行为。研究结果表明，自我保护动机会驱使男性和男性都做出更多的从众行为。相反，求偶动机对从众行为的影响对于男性和女性不同，对于女性来说求偶动机会使其做出更多的从众行为。而对于男性来说，当男性想要吸引异性时如果反从众行为让其表现得独特时或行为标准较为主观时，男性会选择做出更多的反从众行为。Griskevicius 等（2009）研究发现，当广告中运用恐惧的线索（VS 浪漫线索）时，广告的社会认同说服方式（如非常受欢迎的产品）要比稀缺说服方式（如限量版）更为有效。这是由于恐惧的广告线索会激发个体的自我保护需求，进而愿意与大多数人保持一致。此外，消费者的从众行为也受到购买产品类型的影响。例如，Berger 和 Health（2007）研究发现，对于那些会展现消费者个人社会身份的产品类型（例如，头发的发型）消费者不太倾向于做出从众行为。而对于那些与个人身份无关的产品，个体更愿意与他人保持一致。

国内学者代祺、周庭锐和胡培（2007）从自我一致性的角度，针对我国城市青少年群体研究了其从众、不从众和反从众行为。研究结果发现青少年的自我一致性与同辈群体的意见正负会联合影响其从众行为。当青少年的自我一致性较高时，其维护自我一致性的需求高于同辈群体认可的需要，做出了从众和反从众行为。然而，当青少年的自我一致性较低时，同辈意见为负时，其对于自我一致性的需求低于被同辈群体认可的需求，这种情况下会表现出较高的从众倾向；当自我一致性较低、同辈群体的意见为正时，消费者会做出不从众行为。陈明亮和李敏乐（2013）从神经学的角度对网购时消费者从众行为普遍的原因进行了研究。研究发现，当消费者做出反从众的消费选择时，需要面对较强烈的认知和情感冲突，但在做出从众消费选择时则不需要面对认知和情感上的冲突。

近年来，学者们逐渐跳出个体特征、群体特征、任务 / 情境特征和品牌特征等传统角度，从更为广阔新颖的视角探索了影响消费者从众行为的影响因素。例如，Huang 等（2014）从具身认知的角度研究了环境的温度对个体从众行为的影响。研究发现那些手握温暖杯子的被试相比手握冰冷杯子的个体会做出更多的从众行为，具体表现为在购买产品时更愿意购买大多数人喜欢的产品，在股价预测时更愿意听从大多数人的预测意见，这是由于温暖的温度让消费者与他人之间的社会亲近感更强并且认为他人的意见是有效的，进而做出与大多数人一致的选择。Dong 和 Zhong（2017）则研究了违反道德行为对从众行为的影响。研究结果表明，当消费者目睹了违反道德的行为（财务丑闻，欺骗和腐败等）新闻后，更愿意在消费中做出从众选择。这是由于消费者认为违反道德的行为给社会秩序造成了威胁，他们希望通过与大多数人保持一致恢复原有的社会秩序的平衡。

4. 从众选择的测量

从众行为是社会心理学中最古老的概念之一，不同领域的学者从多种角度对其进行了研究，运用了多种多样的测量方法。已有关于从众行为的测量的方法可以分为意向层面和行为层面两类，意向层面是指通过问卷量表的方式对消费者从众倾向进行直接测量，行为层面主要是通过设置消费情境，用消费者的实际选择代表其从众行为倾向。

（1）意向测量

根据研究目的、研究情境和研究内容的不同，学者们针对从众行为的测量开发了不同版本的量表。以下是两个较为常见的量表。

首先是 Bearden 等（1989）开发的消费者人际影响敏感度量表（见表 5-3）。消费者人际影响敏感度是一种因人而异的个体特质，是指消费者为了确定或加强个体在重要他人眼中的形象而购买或使用某产品和品牌的行为，或者是在购买决策中与他人保持一致的意愿，或通过观察他人或从他人那里获取信息进而习得关于产品服务的信息的倾向（Bearden et al.，1989）。该量表描述了个体在购物决策中受他人影响的程度，包含了规范类影响和信息类影响两个子量表。例如，规范类影响包括“对我来说，别人喜欢我购买的产品和品牌是非常重要的”等陈述语句。信息类影响包括“为了确保我购买到正确的产品或品牌，我会经常观察别人购买和使用了什么”等陈述语句。规范类影响和信息类影响子量表各包含 6 个陈述语句，采用 Likert 七级量表进行测量（1= 非常不同意，7= 非常同意），得分越高表明从众倾向越高。

表 5-3　Bearden 等（1989）的消费者人际影响敏感度量表

序号	动机类型	测量题项
1	规范类影响	我很少购买最新的时尚风格，直到得到我周围朋友们的认可我才会购买
2		对我来说，别人喜欢我购买的产品和品牌是非常重要的
3		在购买商品时，我一般都会购买那些我觉得会被人认可的商品
4		若其他人可以看到我使用某个商品，我在购买时会购买他们期望我买的那个
5		我喜欢了解什么样的品牌和产品可以给别人留下好的印象
6		通过购买与其他大多数人相同的产品和品牌我获得了一种归属感
7		如果我想成为像某人一样的人，我会经常尝试去购买与他们的一样的品牌
8		我经常通过购买与其他人相同的产品和品牌来得到他们认同
9	信息类影响	为了确保我购买到正确的产品或品牌，我会经常观察别人购买和使用了什么
10		如果我对一个商品没有经验，我会询问我的朋友关于此商品的信息
11		我经常咨询别人进而帮助我购买到一个产品类别中最后的选择
12		我在购买一个商品时经常从我周围的朋友和家人那里获取信息

资料来源：Bearden W O，Netemeyer R G，Teel J E. Measurement of Consumer Susceptibility to Interpersonal Influence［J］. Journal of Consumer Research，1989，15（4）：473-481.

其次是 Mehrabin 和 Catherine（1995）的从众倾向量表，采用 Likert 七级量表进行测量（1= 非常不同意，7= 非常同意），分数越高，表明从众倾向越高。如表 5-4 所示，该量表包含了 11 个测项，包含 7 个正向问项，4 个负向问项（已在表中标注出）。

表 5-4　Mehrabian 和 Catherine（1995）的从众倾向量表

序号	性质	测量题项
1	+	我经常依赖于别人的看法，也经常在别人意见的基础上采取行动
2	-	在对于富有争议性的话题激烈的讨论中我经常会坚持我的观点到最后

续表

序号	性质	测量题项
3	+	一般而言，相比于坚持自己的看法，我更愿意用退步和妥协换取和平
4	+	在做出政治决策时，我倾向于跟随家庭传统
5	+	基本上来讲，我跟朋友们在一起时做什么是由朋友决定的
6	+	一个富有感召力和有说服力的演讲者会影响和改变我的想法
7	–	我的做事方式是独立自主，而不是跟随别人
8	+	如果一个人说服力很强，我会改变我的观点，与他保持一致
9	–	我不会轻易地向他人让步
10	+	当我必须很快地做出一个决策时，我倾向于依赖他人
11	–	我更愿意在生活中走我自己的路，而不是找到一个群体去跟随

资料来源：Mehrabian A，Stefl C A. Basic Temperament Components of Loneliness，Shyness，and Conformity［J］. Social Behavior and Personality：An International Journal，1995，23（3）：253-263.

（2）行为测量

行为测量是指在对消费者的从众选择进行研究时，通过设置与现实贴近的消费决策情景，让消费者尽可能身临其境地想象自己面临该决策问题时该如何决策。目前营销领域相关研究可以分为三种。第一种是用品牌市场份额大小来表示品牌大众化的程度，用被试在选择中的分数来表示其从众倾向的高低，分数越高从众倾向越高。当被试偏好于购买市场份额较大的品牌时，说明其愿意与大众的选择保持一致，在后期编码中该选择将被编码为高分（如 3 分），表明其从众倾向较高；当被试偏好于购买市场份额较小的品牌时，说明其不愿意与大众选择保持一致，在后期编码中被编码为低分（如 1 分），表明从众倾向较低。采用这种测量方法的有 Dong 和 Zhong（2017）、Huang 等（2013）。

第二种行为测量方式是在消费选择中设置两个产品 / 品牌（如 A 和 B），通过消费者在两者之间的选择偏好来衡量其从众倾向。在产品 / 品牌描述中，一般将 A 描述为被大多数人喜欢（如 65%），将 B 描述为被少数人喜欢（如 35%）。要求被试在七级或九级量表上表明其更偏好购买哪一个品牌，如果被试表明其更偏好 A 则表明其愿意与大多数人的选择保持一致，从众倾向高；如果被试表明其更偏好 B 则说明其不愿意与大多数人保持一致，从众倾向低。采用这种测量方法的有 Huang 等（2014）。

第三种行为测量方式与第二种测量方式类似，但选择对象是博物馆或读书俱乐部等服务机构，通过对二者服务主题的描述将其差异化。一般将其中一个描述为强调个体的独立性和品位的小众化，将另外一个描述为强调群体的重要性，强调成员之间的互相支持。要求被试在七级或九级量表上表示其偏好，如果被试更偏好后者则说明其更喜欢群体的概念，从众倾向高；如果被试更偏好前者则说明其更喜欢独立个体的概念，从众倾向较低（Dong & Zhong，2017；Huang et al.，2014）。

5.1.2　社会联结感知

1. 归属需求理论

归属需求（need to belong）是人类的最基本的动机之一。John Donne 的诗句“没有人是一座孤岛”被广泛地引用。Maslow 认为其是仅次于生理需求的最基本的需求之一。Bowlby（1969）的依附理论也指出人类有建立和维系人际关系的需求。Baumeister 和 Leary（1995）在归纳和总结前人研究的基础上提出归属需求是人类最基本的动机之一。根据其定义，归属需求指的是人类有广泛的驱动力去建立和维持至少一定数量的可持续、积极、有意义的人际关系（Baumeister & Leary，1995）。满足这一动机的标准有两个，首先是满足人际交往是频繁地、与他人在情感上积极地互动和交往。其次，这种互动和交往发生在一种稳定可持续的情景下，同时互动的双方是互相关心的，在乎和关注对方的幸福感。Baumeister 和 Leary（1995）认为人类的很多负面的情绪和心理疾病归根到底都是因为内在的归属需求没有得到满足。

2. 社会联结的定义

社会联结（social connectedness）反映了个体内部的归属感知。Lee 和 Robbins（1998）将其定义为个体与外部社会保持亲近联系的主观意识和感受。个体对于与外部社会人际关系的体验包含了近端和末端的关系，如家人、朋友、同事、熟人、陌生人、社区和社会等，是个体关于所有社会关系体验的总和（Lee & Robbins，1998）。在这一定义提及的人际关系指的是正面积极的人际关系，能够提供给个体信息和情感方面的支持，能够给予个体归属感和价值感。

社会联结首先是一种稳定的人格特质。个体对于自身与外部世界的关系的感受在长期会内化为个体的一种稳定的主观感受（Lee & Robbins，1998）。一些个体比另一些个体拥有更高的社会联结水平。高社会联结水平的个体对于人际关系有着较为积极的态度。他们对人际关系有着更强的信赖感，能够更好地利用一切社交机会，这又反过来加强了他们的社会联结感知。高社会联结水平的个体能够更好地通过认知过程管理自身的需求和情感（Tesser，1991）。人际关系上的资源富足感使得他们很少经历低自尊、焦虑和沮丧（Kohut，1984）。而低社会联结水平的个体则对人际关系表现出较为消极的态度。他们感觉到自我与他人和社会之间是分离、脱节的，没有从他人那里获得关心和理解。因此，低社会联结水平的个体容易感到焦虑和孤独，不能很好地管理自身的需求和情感（Lee & Robbins，1998）。社会联结感知除了是一种稳定的人格特质之外，也是一种可以在短时间内被提升的主观感受。例如，关于怀旧的研究发现个体在回忆怀旧的事情之后，对于社会联结的感受被提升，例如感觉到自己与他人之间是相互联结的，同时感觉到自己被保护和被关爱等（Hepper et al.，2012；Wildschut et al.，2006）

在心理学中，存在与社会联结十分相近的概念，即社会支持。它们都描述了个体的社会人际关系资源的多少，但具体的侧重点不同。社会支持是指个体对于能获得的、想获得的外部支持的一种感知（Shearin & Sarason，1991），也是个体从人际交往中获得的物质帮助或精神支持（Cullen，1994）。与社会联结一样，社会支持都对个体的身心健康有着显著的影响。缺乏社会支持的个体容易出现焦虑、抑郁等心理问题。但是二者的侧重点不同，社会联结感知强调了个体与他人、社会联结程度的高低，而社会支持则侧重于外部世界给予个体的帮助多少。

3. 社会联结的相关研究

（1）社会联结的影响因素

个体拥有社会关系的数量、质量、关系的多样性以及个体对于社会关系的感受程度都会影响个体的社会联结感知。研究表明，种族、阶层、性别、年龄和受教育程度都会影响个体感知到社会联结及其从这些社会联结中获益的程度。例如，生活在贫困状态或低阶层的人需要更多的社会支持，但其真正接受和感受到的支持却少之又少。当个体年龄增长，其社会关系网会变小，社会联结会变弱（Lee & Robbins，1998）。

怀旧情绪对于促进社会联结感知有着重要的作用。研究发现，怀旧情绪可以强化个体的社会联结感知（Lasaleta et al.，2014；Sedikides et al.，2016）。在个体的怀旧经历描述中，与他人的互动沟通（如团聚、度假、纪念日等）是一个非常重要的组成部分（Holak & Havlena，1992；Wildschut et al.，2006）。Wildschut 等（2006，2010）直接证明了怀旧情绪可以正向影响个体的社会联结感知。具体而言，被唤起个人怀旧记忆的人表现出更强的社会联结感知，感受到更多被爱和被保护的感觉，表现出更多的安全依恋风格并且认为自己有更高的人际交往的能力。

（2）社会联结的作用结果

社会联结是个体所有社会关系和归属感的总和。它提供了个体所需要的情感、物质和信息方面的支持，对个体的心理健康和幸福感有着至关重要的作用（Lee & Robbins，1998）。研究显示，感受到更多社会支持的个体表现出更低的患癌症的风险，更低的血压、更好的免疫系统和更好心理幸福感（Shearin & Sarason，1991）。而与他人关系的孤立则往往则伴随着更高的患病率和更高的死亡率。研究表明，社会联结感知可以帮助个体舒缓压力和抚慰创伤。社会联结让人们感知到自己并不是孤立的，当自己需要帮助的时候可以随时向周围的亲人和朋友求助（Lee et al.，2001）。同时，个体的社会联结有利于提高安全感，可以帮助个体更好地抵御不安全环境下的负面影响。在社会联结的关系网中，个体与他人之间的关系是互惠的。个体不仅仅可以从他人那里获得支持，还可以给予他人帮助和支持（杨德锋等，2014）。

4. 社会联结的测量

社会联结一方面是个体较为稳定的人格特质，一方面也是在短期可以改变的个体感受。因此，关于社会联结的研究可以由此分为两类。一类是把社会联结看做人格特质，将其作为调节变量放入研究模型，探讨其对相关变量的调节作用。例如，杨德锋等（2014）探讨了个体的社会联结水平在分享品牌体验行为对品牌至爱的影响过程中的调节作用。研究结果发现，社会联结水平低的个体在面对他人回应分歧时对原有品牌至爱的态度改变较大，而对于社会联结水平较高的个体而言，当面对他人回应分歧时他们对原有品牌至爱的态度不会受到任何影响。在这一类研究中，对于社会联结的测量一般采用 Lee 和 Robbins（1995）的社会联结量表（见表 5-5）。

表 5-5　社会联结的测量量表

序号	维度	测量题项
1	联结	我感觉到我与周围的世界相脱离
2		我感觉我距离人们很遥远
3		我觉得我与任何人都没有关系
4		我发现我自己失去了与社会所有的联系

续表

序号	维度	测量题项
5	归属	我不知道与朋友在一起是一种什么感觉
6		即使在我的朋友中，我也体会不到兄弟姐妹的感觉
7		我觉得我没有参与任何人或任何群体的生活
8	陪伴	即使在我了解的人们当中，我也体会不到真正的归属感

资料来源：Lee R M，Robbins S B. the Relationship Between Social Connectedness and Anxiety，Self-Esteem，and Social Identity［J］. Journal of Counseling Psychology，1998，45（3）：338-345.

Lee 和 Robbins（1995）的社会联结量表涵盖了社会联结的 3 个方面，共 8 个问项。其中，“联结”包含了 4 个测项，“归属”包含了 3 个测项，“陪伴”包含了 1 个测项。这一量表测量了人们感受到的在情感上自己与他人（如家人、朋友等）之间的距离。量表采用了反向测量的方法，1 表示十分同意，6 表示十分不同意，得分越高表明社会联结程度越低，即从身边的人和社会关系中并没有得到适当的关心和理解。该量表常用于把社会联结感知作为人格特质的研究中，即个体长期稳定的社会联结感。

另外一类研究把社会联结作为一种可以在短期内改变的感受，例如，Wildschut 等（2006）研究了怀旧情绪对个体社会联结感知的影响。研究结果表明，被唤起怀旧情绪的个体表现出更高的社会联结感知，感受到更多的被爱和被保护的感觉。在这一类研究中，一般学者会根据研究情境开发符合研究主题的测量量表。Hepper 等（2012）、Wildschut 等（2006）在研究怀旧情绪对个体的影响时，在社会联结的测量方法上采用了如表 5-6 所示的量表，该量表共 4 个测项，分数越高，表明个体感受到的社会联结水平越高。此量表是学者在研究怀旧情景下开发的量表，因此更适合运用于与怀旧相关的问题研究中。因此，在本研究关于社会联结感知的测量部分将采用此量表。

表 5-6 社会联结测量量表

序号	测量题项
1	我在此时感觉到我与亲近的人紧密相连
2	我在此时感觉到我是被保护的
3	我在此时感觉到我是被爱的
4	我在此时感觉到我可以信任他人

资料来源：Hepper E G，Ritchie T D，Sedikides C，et al. Odyssey's end：Lay Conceptions of Nostalgia Reflect its Original Homeric Meaning［J］. Emotion，2012，12（1）：102-119.

5.1.3 参照对象所属群体

在社会心理学中，社会群体（social group）是指两三个个体或者更多的人，他们彼此互动，拥有相似的特征和协调、统一、团结的认识（Turner，1982）。也有一些学者认为社会群体是指那些认为自己属于这一群体中的人（Reicher，1982）。社会群体没有固定的划分，根据人数多少和不同特征，存在无数个大小不同，形式多样的群体。如大到整个社会，小到住在同一个宿舍的学生，都可以被看作社会群体。

从群体成员的身份来看，有内群体和外群体之分。内群体（in-group）是指一个人在心理上认为自己是其中一名成员的社会群体。相反，外群体（out-group）是指一个人在心理上认为自己不属于也不认同的群体（Tajfel et al.，1971）。例如，隶属于不同种族、文化、性别、年龄和宗教的人群可以明显地区分内群体成员和外群体成员。除了通过人口统计特征这一较为明显的划分标准外，内群体与外群体的划分还有众多更为细化的区分标准。例如，Tajfel 等（1971）发现人们可以在几分钟内形成自己偏好的群组，这些群体甚至可以基于微不足道的特征形成，例如某些绘画的偏好。而 Weisel 和 Böhm（2015）的研究认为体育运动中不同运动、不同球员和不同俱乐部的粉丝之间，总统竞选中不同政党的支持者之间都存在内群体和外群体之分。即使是在小学生群体中，临时性的竞争也会自然形成内群体和外群体之分（Lam & Seaton，2016）。

Dovidio 等（2007）认为通常情况下，个体把自己喜欢或认同的人看作内群体成员，而把自己不喜欢或不认同的人看作外群体成员。这说明了，除了明显的身份标签之外，内群体和外群体的划分大多数情况下是按照心理因素划分的。当个体在心理上认为自己与某一群体成员具有相同特征，心理距离较近，并认为自己属于这一群体时，这一群体对于个体而言则是内群体；当人们在心理上认为自己与某一群体的成员差异较大，心理较远，并认为自己不属于这一群体时，这一群体对于个体而言则是外群体。

所属群体特征反映着人们与他人之间关系的密切程度（Berger & Health，2007）。相较于外群体，人们与内群体成员之间的关系更加紧密。这也由此对个体态度和行为产生了多方面的影响。个体对内外群体成员的态度不同。研究表明，个体对于内群体成员抱有更为积极、友好的态度，也更愿意施以帮助，而对外群体成员则常抱有偏见、歧视和刻板印象，甚至会做出伤害行为（Brewer，1999）。此外，内外群体还会影响社会排斥对个体感受的影响。研究结果发现，当做出排斥行为的个体属于内群体时，被排斥者的痛苦感更加强烈；当做出接纳行为的个体属于内群体时，被接纳者的开心的感觉也更为强烈（Bernstein et al.，2010）。

在营销领域，很多学者探讨了内外群体在消费者决策中的影响，如亲社会行为、品牌联想等。在亲社会行为方面，学者们一般探讨所属群体对捐赠行为的调节作用。例如，Duclos 和 Barasch（2014）探讨了帮助接受者所属群体在自我建构（self-construal）影响人们亲社会行为过程中的调节作用。受灾人群属于内群体（如白种人）还是外群体（黑种人）会对个体的捐赠意愿产生影响。具体而言，依赖型自我建构的个体更愿意帮助那些属于内群体（VS 外群体）的受灾人群，这是由于帮助内群体成员能让他们产生更多成就感和愉悦感。而独立型自我建构的个体对内外群体的受灾人群则没有显著差异。在品牌联想方面，很多学者讨论了群体身份（内外群体）与品牌使用的一致性。例如，Escalas

和 Bettman（2005）研究了品牌联想和所属群体对消费者品牌自我联结（self-brand connection）的影响。研究结果发现，当品牌联想与内群体特征相一致时会对自我品牌联结产生积极的影响，当与内群体特征不一致时会对自我品牌联结产生消极的影响；相反，当品牌联想与外群体特征不一致时，会产生积极的自我品牌联结，当与外群体特征一致时，会产生消极的自我品牌联结。

5.2 假设推导与研究模型

5.2.1 怀旧对消费者社会联结感知的影响

社会联结感知是指个体对于自身与外部社会保持亲近联系的主观意识和感受，它是个体关于所有社会关系体验的综合，反映了个体内部的归属感知（Lee & Robbins，1998）。对于群体的归属需求是人类最基本的需求之一。怀旧情绪是一种与他人紧密联系的情感，可以帮助消费者在周围环境中缺乏社会联系时通过“心理呈现”的间接方式满足归属需求。研究表明，在怀旧记忆中，个体常常会想起自己与他人在重要时刻的互动沟通，例如家庭团聚、度假、纪念日、毕业、婚礼、孩子出生等（Holak & Havlena，1992；Wildschut et al.，2006）。消费者通过怀念难忘的人与事，在心理上呈现出社会联系，满足了其内心的归属需求和对人际关系的需求（Gardner，Pickett & Knowles，2005；Leary & Baumeister，2000）。

社会联结水平高的个体认为自己与他人、与社会是紧密联结的，因此他们较少经历低自尊、焦虑和沮丧等状态（Kohut，1984），而社会联结水平低的个体认为自己与他人、与社会是分离、脱节的，因此容易感受到焦虑和孤独。研究表明，怀旧情绪可以帮助提高个体的安全感，还可以很好地缓解个体的孤独感，使其感受到更多的社会支持（Zhou et al., 2008)。

由以上内容可以看出，怀旧情绪可以通过提高满足个体的归属需求，提高个体安全感，缓解孤独感，提高感受的社会支持等方式很好地提高个体的社会联结感知。此外，许多与怀旧相关研究也都证明了怀旧情绪对社会联结感知的正面影响。Wildschut 等（2006）的研究发现被唤起个人怀旧记忆的人表现出更强的社会联结感知，感受到更多被爱和被保护的感觉，表现出更多的安全依恋风格并且认为自己有更高的人际交往的能力。Turner 等（2012）的研究发现怀旧情绪通过提高人们的社会联结感知使得个体更愿意把他人纳入自我，进而提高了其对精神病人的积极态度。Routledge 等（2011）的研究发现怀旧情绪增强了个体的社会联结感知，进而提高了人们感受到的生活意义。Cheung 等（2013）的研究表明怀旧情绪可以增强个体感受到的社会联结感知，进而提高了个体的自尊水平，最终提高了个体对未来的乐观程度。而 Lasaleta 等（2014）的研究表明怀旧情绪可以强化社会联结感知，进而弱化消费者对金钱的欲望，使其愿意为要购买的产品支付更高的价格。由以上研究可以看出，怀旧情绪可以正向影响个体感知到的社会联结，并且在相关研究模型中，社会联结感知都被作为研究模型的中介变量。这说明，怀旧情绪对个体众多态度和行为影响都是通过影响其感知的社会联结程度而发生的。

5.2.2　社会联结感知对从众选择的影响

在社会联结感知的定义中，人们所感知的社会关系是指正面积极的人际关系，能够提供给个体情感和信息等方面的支持，给予个体归属感和价值感（Lee & Robbins，1998）。研究表明，高社会联结水平的个体对于人际关系有着较为积极的态度。他们对于人际关系有着更强的信赖感，能够更好地利用一切社交机会（Tesser，1991）。因此，当个体的社会联结感知被增强后，其对社会关系及社会交往的态度会变得更加积极。

社会规范动机是个体做出从众行为的动机之一。社会规范是群体中的成员关于信仰、价值观、态度和行为的公认的规则。不遵守社会规范往往会带来不良后果，比如被群体所排斥。因此，如果个体想与群体保持良好的关系，遵守社会规范是最基本的前提。研究表明，当个体预期未来与群体之间存在互动交往可能性时，个体会更加愿意与群体成员保持一致的行为（Bass，1956；Lascu & Zinkhan，1999）。从众行为是一种与他人保持亲密关系的方式（Baumeister & Leary，1995）。这表明，通过与他人行为保持一致个体可以向群体展示自己友好的态度和积极的交往态度。

本研究认为，当消费者的社会联结感知被增强后，其对于群体的态度变得更为积极，社会交往的意愿更为强烈。因而在后续的消费选择中更愿意与大多数人的消费选择保持一致，进而与群体保持较为良好、和谐的关系。

5.2.3 怀旧情绪对从众选择的影响及其心理机制

研究表明怀旧情绪可以增强个体的社交效能感，使其在社交方面展现出较强的促进动机。具体表现在，人们更加愿意与他人建立社会联系，也更加愿意努力克服人际关系上的挑战（Abeyta et al.，2015）。同时，当消费者被唤起怀旧情绪之后，消费者倾向于享受、回味和延长这一过程（Huang et al.，2016）。由此可以推测，产生怀旧情绪的消费者在社会联结感知被增强后，也倾向于保持这种较强的社会联结感知。因此，为了进一步保持较强的社会联结和实现更好的人际关系，消费者在产生怀旧情绪之后很可能会做出从众选择。这是由于从众选择是一种与他人保持亲密关系的方式（Baumeister & Leary，1995），通过在消费选择上保持与他人的选择一致，个体展现出对群体的积极态度，实现了自己对于维持人际关系的目的。同时，我们认为怀旧情绪对从众选择促进作用的内在机制是社会联结感知。怀旧情绪使得消费者感知到自己与他人、与群体之间是相互联结的，为了维持这种较强的社会联结感知，消费者在后续的选择中倾向与群体的选择保持一致。由此，得出本研究的假设 1 和假设 2：

假设 1：怀旧情绪会促进消费者的从众选择。被唤起怀旧情绪后，消费者更加倾向于在消费选择上与他人的选择保持一致。

假设 2：社会联结感知是怀旧情绪促进消费者从众选择的中介机制。怀旧情绪首先增强了消费者的社会联结感知，继而使其愿意与群体的消费选择保持一致。

5.2.4　所属群体的调节作用

从群体成员的身份来看，有内群体和外群体之分。内群体是指一个人在心理上认为自己是其中一名成员的社会群体。相反，外群体是指一个人在心理上认为自己不属于也不认同的群体（Tajfel et al., 1971）。Dovidio 等（2007）认为通常情况下，个体把自己喜欢或认同的人看作内群体成员，而把自己不喜欢或不认同的人看作外群体成员。这说明了，除了明显的身份标签之外，内群体和外群体的划分大多数情况下是按照心理因素划分的。当个体在心理上认为自己与某一群体成员具有相同特征，心理距离较近且认为自己属于这一群体时，这一群体对于个体而言就是内群体；当人们在心理上认为自己与某一群体的成员差异较大，心理较远，并认为自己不属于这一群体时，这一群体对于个体而言则是外群体。

从前人文献及本研究的相关论述可知，怀旧情绪会促进个体感知到的联结程度（Sedikides et al., 2016；Lasaleta et al., 2014）。怀旧情绪还可以增强个体的社交效能感，使人们更加愿意与他人建立社会联系，也更加愿意努力克服人际关系上的挑战（Abeyta et al., 2015）。Stephan 等（2014）研究发现，怀旧情绪能够提高个体在人际关系上的促进动机，具体表现在放置凳子时距离与他人离得更近，也更愿意做出帮助行为。同时，研究表明，怀旧情绪可以使得个体对特殊群体的态度变得更加积极。例如，怀旧情绪使得人们对精神病人的态度变得更加积极，还可以减少个体对于肥胖症患者的偏见（Turner et al.，2013）。由此可以看出，怀旧情绪可以提高个体对于外群体的积极态度。

由内外群体的相关内容可以知道，所属群体特征反映着人们与他人之间关系的密切程度（Berger & Health，2007）。个体与内群体成员的关系更为密切，且社会距离较近，而与外群体的关系则较为疏远，社会距离较远。因此，个体在被唤起怀旧情绪后对外群体拥有更为强烈的维持良好社会联系的动机。个体在产生怀旧情绪后可能更倾向于通过与外群体的选择保持一致即从众选择的方式，进而减少与外群体间的距离，拉近与外群体之间的关系。而对于内群体而言，成员大多是个体的亲人、朋友、同事和同学等关系较为紧密的人，个体与他们之间的关系本身就较为亲近，关系较为紧密，因此个体缺乏与群体保持进一步关系的动机，进而不太可能做出从众选择。由以上推理知道，个体的所属群体会在怀旧情绪对个体从众选择影响的过程中起到调节作用。

假设 3：参照对象的所属群体会调节怀旧情绪对从众选择的影响。当参照对象为外群体成员时，怀旧情绪会正向影响从众选择。当参照对象为内群体成员时，怀旧情绪对从众选择的影响被弱化。

假设 4：社会联结感知在怀旧情绪和从众选择之间的中介作用受到所属群体的调节。当参照对象为外群体成员时，怀旧情绪对从众选择的正向影响是通过被增强了的社会联结感知起到作用的。当参照对象为内群体成员时，怀旧情绪对从众选择的影响被削弱，社会联结感知的中介作用也被弱化。

基于以上研究假设，本研究构建出了研究模型，即怀旧情绪对消费者从众选择的影响模型（见图 5–2）。

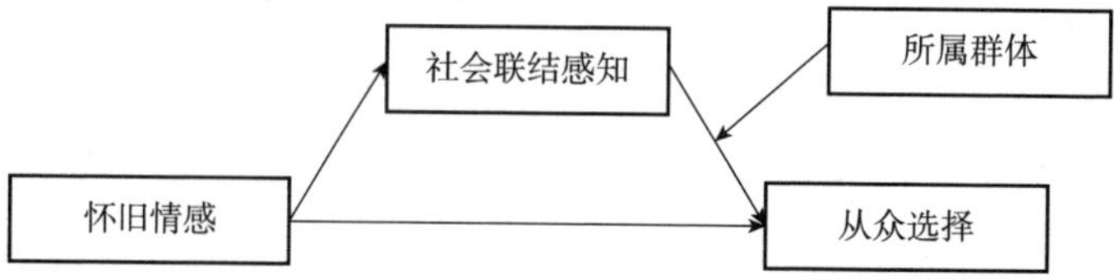

图 5–2　怀旧情绪对从众选择的影响模型

5.2.5　研究模型阐述

本书的研究焦点是消费者怀旧情绪对其从众选择的影响及内在机制。基于以上对于各变量之间关系的阐述，本研究构建了一个基于实验方法的研究模型（如图 5–2 所示）。在此研究模型中，自变量是消费者的怀旧情绪，因变量是消费者的从众选择，中介变量是社会联结感知，参照对象所属群体在这一研究框架中是调节变量。此研究框架主要包含了两层内容：第一，基于社会影响理论的视角，本研究对怀旧情绪对消费者从众选择的影响及内部机制进行探索，即怀旧情绪是如何影响其感知与群体的关系，进而最终影响其从众选择的；第二，本研究在此基础上更加深入地探索了这一影响关系的情景性调节因素，基于所属群体的视角，探讨了内群体和外群体对怀旧情绪与从众选择之间影响关系的调节作用。

本研究的研究框架具有扎实的理论支持。首先，根据 S–O–R 消费者购买模型，当消费者受到内部生理、心理因素和外部环境因素的刺激后，其内部的认知过程会发生变化，进而做出相应的行为反应。怀旧的相关文献表明，个体感官系统的刺激和怀旧广告等的刺激都会唤起消费者的怀旧情绪。被唤起怀旧情绪的消费者进一步感知到与他人和群体之间的联结，为了保持这种社会联结感知，消费者最终的行为反应表现为在消费选择上保持与他人的一致；其次，根据社会影响理论，从根本上而言，人类是社会性动物。个体在想法、情感、态度或者行为方面的改变，很大程度上源于另外一个个体或者群体的影响。社会影响的形式和机制多种多样，只有结合个体的情感等因素才能更好地理解其发挥影响的机制。怀旧情绪对消费者从众选择的影响是社会影响的具体表现形式之一。而社会影响中的参照对象的所属群体则在怀旧情绪影响从众选择的过程中发挥了调节作用。

基于以上分析，本研究的基本思路是：首先对怀旧情绪对消费者从众选择正向影响作用进行检验。其次，验证社会联结感知是消费者怀旧情绪正向影响从众选择的中介机制，即怀旧情绪首先增强了消费者的社会联结感知，进而促进了从众选择。最后验证参照对象所属群体（内群体 VS 外群体）在这一影响关系中的调节作用，即验证当参照对象所属群体是外群体时，怀旧情绪对从众选择的影响大大减弱，甚至不存在影响作用。

已有的怀旧研究大多聚焦在怀旧营销、怀旧品牌和怀旧广告等概念上。而对于怀旧情绪这一类怀旧概念的研究则为数不多。在营销领域中，以消费者怀旧情绪为自变量考察其对消费者后续消费决策影响的研究仍较为匮乏，无论从理论空缺还是从实践需要角度而言，都值得投入较大的精力进行探索研究。因此，本研究致力于在全书研究思路之下，聚焦于消费者保持一致行为的一种类型即从众选择，考察怀旧情绪对消费者从众选择的影响及内在机制，旨在填补这一研究空缺。

5.3 研究设计与结果汇报

本研究通过四个实验对之前提出的假设进行逐一检验，并对每一个实验的实验设计、操作流程、变量测量、数据分析结果和结果讨论等进行详细的阐述，旨在通过严谨和规范的实验方法对怀旧情绪与消费者从众选择之间的关系及其背后的作用机制和边界条件进行深入的研究。具体而言，实验一旨在验证主效应，即消费者怀旧情绪正向影响其从众选择。实验二在变化因变量测量方法的基础上对假设 1 进行再次验证，对实验一结论的有效性进行检验并排除情绪在这一影响过程中的作用。实验三在主效应成立的基础上对其中介机制进行了检验，即社会联系感知在怀旧情绪和从众选择之间关系的中介作用（假设 2）。同时，实验三对其他可能的中介解释机制进行了排除，包括个体的依赖型自我建构和情感决策路径等。实验四的目的是检验假设 3 和假设 4，即参照对象的所属群体（内群体 VS 外群体）在怀旧情绪对个体从众选择影响中所发挥的调节作用。

实验设计总体情况如表 5–7 所示，四个实验在样本选择、实验设计、自变量的操控和因变量的测量等方面达到了一定程度的差异化和多样性。为了确保内部效度和外部效度，在样本选择方面，实验被试包含了不同文化背景（如中国和美国）、不同教育背景、不同年龄段的消费者群体，通过实验室实验和在线调查平台 Mturk 进行数据的收集，涵盖了学生样本和非学生样本，扩大了样本的覆盖范围。在实验材料设计方面，研究同时采用了经典文献的实验设计材料，也结合研究情景对实验材料进行了重新设计，具有一定的创新性。具体而言，实验一和实验四借鉴了前人的实验材料，实验二和实验三对实验材料进行了重新设计，同时也体现了研究的创新性。在自变量的操控方面，研究在实验一、二、四中借鉴了前人关于怀旧情绪的经典操控方法，即让怀旧组被试回忆并描述一段怀念的经历。实验三结合前人文献、研究目的和被试特点（学生样本）设计了唤起被试怀旧情绪的新方法，即让被试回想并描述高中时期最难忘的一段经历。

表 5–7　实验设计概览

实验顺序	实验目的	被试来源及构成	自变量操控	因变量测量	其他测量及操纵
实验一	验证主效应：怀旧情绪对从众选择的影响	美国 Mturk 平台被试 112 名	回忆过去的一件使你感到怀旧的事件，并做简单描述	在市场份额不同的品牌中进行选择	
实验二	再次验证主效应，排除情绪	美国 Mturk 平台被试 91 名	同实验一	在两款颜色和受欢迎程度不同的杯子中做选择	情绪测量
实验三	验证中介效应，排除可能的中介解释机制	北京某重点大学 85 名大学生	请回忆一件高中时期的让你怀念的事情并做简单描述	在三种大学生偏好程度不同的品牌中选择	社会联结感知测量；自我建构；决策风格
实验四	验证内外群体的调节作用	美国 Mturk 平台被试 166 名	同实验一	在不同人数、主题的读书俱乐部中做选择	调节变量内外群体的操控

在因变量测量方面，四个实验均采用了不同的从众选择测量方法，实验一中用五类不同产品品类中的三种品牌的市场份额大小作为从众选项和非从众选项。实验二在前人实验材料的基础上设计了新的测量方法，让被试在两款在材质、价格、款式等方面相同，在颜色和调查结果显示的喜欢程度（75% VS 25%）方面不同的马克杯中做出选择，选择大多数人喜欢的马克杯被视为从众选择。实验三同样在前人实验材料的基础上对从众选择的测量方法进行了重新设计。通过前测选取了三种产品品类，通过一项“大学生市场调查”结果告诉被试每个产品品类中A、B、C三种品牌的偏好程度构成比例，选择大多数人喜欢的品牌被视为从众选择。实验四测量了被试在面对不同主题、不同人数的两个读书俱乐部时的选择。当被试更愿意选择强调群体概念和人数众多的俱乐部时，说明其更愿意做出从众选择。综上所述，四个实验通过在样本、实验材料运用、自变量操控和因变量测量等方面的变化，提升了研究的内部效度和外部效度，证明了研究结论的稳定性。

5.3.1 实验一：怀旧情绪对从众选择的影响检验

1. 实验设计与被试

实验一的目的检验假设1，即初步验证当消费者的怀旧情绪被唤起时，更加愿意在消费选择上与大多数人保持一致。本次实验在美国著名的调查网站 Amazon’s Mechanical Turk（Mturk）上进行。在消费者行为研究领域，很多学者选择在Mturk网站上发放问卷和收集数据，而通过Mturk收集数据的文章也越来越多地发表在营销领域的顶级期刊上（Romero & Biswas，2016；Siddiqui et al.，2016；Tully et al.，2015）。这是由于该调查平台具有规模大、样本多样化等优势，可以大大提高研究的外部效度。在网站发布问卷时，为了隐藏真实的实验目的，问卷被命名为“市场调查问卷”。因此，被试对于此次问卷的真实目的并不了解。

在实验被试方面，共有 112 名来自 Mturk 网站的美国被试参加，其中男性 52 人，女性 60 人，平均年龄 36.1 岁，每位被试在完成问卷之后收到 40 美分的报酬；在实验设计方面，实验一采取单因素（怀旧情绪：怀旧组 VS 控制组）组间实验设计，被试被随机分配到其中一组，怀旧组 59 人，控制组 53 人；在自变量怀旧情绪的操控方面，实验一采用运用最为广泛的回忆任务的方式（Huang et al.，2016）；在因变量从众选择的测量方面，实验一借鉴了 Dong 和 Zhong（2017）发表在 JCR（Journal of Consumer Research）上的关于从众行为文章的测量方法。

2. 实验流程与测量

实验开始后，被试被随机分配到怀旧组或控制组。被试被告知此次问卷由几个不相关的任务组成。第一个任务是书写任务（writing task），该任务借鉴了前人文献中对于怀旧情绪经典的操纵方法（如 Hang et al.，2016）。怀旧组的被试看到如下任务描述："根据牛津英文词典的定义，怀旧是对过去饱含深情的渴望。请回忆过去的一件使你感到怀旧的事件，并对该事件进行简单的描述。" 控制组的被试看到如下任务描述："请你回忆过去的一件普通的事件，并对该事件进行简单的描述"。随后，被试完成了关于怀旧情绪的操控检验的三个问项：①我现在感到挺怀旧的；②我现在产生了一些怀旧的感觉；③我在此时感受到了怀旧（七级量表，1= 非常不同意，7= 非常同意；Wildschut，2006）。被试在以上三个测项上得分的平均值将作为其感受到怀旧的程度（$\alpha = 0.98$）。

接着，被试被要求完成第二个任务，即产品选择偏好任务。这一任务借鉴了 Dong 和 Zhong（2017）关于从众选择的测量方法。在任务开始时，被试被告知此任务的目的是了解人们对不同品类的偏好。接着，被试分别看到五类产品和每一产品类型中的三个不同品牌。这五类产品包括自行车灯（bike lights）、遥控器（remote controls）、沙发（sofas）、家庭立体音响系统（home stereo systems）和数码相框（digital picture frames）。每一类产品包含市场份额占比为高、中、低三种品牌，例如在自行车灯这一产品类型中包含 Bontrager Ion，Knog Blinder 和 Cateye Volt 三个品牌，占比分别为 70%、20%、10%。后期的数据处理将对被试的选择重新进行编码赋分，选择市场份额最大的品牌被视为从众选择倾向最高，选择市场份额最小的品牌被视为从众选择倾向最低，选择了市场份额中等的品牌被视为从众选择倾向中等。被试在每一类产品中选择的得分将被加总，得分越高的被试表明其在品牌选择时越愿意做出从众选择（如表 5–8 所示）。在完成第二个任务后，被试接着完成了性别、年龄等人口统计的问题，之后实验结束。

表 5–8　各产品品类品牌信息及得分

自行车灯	品牌及市场份额	Bontrager Ion 70%	Knog Blinder 20%	Cateye Volt 10%
	得分	3	2	1
遥控器	品牌及市场份额	Devcon 25%	Coverite 10%	Dromida 65%
	得分	2	1	3
沙发	品牌及市场份额	Jaipur 5%	Surya 80%	Lutron 15%
	得分	1	3	2
家庭立体音响系统	品牌及市场份额	Furman 60%	Genelec 10%	Arcam 30%
	得分	3	1	2
数码相框	品牌及市场份额	Tamrac 5%	Gosear 85%	Putars 10%
	得分	1	3	2

3. 实验结果分析

（1）操纵检验

首先，我们对怀旧情绪的操控进行了检验。T 检验结果表明，怀旧组的被试（$M_{怀旧组}=4.97$，$SD=1.49$）相比控制组（$M_{控制组}=3.29$，$SD=1.83$）表现出较高的怀旧感（$t=5.31$，$p=0.0001$）。这表明本实验对被试的怀旧情绪的操纵是成功的。

（2）主效应检验

随后，我们对怀旧情绪对从众选择的影响进行了检验。方差检验结果表明，怀旧组的被试（$M_{怀旧组}=14.37$，$SD=1.32$）相比控制组（$M_{控制组}=13.30$，$SD=2.03$）在从众选择上的得分更高［$F(1,110)=9.26$，$p=0.003$］，这表明怀旧组相比控制组在品牌选择上更愿意做出从众选择。因此，假设 1 得到了支持。

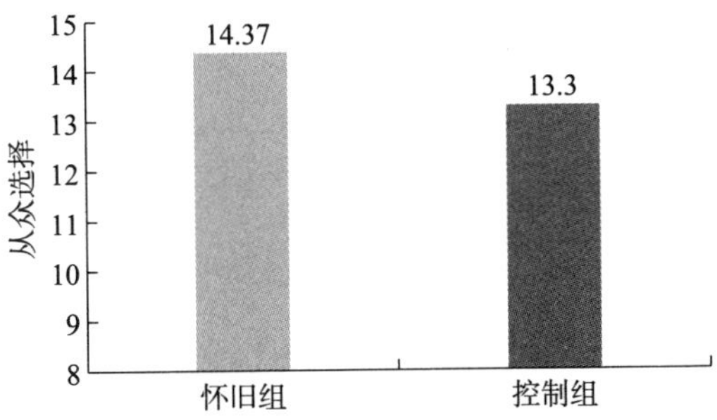

图 5-3　实验一主效应检验结果

4. 结论与讨论

实验一的数据结果支持了本书的主假设，即相比没有被唤起怀旧情绪的消费者，被唤起怀旧情绪的消费者在后续消费中会呈现出更多的从众选择，具体表现在更加愿意选择市场份额较高（VS 较低）的品牌。然而，实验一仍然存在两点局限性，需要在后续的研究中得到解决。首先，虽然在前人研究中，选择的品牌市场份额高低被作为一种衡量从众选择的方式（Dong & Zhong，2017），但品牌市场份额的高低也是品牌地位（brand status）的体现，也就是说，存在另外一种可能性即怀旧情绪促使个体更倾向于服从权威品牌。因此，在之后的实验中需要变换消费者从众选择的测量方法进而再次验证主效应。其次，本书研究的怀旧是一种

“苦乐参半”的情感，往往伴随着积极情绪和消极情绪。虽然前人已将怀旧情绪与单纯的积极情绪和消极情绪区别开来（Zhou et al.，2010），但是在具体的实验中，情绪因素往往会影响实验的结果，即可能由于通过回忆怀旧经历使被试产生了积极情绪，因而对群体的态度更加积极，也更愿意融入群体，最终在消费选择中更愿意与大众保持一致。因此，在实验二中需要检验积极情绪和消极情绪对从众选择的影响。

5.3.2 实验二：情绪的中介作用检验

1. 实验设计与被试

实验二的目的是在变换因变量测量方式的基础上再次验证怀旧情绪对消费者从众选择的影响，同时检验情绪在这一过程中的作用。为了解决实验一中存在的局限性，实验二在实验一的基础上进行了以下变化：第一，变换了因变量的测量方法；第二，增加了情绪的测量。本次实验在美国调查网 Amazon’s Mechanical Turk（Mturk）上进行。为了隐藏实验目的，在发布问卷时问卷被命名为“消费者调查问卷（consumer survey）”。被试对此次实验目的并不了解。

在实验被试方面，共有 91 名来自 Mturk 的被试参加了此次实验，其中男性 42 人，女性 49 人，平均年龄 36.23 岁，每位被试在完成问卷后收到 40 美分的报酬；此次实验同意采用单因素（怀旧情绪：怀旧 VS 控制）组间实验设计，怀旧组 44 人，控制组 47 人；在实验流程上，实验二与实验一基本相同，不同之处在于更换了因变量的测量方法，增加了情绪的测量问项。在怀旧情绪的唤起上，操纵方法与实验一相同。在从众选择的测量上，本研究参考前人的文献设计了关于马克杯比较选择偏好的实验任务。该任务借鉴了现有文献在测量从众行为时运用较为广泛的一种方法，即设置两个差别较小、选择偏好比例一高一低（如 80% VS 20%）的选项（Huang et al.，2014）。当被试选择更受欢迎的选项时说明其更倾向做出从众选择。由于怀旧情绪是一种复杂的情感，在唤起时有可能引发被试的复杂情绪。因此，在情绪测量上，实验二选取了测量复杂情绪的 PANAS 量表，包含积极和消极两个维度。

2. 实验流程与测量

实验开始后，被试被随机分配到怀旧组或控制组。被试被告知，此次实验他们需要完成几个不相关的任务。首先，被试被要求完成一个书写任务（writing task）进行，该任务与实验一的任务一相同，真实目的是完成对怀旧情绪的操纵。具体而言，怀旧组的被试看到如下任务描述："根据牛津英文词典的定义，怀旧是对过去饱含深情的渴望。请回忆过去的一件让你感到怀旧的事件，并对该事件进行简单的描述。"控制组的被试看到如下任务描述："请你回忆过去的一件普通的事件，并对该事件进行简单的描述"。随后，被试完成了怀旧情绪的操控检验测项：①我现在感到挺怀旧的；②我现在产生了一些怀旧的感觉；③我在此时感受到了怀旧（七级量表，1= 非常不同意，7= 非常同意；Wildschut，2006）。

接着，被试完成了第二个任务"产品评价任务（product evaluation task）"。每个被试都看到如下的文字描述："Pavilion 是一款马克杯品牌，这一品牌有着众多设计多样的马克杯，下面是两个 Pavilion 品牌的马克杯，它们材质、价格相同"。同时被试看到两个在设计上基本相同，颜色不同的两个马克杯（A 和 B）以及如下文字说明"在前一个研究中，我们发现有 25% 的人更喜欢 A，有 75% 的人更喜欢 B"。紧接着，所有被试看到如下问题"如果你需要买一个马克杯，你将选择哪个"（七级量表，1= 确定选择 A，7= 确定选择 B）。所选数字越大表明其越愿意选择 B 选项，从众倾向越高。值得注意的是，为了消除马克杯固有偏好的影响，我们通过 Qualtrics 的 Randomizer 功能对 A 和 B 喜欢人数比例进行了顺序抵消（conunter blance），即"A 选项 25% 喜欢 VS B 选项 75% 喜欢"和"A 选项 75% 喜欢 VS B 选项 25% 喜欢"随机出现。对于看到文字描述为"在前一个研究中，我们发现有 75% 的人更喜欢 A，有 25% 的人更喜欢 B"的被试，在七级量表中选择数字越小的从众倾向越高。

在完成第二个任务之后，被试完成了关于情绪的测量问项。本研究的情绪测量运用了PANAS量表（Watson et al.，1988）。这一量表包含了积极情绪、消极情绪两个子量表。积极情绪的测量包括了“快乐的”“兴奋的”“积极向上的”“好的”“欢喜的”和“满意的”6个测项。消极情绪包含了“不快乐的”“失望的”“沮丧的”“不好的”“不高兴的”和“不满意的”6个测项，较为全面地涵盖了个体的积极情绪和消极情绪（如表5–9所示）。最后，被试完成了性别、年龄等人口统计的问题，实验结束。

表5–9 PANAS情绪测量量表

序号	积极情绪	消极情绪
1	快乐的	不快乐的
2	兴奋的	失望的
3	积极向上的	沮丧的
4	好的	不好的
5	欢喜的	不高兴的
6	满意的	不满意的

3. 实验结果分析

（1）操控检验

我们首先对怀旧情绪的操控有效性进行了检验。T检验结果表明，怀旧组的怀旧情绪显著高于控制组（$M_{怀旧组}=5.17$，$SD=1.54$ VS $M_{控制组}=3.0$，$SD=1.75$，$t=-6.25$，$p=0.0001$）。这表明，实验中对于怀旧情绪的操纵是成功的。

（2）主效应检验

接着，我们检验了怀旧情绪对从众选择的影响（见图5–4）。F检验结果表明，怀旧组的被试在选择上从众意向更高［$M_{怀旧组}=4.52$，$SD=2.13$；VS $M_{控制组}=3.55$，$SD=2.23$，$F(1, 89)=4.47$，$p=0.037$］。假设1再次得到验证。

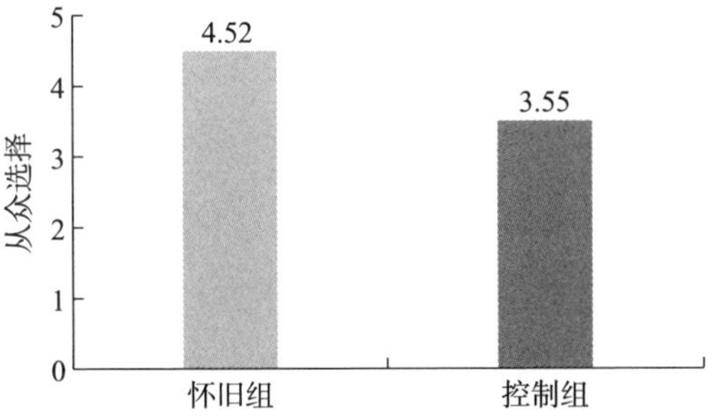

图 5-4　实验二主效应检验结果

（3）情绪影响的检验

最后，我们对情绪的影响进行了检验。在检验之前，本研究首先将被试在 PANAS 量表中的积极情绪（$\alpha = 0.94$）和消极情绪（$\alpha = 0.95$）各 6 个测项上的得分取得均值，所得各自的均值分别代表被试的积极情绪和消极情绪水平。T 检验结果表明，怀旧组和控制组在消极情绪上的得分都较低且不存在显著差异（$M_{怀旧组} = 1.80$，$SD = 1.17$ VS $M_{控制组} = 1.85$，$SD = 1.21$，$p = 0.83$），而在积极情绪上的得分超过了均值水平且存在显著差异，即怀旧组的积极情绪显著高于控制组（$M_{怀旧组} = 5.01$，$SD = 1.46$ VS $M_{控制组} = 4.36$，$SD = 1.54$，$t = 1.93$，$p = 0.042$）。以从众选择倾向为因变量，积极情绪为自变量进行回归，结果显示积极情绪对从众选择并不存在显著影响（$\beta = -0.12$，$t = -0.77$，$p = 0.939$）。这说明了在怀旧情绪对从众选择的影响过程中积极情绪并未起到中介作用。

4. 结论与讨论

实验二的数据结果再次证明了主假设即被唤起怀旧情绪的消费者相比没有被唤起怀旧情绪的消费者更倾向于在消费决策中做出从众选择。同时，实验二的结果还排除了情绪在上述影响过程中的影响。数据结果显示，虽然怀旧组的被试相比控制组的被试产生了更多的积极情绪，但积极情绪并不能影响后续的从众选择，即积极情绪并非怀旧情绪影响从众选择背后的解释机制。实验二在实验一的基础上再次证明了本研究的主效应是成立的，两次实验结果相同说明了这一结论具有一定的可靠性和稳定性，本研究课题也具有较强的可行性。因此，在接下来的实验中需要对该结论背后的机制进行深入挖掘。

5.3.3 实验三：社会联结感知的中介作用检验

1. 实验设计与被试

本次实验的目的主要有三个：第一，对怀旧情绪影响消费者从众选择的中介机制进行检验，考察社会联结感知（social connectedness）在这一影响的中介作用。第二，对建构水平可能存在的影响进行控制。相关文献表明在唤起怀旧情绪时，个体所描述的怀旧经历距离当前的时间不同可能会引起个体建构水平的差异（construal level），进而影响后续的行为（Huang et al.，2016）。若怀旧经历距离现在的时间较长，被试可能产生较高的建构水平，而较高的建构水平可能促使被试对消费选择不进行具体的分析，只从抽象、宏观的层面来思考问题。实验三将通过变换操控方法对个体的建构水平进行控制。第三，对潜在中介变量进行排除检验，具体包括：①对个体自我建构（self-construal）可能存在的中介影响进行了排除。个体在怀旧时经常回忆起与他人互动的经历，因此怀旧可能会激发个体的依赖型自我（interdependent self），进而与大众选择保持一致。实验三将对自我建构（self-construal）的作用进行探讨。②对决策风格的潜在中介作用进行了排除。个体被唤起怀旧情绪之后更倾向于采用感性的决策方式（陈瑞等，2017）。因此，怀旧情绪对从众选择的影响可能是因为采用了感性的决策方式进而“随波逐流”地跟随他人决策，与他人选择保持一致。

实验三与之前实验的不同之处在于以下五点：第一，此次实验为实验室实验。实验一和实验二在调查平台进行，而调查平台的问卷完成情况不受实验人员控制，而实验室实验则可以对实验问卷质量进行较好地控制。第二，实验一和实验二被试都为美国被试，东西方文化差异可能使得实验一和实验二的结论不能在中国被试中得到验证。实验三中，实验将在中国大学校园中完成，可以很好地解决这一问题。第三，在自变量怀旧情绪的操控方面，实验三选择结合被试的特点自行设计操控方法。由于此次参加实验的被试为在校大学生，而对于在校大学生而言，其最怀念的就是高中生活。因此，实验三在前人如 Lasaleta 等（2014）操控方法的基础上将操控方法改编为回忆一件高中时期最怀旧的事情。这一操控方法把被试回忆的时间统一限定在了高中时期，排除了时间距离引发的建构水平的影响。第四，为了再次验证研究结论的稳定性，实验三对因变量测量方法再次进行了更换，选取了通过实验三前测选择的产品类型。第五，实验三在实验一和实验二的基础上增加了中介变量的测量，即社会联系感知的测量，旨在对怀旧情绪对从众选择影响的心理机制进行深入挖掘。

2. 实验材料前测

实验开始前，笔者针对因变量测量的实验材料进行了前测，在实验三中将告知被试最近的市场调查表明某一特定产品类型中每一品牌被大学生喜欢的程度。由于本研究的因变量是从众选择，如果产品品类是被试平时十分熟悉的产品，则被试很容易推测出相关品牌并按照其平时的偏好进行选择；如果产品是被试十分陌生的产品，为了降低不确定感被试很容易依赖大众的选择。因此，实验三在选择产品时需要选择大学生不熟悉也不陌生的产品，即熟悉程度中等的产品。前测选择了手机无线充电器、数码电子相框、智能 LED 台灯、户外登山包、迷你加湿器、保健护颈枕六个产品考察消费者的熟悉程度。

共 20 名在校大学生参与了此次前测的问卷调查。参与者回答了自己对以上六种产品的熟悉程度，具体问题是："您对 __________ 这一产品了解程度如何？"。1 表示十分不熟悉，7 表示十分熟悉。前测调查结果如表 5-10 所示，得分情况显示手机无线充电器和数码电子相框是参与者最不熟悉的产品，保健护颈枕是相对而言较为熟悉的产品，其他三款产品的熟悉度也相对较低，但在六款产品中处于中等水平。因此，在实验三中将以智能 LED 灯、户外登山包和迷你加湿器作为实验材料。

表 5-10 前测结果

序号	产品类型	熟悉度
1	手机无线充电器	2.25
2	数码电子相框	2.60
3	智能 LED 台灯	3.35
4	户外登山包	3.3
5	迷你加湿器	3.23
6	保健护颈枕	3.65

3. 实验流程与测量

此次实验在北京市某重点大学的消费者行为实验室进行，来自该校的 85 名在校大学生参与了此次实验，其中男性 24 人，女性 61 人，平均年龄 23.18 岁。实验结束后每位被试获得 10 元的报酬。本次实验为单因素（怀旧情绪：怀旧组 VS 控制组）组间设计，被试被随机分配到其中一组，怀旧组共 44 人，控制组共 41 人。

实验开始后，被试被随机分配到怀旧组和控制组。被试被告知接下来将完成几个不相关的任务。在第一个书写任务中，怀旧组的被试看到了如下的任务描述“对于我们每个人而言，高中生活总是能引发我们的怀念。那时候，未来遥远而没有形状，梦想还不知道叫什么名字，生活简单枯燥却充实快乐……那些年的广播体操，那些年的合唱比赛，那些年做不完的卷子……都让我们无比怀念……请回忆一件高中时期让你怀念的事情并做简单描述”；控制组的被试看到的任务描述为“请写下你高中的班级名称（如 137 班），以及当时你们年级一共有几个班，几个文科班，几个理科班，你最喜欢上哪门课等”。

随后，被试完成了操控检验的问题：①我现在感到挺怀旧的；②我现在产生了一些怀旧的感觉；③我在此时感受到了怀旧（七级量表，1=非常不同意，7= 非常同意；Wildschut，2006）。在完成了怀旧操控检验提问后，被试回答了关于社会联系（social connectedness）的问题：①我在此时感觉到了与亲近的人紧密相连；②我在此时感受到了被保护的感觉；③我在此时感受到了被爱的感觉；④我在此时感觉到可以信任他人（七级量表，1= 非常不同意，7= 非常同意；Hepper et al.，2012；Wildschut et al.，2006）。被试在社会联结感知 4 个测项上得分的平均值（$\alpha = 0.89$）将作为其社会联结感知水平

接着，被试看到了第二个任务"品牌偏好调查"。他们被告知接下来将会看到三个产品类别，每个产品品类中有三个品牌及其相关信息，品牌价格相同。他们需要表明在每个产品类别中的品牌偏好。三个品牌类别分别是智能 LED 台灯、迷你加湿器和户外登山包（见表 5–11）。

表 5–11　实验三因变量测量

智能 LED 台灯	品牌 喜欢程度百分比	A 70%	B 10%	C 20%
	得分	3	2	1
迷你加湿器	品牌 喜欢程度百分比	A 25%	B 10%	C 65%
	得分	2	1	3
户外登山包	品牌 喜欢程度百分比	A 5%	B 80%	C 15%
	得分	1	3	2

在每一个品牌类别中，被试都会看到三个不同的品牌及其相关描述，例如在智能 LED 台灯这一产品品类中，被试看到如下描述：一个最近的大学生消费调查显示，对于智能 LED 台灯，有 70% 的人喜欢购买 A 品

牌，10% 喜欢购买 B 品牌，20% 喜欢购买 C 品牌。如果你想购买一个 LED 台灯，你会购买哪个？请在以下品牌中选择自己想要购买的品牌。被试被要求从 A、B、C 品牌中选出自己想要购买的品牌。

随后，被试完成了关于决策路径和自我建构的测量问题。决策路径量表借鉴了 Shiv 和 Fedorikhin（1999）关于情感路径和认知路径的语义差别量表，共包含 5 个测项。具体而言，被试被询问，刚才做出的品牌偏好决策是基于：①想法（1 分）还是感觉（7 分）；②意志（1 分）还是欲望（7 分）；③慎重的自我（1 分）还是冲动的自我（7 分）；④理性的自我（1 分）还是感性的自我（7 分）；⑤大脑（1 分）还是心灵（7 分）。量表为七级量表，五个测项的平均值越小说明越倾向于情感决策路径，平均值越大越倾向于认知决策路径（$\alpha = 0.78$）；最后，被试完成了关于自我建构的测量量表（Singelis，1994），包含了依赖型自我建构（$\alpha = 0.80$）和独立型自我建构（$\alpha = 0.67$）的两个子量表，各有 12 个问项。最后，被试完成了性别、年龄、支出等人口统计变量的测量。

4. 实验结果与分析

（1）操控检验

首先，我们对怀旧情绪的操控进行了检验。T 检验结果表明，怀旧组的怀旧情绪显著高于控制组（$M_{怀旧组} = 5.81$，$SD = 1.21$ VS $M_{控制组} = 4.64$，$SD = 1.52$，$t = 3.94$，$p < 0.0001$）。这表明本实验对于怀旧情绪的操纵是成功的。

（2）主效应检验

其次，我们对主效应再次进行检验（见图 5-5）。F 检验结果表明，怀旧组的被试在选择上从众意向更高［$M_{怀旧组} = 8.63$，$SD = 0.61$ VS $M_{控制组} = 8.12$，$SD = 1.44$，$F(1, 83) = 4.73$，$p = 0.033$］。假设 1 再次得到验证。

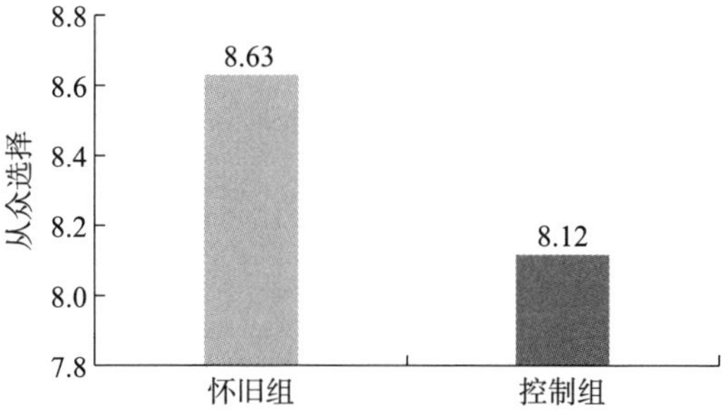

图 5–5　实验三主效应检验结果

（3）社会联结感知的中介作用

接着，本研究对社会联系感知的中介作用进行了检验。F 检验结果表明，怀旧组被试的社会联结感知水平显著高于控制组［$M_{怀旧组}=4.6$，$SD=1.27$ VS $M_{控制组}=3.88$，$SD=1.52$，$F(1,\ 83)=5.56$，$p=0.02$］。通过运用 Bootstraping 分析方法（Hayes，2012），本研究验证了社会联结感知的中介作用。将怀旧情绪作为自变量，从众品牌选择得分作为因变量，社会联结作为中介变量放入 model 4 中。将重复测量的样本数设置为 5000，选取置信区间为 95% 进行分析。结果显示，社会联结中介了怀旧情绪对从众选择的影响，中介作用效应量为 0.13，其所在的置信区间显著地偏离 0（95%，CI = 0.0163~0.3721）。同时，结果显示，在控制了社会联结之后，怀旧情绪对从众选择的影响变得不显著（$\beta=0.39$，$p>0.1$），说明社会联结感知完全中介了怀旧情绪对从众选择的影响。详细数据结果如表 5–12 所示。

表 5–12　BOOTSTRAP 中介效应检验

（1）自变量对中介变量的回归结果

	系数	SE	t 值	p 值
常量	3.88	0.22	17.83	0.000
怀旧情绪	0.72	0.30	2.37	0.020

注：R–sq=0.33***

（2）自变量、中介变量共同对因变量的回归结果

	系数	SE	t 值	p 值
常值	7.44	0.27	20.28	0.0000
自我连续性偏好	0.18	0.08	2.09	0.0391
怀旧情绪	0.39	0.24	1.62	0.1093

注：R-sq=0.1**

（3）控制中介变量后，自变量对因变量的直接影响

	Effect	SE	t 值	p 值
自变量	0.39	0.24	1.62	0.1093

（4）自变量通过中介变量对因变量的间接影响

	Effect	Boot Se	BootLLCI	BootULCI
中介变量	0.13	0.09	0.0163	0.3721

注：*代表 p<0.10，**代表 p<0.05，***代表 p<0.01

（4）潜在中介自我建构的排除检验

自我建构的作用：信度分析显示，依存型自我建构（Cronbach`s $\alpha=0.803$）和独立型自我建构（Cronbach`s $\alpha=0.672$）的测量达到了可以接受的水平。借鉴李东进等（2016）关于自我建构的处理方法，取两个子量表的平均值作为相应维度的得分，将二者均值相减，差值为正划入依赖型自我建构组，差值为负划为独立型自我建构组。同时，差值越高，说明越倾向于依赖型自我建构，差值越低说明越倾向于独立型自我建构。

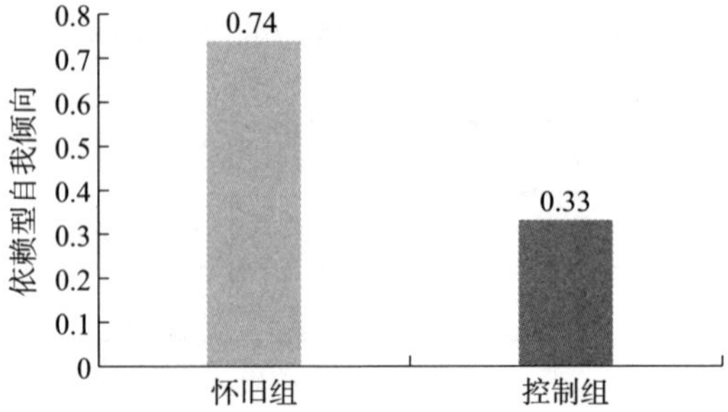

图 5-6　怀旧情绪对依赖型自我倾向的影响

T 检验结果表明（见图 5-6），怀旧情绪会激发个体的依赖型自我建构倾向，怀旧组的依赖型倾向显著高于控制组（$M_{怀旧组} = 0.744$，$SD = 1.03$ VS $M_{控制组} = 0.331$，$SD = 0.86$，$t = 1.99$，$p = 0.05$）。线性回归结果表明，自我建构显著影响个体的从众倾向（$\beta = 0.261$，$t = 2.14$，$p = 0.035$）。因此，在中介作用检验中需要进一步检验其在怀旧情绪和从众选择中是否发挥了中介作用。本研究运用 Bootstrapping 分析方法（Hayes，2012）验证了自我建构的中介效应。将怀旧情绪作为自变量，从众品牌选择作为因变量，自我建构作为中介变量放入 model 4 中。将重复测量的样本数设置为 5000，选取置信区间为 95%。结果显示怀旧情绪通过自我建构对从众选择的间接影响效应量为 0.087，其所在的置信区间包含 0（95%，CI = – 0.0056~0.3309）。这说明，虽然怀旧情绪显著地影响了自我建构水平，而自我建构水平也可以显著影响从众选择，但这一影响并不通过自我建构（依赖型自我）起到间接作用。

（5）潜在中介决策路径的排除检验

F 检验结果表明，怀旧情绪对决策路径（情感 VS 认知）不存在显著影响［$F(1, 83) = 0.494$，$p = 0.484$］。线性回归表明，决策路径（情感 VS 认知）对从众选择不存在显著影响（$\beta = 0.113$，$t = 1.448$，$p = 0.151$）。

5. 结论与讨论

本次实验在变换自变量、因变量操纵方式的基础上再次验证了本研究主假设即怀旧情绪会促使消费者做出更多的从众选择具体表现在选择大众喜欢的产品。同时，为了控制建构水平，实验三在操控怀旧情绪时将被试回忆的经历所在的时期统一设定为大学生被试的高中时期。实验结果表明在控制了时间距离后和建构水平后，实验结果仍然呈现与前两个实验相同的结论，即怀旧组的被试相比于控制组的被试在消费选择上更倾向于做出从众选择。该实验结果排除了建构水平在怀旧对从众选择影响过程中的影响。此外，本研究对中介机制及本研究假设 2 进行了检验，实验结果发现了社会联结感知在怀旧情绪与从众选择之间起到了中介作用，即个体被唤起怀旧情绪后其社会联结感知得到增强，进而想要跟大众的选择保持一致。在验证了社会联结感知的中介作用的同时，实验三还排除了依赖型自我建构、情感决策路径的潜在中介作用。

以上的实验一、实验二和实验三验证了本研究的主效应（假设 1）、和中介效应（假设 2），得出了一致、稳定的研究结论。然而，消费者的消费行为受到多种因素的影响。具体到从众选择，可能会受到参照群体的影响，即参照对象是内群体或外群体可能会是怀旧情绪影响消费者从众选择的边界条件。因此，接下来的实验四将对参照对象所属群体在怀旧情绪对从众选择影响过程中的调节作用进行检验。

5.3.4 实验四：所属群体的调节作用检验

1. 实验设计与被试

实验四的目的是检验参照对象所属群体在怀旧情绪对从众选择影响过程中的边界作用。实验四同样在 Mturk 网站上完成，为了隐藏实验的真实目的，问卷在发放时被命名为“消费者调查问卷”。共有 133 名被试参加了此次实验，其中男性 58 人，女性 75 人，平均年龄为 35.5 岁。实验完成后，每位被试得到 35 美分的报酬。

实验四为 2（怀旧情绪：怀旧组 VS 控制组）×2（所属群体：内群体 VS 外群体）多因素组间设计，实验开始后被试被随机分配到四组中的一组（怀旧 & 外群体组 32 人，控制 & 外群体组 33 人，怀旧 & 内群体组 37 人，控制 & 内群体组 31 人）；在自变量操控上，实验四与实验一和实验二相同。在因变量的测量上，实验四进行了更换，将其更换为读书俱乐部选择场景。被试需要在两个人数、主题不同的读书俱乐部中表明其选择倾向。对人数更多和强调群体概念的俱乐部的选择倾向越高，说明其越愿意从众。

2. 实验流程与测量

实验开始后，被试被随机分配到四个组中，即怀旧内群体组、控制内群体组、怀旧外群体组和控制外群体组。在问卷的开始部分，被试被告知此次问卷由不相关的几个部分构成。被试看到的第一个任务是“书写任务”即自变量的操控任务。具体操控方法与实验一和实验二相同，即怀旧组的被试被要求写下并描述一段使其产生怀旧的事情，而控制组的被试则被要求写下已经发生在过去的普通的事情（Huang et al., 2016）。紧接着，被试完成了与之前实验操控检验相同的测项：①我现在感到挺怀旧的；②我现在产生了一些怀旧的感觉；③我在此时感受到了怀旧（七级量表，1= 非常不同意，7= 非常同意；Wildschut, 2006）。

随后，被试看到第二个任务“读书俱乐部选择任务”。内群体组的被试看到的任务描述如下：“请想象你打算参加一个读书俱乐部，经过在网上一系列的信息搜寻，最后你把选择范围锁定在了两个读书俱乐部上。通过对两个读书俱乐部成员的信息的观察了解，你发现这两个读书俱乐部的成员大部分与你来自相同的背景，并且有一些是你的同事”；外群体组的被试看到的任务描述如下：“请想象你打算参加一个读书俱乐部，经过在网上一系列的信息搜寻，最后你把选择范围锁定在了两个读书俱乐部上。通过对两个读书俱乐部成员信息的观察了解，你发现这两个读书俱乐部的成员大部分与你相比来自不同的背景，并且你并不认识他们”。接着，内群体组和外群体的被试都看到如下相同的信息“这两个读书俱乐部具有不同的定位和主题。接下来，请认真阅读二者的介绍海报并根据相关信息表明你的偏好”。被试按照顺序逐一看到关于两个读书俱乐部的海报信息即因变量的测量部分。该测量方法参照了前人关于从众选择的文献（Dong & Zhong, 2017）。两个读书俱乐部分别为“Beyond Words Book Club”和“Words of Wisdom Book Club”。“Beyond Words”读书俱乐部的海报描述的信息为：拥有成员为 43 人，读书活动主要集中在阅读和讨论一些独特小众的话题，宣传口号是“阅读让我们在人群中独树一帜！”；“Words of Wisdom”读书俱乐部的海报描述信息为：拥有成员 513 人，致力于为全体成员提供良好的环境讨论大多数人感兴趣的话题，宣传口号为“为了归属而阅读，你是我们中的一员吗？”。逐一阅读完两个读书俱乐部的海报后，被试被要求表明自己对于这两个读书俱乐部的选择偏好，分数越高，表明从众倾向越高（七级量表，1= 确定选择“Beyond Words”，7= 确定选择“Words of Wisdom”）。值得注意的是，实验四为了消除顺序效应，在呈现两个读书俱乐部的海报信息时通过 Qualtrics 的随机分配 Randomizer 功能对二者出现的顺序进行了随机处理。最后，被试完成了性别、年龄等人口统计信息后，实验结束。

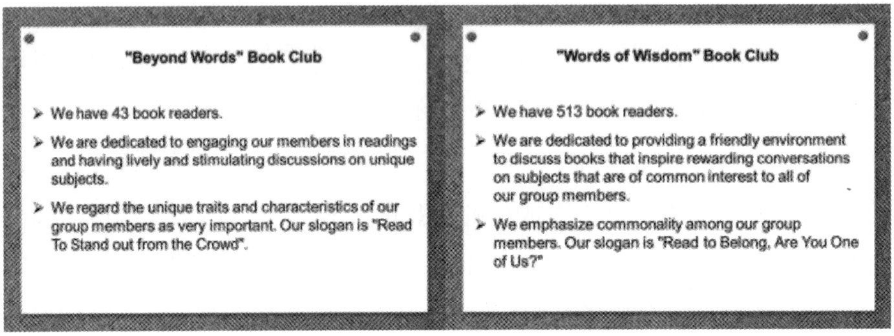

图 5-7　实验四读书俱乐部海报

3. 实验结果与分析

（1）操控检验及主效应检验

本研究首先对怀旧情绪的操控进行了检验。T 检验结果表明，怀旧组的怀旧情绪显著高于控制组（$M_{怀旧组} = 5.38$，$SD = 1.26$ VS $M_{控制组} = 2.95$，$SD = 1.61$，$t = 9.72$，$p < 0.0001$）。这表明，实验对于怀旧情绪的操纵是成功的。同时，数据结果表明，怀旧组在从众选择倾向上显著高于控制组（$M_{怀旧组} = 3.83$，$SD = 2.03$ VS $M_{控制组} = 3.14$，$SD = 1.91$，$t = 1.99$，$p < 0.05$），在社会联结感知水平上也显著高于控制组（$M_{怀旧组} = 5.26$，$SD = 1.13$ VS $M_{控制组} = 4.39$，$SD = 1.29$，$t = 4.17$，$p < 0.0001$）。

（2）所属群体的调节效应检验

在实验四中，本研究对参照对象所属群体的调节作用进行了检验。

协方差检验结果显示，怀旧情绪（怀旧 VS 控制）与所属群体（内群体 VS 外群体）的交互作用显著［$F(1, 128) = 16.57$，$p < 0.0001$］。当参考的人群为外群体时，怀旧组的从众倾向显著高于控制组（$M_{怀旧组} = 4.65$ VS $M_{控制组} = 2.61$，$p < 0.0001$）；当参考的人群为内群体时，怀旧组与控制组在从众选择上不存在显著差别（$M_{怀旧组} = 3.11$ VS $M_{控制组} = 3.71$，$p > 0.19$）。

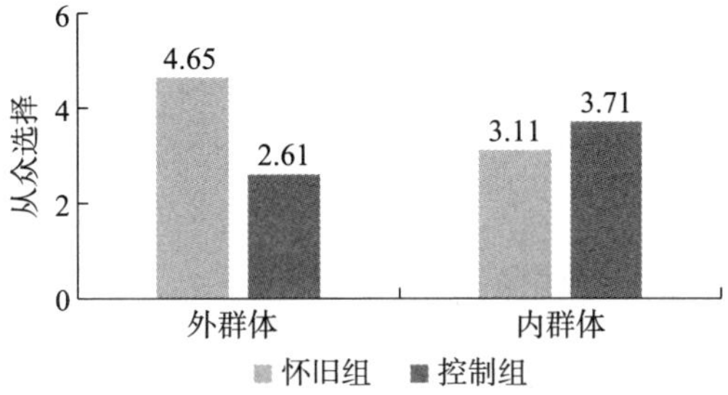

图 5-8　所属群体的调节作用

接着，本研究运用 Bootstrapping 方法对所属群体调节作用的内在机制进行了进一步的挖掘。将怀旧情绪作为自变量，从众选择得分作为因变量，社会联结感知作为中介变量放入 model 14 中。结果显示，社会联结感知与内外群体（内群体 VS 外群体）的交互作用显著（$p < 0.01$）。当参照对象所属群体为外群体时，社会联结感知的中介效应量为 0.46，其所在的置信区间显著地偏离 0（95%，CI = 0.1472 ~ 0.9695），这表明当参照对象为外群体时社会联结感知的中介作用显著；当参照对象所属群体为内群体时，社会联结感知的中介效应量为 –0.19，其所在的置信区间包含 0（95%，CI = – 0. 6941~ 0.1136），这表明当参照对象是内群体成员时，社会联结感知的中介作用不显著。由此可以看出，所属群体在怀旧情绪对从众选择的影响关系中起到了调节作用，这一调节作用是通过调节社会联结感知的中介作用而产生的。研究假设 3、假设 4 获得支持。

4. 结果与讨论

实验四对参照群体所属群体（内群体 VS 外群体）的调节作用进行了检验。结果显示，参照群体所属群体的确起到了调节作用，同时所属群体对主效应的调节作用是通过影响社会联结感知的中介作用而起到作用的。具体而言，当参照群体为外群体时，被唤起怀旧情绪的个体社会联结感知被增强，进而更愿意与外群体建立良好的社会关系，最终做出更多的从众选择行为。而当参照对象为内群体时，虽然被唤起怀旧情绪的个体社会联结感知增强，但由于面对的是内群体，个体与内群体之间已经建立了较为亲密的社会关系，因此个体没有进一步寻求和建立良好社会关系的动力，最终做出的从众选择行为较少。因此，内外群体在怀旧情绪影响从众选择的过程中起到了调节作用。

5.3.5 小结

本章首先回顾了怀旧情绪、社会联结感知、从众选择和所属群体等相关变量间的关系并通过理论推导得出了相关研究假设。接着，本章对总体研究思路和四个实验的逻辑进行了阐述，最后本章对四个实验的实验目的、实验流程和结果分析等内容进行了详细说明。实验一的数据结果支持了本研究的假设 1，即被唤起怀旧情绪的消费者更倾向于做出从众选择，即与大多数人的消费选择保持一致，具体表现在怀旧组的被试相比于控制组的被试更愿意购买市场份额占比高的产品。实验二的数据结果再次支持了假设 1，具体表现在选择马克杯时更倾向于选择大多数人喜欢的款式。同时，实验二还排除了情绪在这一影响过程中的作用，积极情绪并不能影响后续的从众选择。实验三在主效应得到验证的基础上对其背后的中介机制进行了验证。实验结果验证了社会联结感知的中介作用，即怀旧情绪首先提高了消费者的社会联结感知，而增强了的社会联结感知又进而促进了从众选择。同时，实验三对潜在中介变量依赖型自我建构、情感决策路径等的作用进行了检验和排除，结果显示以上变量在怀旧情绪影响从众选择的过程中并不能起到中介作用。实验四检验了怀旧情绪影响个体从众选择边界条件之一的所属群体（内群体 VS 外群体）的调节作用进行了检验。实验结果显示，当参照群体为外群体时，被唤起怀旧情绪的被试更愿意做出从众选择。然而，当参照群体为内群体时，怀旧组与控制组在从众选择上不存在显著差别。总体而言，四个实验按照严谨的实验逻辑、清晰规范的实验方法，对研究假设进行了逐步验证并对数据结果进行深入的解读，达到了本章的研究目的。

本研究通过四个实验发现，当被唤起怀旧情绪时，消费者对于与他人做出相同、一致选择的意愿更为强烈。这一影响体现在多种消费决策中，例如：①面对同种产品品类下的市场份额多种不同品牌，选择市场份额占比较大的品牌（自行车灯、遥控器、沙发、家庭立体音响系统和数码相框）；②面对喜欢人数比重不同的两款杯子，选择喜欢人数比重更高的一款；③面对同种产品品类下大学生喜欢程度不同的品牌，选择喜欢程度最高的品牌（智能 LED 灯、迷你加湿器、户外登山包）；④面对不同主题、不同人数的两个读书俱乐部，选择强调群体概念和人数多的读书俱乐部。通过在以上多种消费情境下的验证，这一研究结论具有较高的一致性和可信度。而怀旧情绪之所以会正向影响消费者从众意愿和选择，是由于当消费者被唤起怀旧情绪时，其感知到的与社会、群体和他人之间的联结更为强烈，为了保持这种对个体存在积极意义的社会联结感知，个体会倾向用与他人保持一致即从众选择的方式来保持这种社会联结感知。

本研究的实验结论与前人的相关研究成果是一致的。例如，Huang 等（2014）研究表明当消费者手握温暖的杯子时，他们更愿意从众。而怀旧情绪是一种具有“治愈”作用的情感，会让消费者产生更多心理上安全、温暖和舒适的感觉，说明也会促进从众选择（Zhou et al.，2012）；Abeyta 等（2015）研究表明，产生怀旧情绪的消费者具有更强的社交效能感，更愿意与群体保持良好的社会关系，而从众是一种拉近与群体距离的方式之一。由此看来，本研究结果与已有的怀旧研究和从众研究一脉相承，在融合了已有研究成果的基础上，推进了对于怀旧情绪和从众选择关系的综合理解。

在社会影响研究中，探讨群体中多数人对少数人的影响是最早也是最广泛的研究视角。关于从众行为的影响因素，大多数学者都认为个人或少数人之所以被大多数人影响都是基于“依赖”，对他人或群体的依赖程度越高，从众的可能性就越高。Jones 和 Gerard（1967）区分了两种类型的依赖，包括信息依赖和影响依赖。信息依赖指的是个体为了获得关于周围环境的信息而做出与他人一致的行为。多数人（majority）在人数上的优势既可以满足个体对信息依赖的需求，人数越多说明信息的可信度越高；又可以满足个体的归属需求，影响依赖指的是个体为了获得需求的满足而做出与他人一致的行为。当“多数人”的人数越多，它的优势就越明显，也就有更多的资源满足个体这种依赖的需求，个体也就更加容易做出从众行为。从研究一的结论可以看出，怀旧情绪对消费者从众行为的影响体现了个体对于他人影响的依赖。

本研究实验结果证明，社会联结感知在怀旧情绪与从众选择的正向关系中起到了中介变量的作用，即当消费者被唤起怀旧情绪时，其感知到的与社会、群体和他人之间的联结更为强烈，为了保持这种对个体存在积极意义的社会联结感知，个体会倾向用与他人保持一致即从众选择的方式来保持这种社会联结感知。这一研究结论具有较强的理论支持。首先关于怀旧情绪对中介变量社会联结感知的影响已被很多研究结论证明过。例如，Zhou 等（2008）研究发现怀旧情绪缓解了个体的孤独感使其感受到更多的社会支持。其次，关于社会联结感知对因变量从众选择的影响也有类似的很多文献的支持。如 Huang 等（2014）在研究温度对从众选择的影响中，发现社会亲近（social closeness）促进个体更容易做出从众选择。虽然已有丰富的文献探究过相关变量的关系，但关于怀旧情绪对从众选择的影响路径还未有研究进行探讨，本研究结论填补了现有研究的空白，为后续相关研究提供了新的探索方向。

本研究实验结果证明，参照对象的所属群体（内群体 VS 外群体）

在怀旧情绪影响从众选择的过程中起到调节作用。数据结果表明，当参照群体为外群体时，被唤起怀旧情绪的被试更愿意做出从众选择。然而，当参照群体为内群体时，怀旧组与控制组在从众选择上不存在显著差异。所属群体反映着人们与他人之间关系的密切程度（Berger & Health，2007）。个体与内群体成员的关系更为密切，且社会距离较近，而与外群体的关系则较为疏远，社会距离较远。怀旧情绪可以提高外群体的积极态度。因此，个体在被唤起怀旧情绪后对外群体拥有更为强烈的维持良好社会联系的动机。个体在产生怀旧情绪后可能更倾向于通过与外群体的选择保持一致即从众选择的方式，进而减少与外群体间的距离，拉近与外群体之间的关系。而对于内群体而言，成员大多是个体的亲人、朋友、同事和同学等关系较为紧密的人，个体与他们之间的关系本身就较为亲近，因此个体缺乏与群体保持进一步关系的动机，进而不太可能做出从众选择。因此，个体的所属群体会在怀旧情绪对个体从众选择影响的过程中起到调节作用。这一研究结论进一步地探究了怀旧情绪对从众选择的影响机制和便捷条件，更深入地洞察了二者之间的作用机制。

当然，鉴于研究时间和研究能力的制约，本研究也存在诸多不足，未来研究可以在此基础上进一步进行完善和补充。首先，本研究的自变量怀旧情绪的操控方法相对单一。在四个实验中，本研究共采用了两种操控方式。第一种是现有关于怀旧情绪的文献中最主要和最普遍的操控方法，即让被试回忆一件让其感到怀旧的事件；第二种是本研究结合前人文献开发的新的操控方法，让被试回忆一件发生在高中时代自己怀念的事情。这两种操控方法虽然都被数据结果证明具有很好的操控效果，但这两种操控方法都是让被试通过回忆的方式产生怀旧情绪，而未结合营销实践进行操控方法的开发。在真实的怀旧营销的实践活动中，唤起消费者怀旧情绪的方法一般是通过广告文案、广告图片、产品包装等方式进行，因此如果能够运用营销方式唤起消费者的怀旧情绪将更符合营销实践的真实情况。鉴于本研究在怀旧情绪操控上的局限性，未来研究可以在探索怀旧情绪的影响时开创更多的操控方法，例如通过在产品包装、广告宣传、品牌形象等方面运用怀旧元素唤起被试的怀旧情绪。在产品包装方面，可以在产品包装上印制包含儿时流行的动画人物（叮当猫、樱桃小丸子等）；在广告宣传方面，运用怀旧场景、怀旧文案等；在品牌形象等方面，可以运用讲述虚拟故事的方式唤起被试的怀旧情绪。通过以上这种方式，未来研究将更加贴近怀旧营销在现实中的真实情况。

其次，本研究对与他人保持一致的行为探讨不够深入。在社会影响研究领域，从众行为研究把多数人看作社会影响的源头，把少数人看作社会影响的对象，而创新扩散研究则把少数人看作社会影响的源头，把多数人看作社会影响的对象（Moscovici，1976）。社会作用理论模型则将这两种影响模型融合到一起，认为群体中的任何成员都可能对他人施加影响或被他人影响。Latané（1981）提出的社会作用理论模型（social impact theory）认为他人或群体对个体的影响主要受到三种因素的影响：第一种是影响强度（strength），即影响群体中的人对于个体的重要程度；第二种是影响的直接程度（immediary），即群体中的人在影响个体的这一刻在时间和空间上距离个体的远近程度；第三种是人数（number），即影响群体人数的多少。社会作用理论运用数理模型，将上述三种因素作为自变量计算社会影响的大小，更为综合宏观地描述了社会影响的机制。由此可以看出，个体受到他人影响的程度与影响强度、影响直接程度和影响人数紧密相关。而本研究仅考虑了影响强度即内外群体的影响，对另外两种因素缺乏讨论，因而仍有一些疑问尚待解决。例如，当消费者被唤起怀旧情绪想要与他人保持一致时，如果“他人”只是一或两个人而不是大多数人的时候，本研究验证的影响方向会发生改变吗？鉴于以上局限性，未来研究可以在本研究基础上，探讨影响的直接程度和影响人数的调节作用。

最后，本研究在研究模型上考虑的变量方向较窄。近几年来，探讨在营销环境下怀旧情绪如何影响消费者的消费决策逐渐成为新的研究视角。然而这相比于巨大的研究空缺显得尤为不足，无法完整呈现怀旧情绪对消费者行为的影响，对后续的深入研究造成了障碍。鉴于研究问题和研究篇幅的局限，本研究对于其他可能的后置变量并未涉及。未来的研究可以继续延续前人或本研究的研究思路，继续探索怀旧情绪对消费行为影响的新的后置变量。例如，根据本研究结论，个体怀旧情绪会增强社会联结感知，进而更加愿意与他人选择保持一致。这侧面说明了怀旧情绪会使得个体更加喜欢与“人”相关的概念，那么被唤起怀旧情绪的个体是否会更喜欢带有拟人化元素的产品、品牌或广告？再如，陈瑞等（2017）研究发现，被唤起怀旧情绪的个体倾向于采用感性的决策方式进行决策，进而更偏好于购买享乐型产品（VS 实用型产品）。那么，被唤起怀旧情绪的个体是否会由于感性的决策方式而在后续消费中做出更多的冲动性消费？此外，前人研究表明怀旧情绪会使得个体内心更温暖与舒适（Zhou et al.，2012），那么这种温暖和舒适的感觉是否会促使个体更倾向于选择购买触感更加柔软的产品？以上研究问题可以引发进一步的思考与探讨，学者们在未来研究中应给予一定关注。

5.4　实践启示

1. 产品品类管理和库存管理方面

本研究结论表明，被唤起怀旧情绪的消费者更倾向于做出从众选择。这一研究结论有助于企业通过激发消费者的怀旧情绪更好地引导和分散消费者的选择，有利于企业的产品品类管理和库存管理。消费者的从众选择在给企业带来大量客流量和订单量的同时，也给企业的库存管理和品类管理带来极大的压力，在分类管理方面造成了不平衡。因此，对于明星产品和爆款产品而言，由于这类产品容易引发消费者的从众和模仿行为，企业在营销活动中可以减少怀旧元素的使用。尤其在库存较为缺乏时，减少怀旧元素的使用可以一定程度上减轻库存压力。而对于那些由于滞销等原因导致库存积压的产品，企业则应加大怀旧元素在营销活动中的使用，例如，在产品包装，商业广告中可以加大怀旧元素的使用。通过这种方式激发消费者的怀旧情绪，促进从众消费选择，带动产品销量的增长、提高产品受欢迎程度，最终加快产品库存的周转。

2. 品牌形象管理方面

根据本研究的结论，怀旧情绪会促使消费者做出更多的从众行为，在消费选择上与他人选择保持一致。因此，当商家运用怀旧营销激发消费者的怀旧情绪时，消费者很容易做出跟随行为，在产品销售和品牌话题性讨论时很容易造成消费者一哄而上的情况。这看似良好的营销效果在某些情况下也会给商家和企业造成困扰。企业的不同品牌，用于定位不同的细分市场。有的企业是定位于大众消费人群，有的品牌则定位于小众人群。品牌定位理论认为品牌需要打造与众不同的品牌形象才能在消费者心目中留下独一无二的印象。因此，对于那些定位小众、独特的品牌，在营销推广活动中应尽量减少怀旧元素等的使用，以免引发跟风行为进而对品牌定位造成不良影响。

第 6 章 怀旧对个体一致性消费选择的影响

6.1　理论背景

6.1.1　消费者一致性选择

1. 与自己保持一致的相关理论背景

Festinger（1957）的认知失调理论（cognitive dissonance theory）认为当我们内部系统的信仰、态度和价值观相互支持且能得到外部世界的认可和证明时，人们就会产生一种舒适的状态。但是当外部世界发生的事情与我们的信仰、态度和价值观相冲突，人们就会产生认知失调，内心产生不舒适感，为了保持内心的平衡与和谐，人们会采取行动消除认知失调，使事物之间重新获得平衡与一致。认知失调的程度受到以下三种因素的影响：第一种是事情本身对我们的重要性，事情越重要，我们的认知失调程度就越高；第二种是两种冲突想法之间的矛盾和冲突的程度。冲突程度越高，认知失调也就越高；第三种是我们自身通过合理化解释消除这种冲突的能力。当认知失调发生时，失调感会让人们努力通过改变去消除紧张感和不舒适感。通常采取的行动有以下几种：调整自己的行为；调整自己冲突的认知，为自己的行为辩护进而使得行为合理化；重塑自己的认知，通过建立新的认知使得我们的行为与认知一致。

Bem（1972）提出的自我一致性理论（self-perception theory）认为当人们初始的态度是模糊不确定时，人们会从后期的行为中解读自己的态度和想法，进而在后续的行为中与这一态度保持一致。Freedman

和 Fraser（1966）认为当一个人做出了初始的行为（例如，同意在自己车辆上放置小标识进而提高驾驶安全性），他（她）会觉得自己应该在之后也采取相同的行动（例如，为了驾驶安全放置更大的标识）。同时，Guandagno 等（2001）认为当人们满足了他人一个较小请求，他可能会感觉到他有义务去顺从接下来别人较大的请求，或当一个人在某个时刻帮助了别人，那么他可能会认为自己是一个非常乐于助人的人，进而在后续行为中表现出更多的帮助行为。当人们意识到自己已做出的行为是由于自己较为积极的态度和偏好时，会继续保持这一行为。

Cialdini 等（1995）提出的一致性偏好理论认为一致性偏好是一种个体差异，它体现了个体想要与已有的观念、信息和行为保持一致的欲望的强烈程度。Cialdini 等（1995）认为存在三种不同形式的一致性偏好：第一种是个体内部一致性（private consistency），即个体对于自己价值观、态度和信仰之间保持一致的需求；第二种是公共一致性，即个体对于表现得与他人保持一致的需求；第三种是他人一致性，是个体对于感知他人一致性的需求，即个体希望他人是稳定的、一致的及可测的。

以上几种一致性理论从不同方面体现了人们认知及行为一致性的需求与习惯。认知失调理论强调了人们做出的一致性行为是为了解决和消除不一致感带来的紧张和不适，而自我认知理论则说明了人们的一致性行为是一种学习的结果，即对于自己态度和行为学习的结果，当人们意识到自己的行为展现了自己的偏好时，就会继续保持这一行为。这几种理论都表明了保持自身内部观念及行为的一致对于个体是十分重要的。

2. 消费者偏好理论

在消费者决策理论研究中，关于消费者理性或非理性，存在两种不同的观点。在早期的个体决策理论研究中，主流的观点认为消费者是理性的，即效用最大化理论（Bentham，1996）。消费者理性被假定为：①完全知晓选择几种可能的选择及其后果；②对各种选择之间的不同之处有着极大的敏感性；③非常理性清楚地知道各种选择的优劣并对选项之间进行排序，进而选择效用最大的那一个。后来，关于效用理论和理性人假说，逐渐出现了质疑的观点。例如，Simon（1956）提出把消费者视为绝对理性是错误的，并且强烈批评了绝对理性中的效用最大化理论。他认为消费者的决策过程应该被描述为有限理性或有边界的理性。有限理性的消费者不仅会考虑效用最大化，还会考虑满意度。他的理论强调了心理因素在决策过程中的作用。

相应地，关于消费者偏好的确定性，也存在两种不同的观点。早期的观点认为，消费者的偏好是确定的、一致的。消费者理性最基本的原则之一就是消费者偏好的稳定与不变，消费者的偏好不取决于选择的描述（即描述性稳定），也不取决于诱导的方式（即过程性稳定）（Tversky & Kahneman，1986；Tversky et al.，1988）。决策者对所有选项之间存在完全的、确定的偏好排序并最终选择偏好排序最高的那个。这一观点认为人的偏好是连续的、稳定的、不变的。后来，心理学家 Slovic 和 Lichtenstein 在其一系列的研究中发现了偏好反转现象（preference reversal）并在此基础上提出了偏好建构理论（preference construction theory），挑战了传统的理性人假设和偏好确定性的观点。具体而言，偏好反转现象指的是在 Slovic 和 Lichtenstein（1971）的赌博实验中，结果发现被试的偏好与其选择之间呈现了相反的情况，即实验结果与传统的预期效用模型存在系统性的偏离。对于这一实验结果，Slovic 和 Lichtenstein（1971）总结出了偏好建构理论，具体内容为：首先，个体对于选择集中的每个选项并没有事先确定好的偏好。相反，个体的偏好是在对各种事态做出判断和选择中构建起来的。其次，选择集涉及的选择背景和程序会影响个体的反应，进而使得个体可能被诱导做出决策。Slovic（1995）进一步从个体信息处理的角度对偏好建构理论进行了解释。他认为个体决策是一件具有高度偶然性的事情，受到个体信息处理、任务复杂性的敏感度、时间压力、反应模式、信息框架效应、参照点和大量的其他情景因素的影响。

从偏好理论中的两类观点可以看出，消费者决策受到个体因素和环境因素等不同因素的影响，做出的决策一方面可能保持其原有偏好的稳定性和一致性，另一方面也可能受到偶然因素的影响偏离原有的偏好，呈现出较多的变化性和多样性。

3. 一致性选择的定义

（1）一致性选择

结合一致性理论的内容可以看出，虽然个体偏好也存在着变化性，但由于一致性对于个体的重要意义，个体的决策不太可能呈现完全的、频繁而多样的变化。Cialdini 等（1995）把个体的一致性偏好定义为个体想要与已有的观念、信息和选择保持一致的欲望的强烈程度。一致性选择与一致性偏好紧密相关的概念，但一致性偏好的范围涵盖范围较广，角度也较为宏观，包含了内部一致性（自身内部一致性），公共一致性（与他人保持一致）和他人一致性（要求他人保持一致）等多种一致性。在本研究中一致性选择指的是自身内部一致性。本研究采用 Fishbach 等（2011）关于消费者一致性选择的定义，即一致性选择是个体在产品选择中表现出的一致和稳定的偏好。一致性选择是消费者在消费选择中呈现出的重要特征。

消费者的一致性选择存在长期和短期之分。长期的一致性选择是指消费者在较长的一段时间内都持续购买一种产品和一个品牌，这也被称为消费者忠诚。例如，有的学者通过对美国和日本 1989 年至 2008 年这 20 年内新出生婴儿常用的名字和 2006 年 20 周内最喜欢歌曲书籍的变化发现，相比日本人，美国人选择偏好呈现出较高的一致性（Wilken，et al.，2011）。同时，一致性也体现在短期的决策中，例如在短时间之内的连续序列选择中，消费者面对同样的选择集做出相同的选择。例如，Yang 和 Urminsky（2015）研究发现在连续的两个拼字游戏中，被试在第一轮的表现会影响其对第二轮表现的预期是悲观还是乐观，当被试的态度是悲观时，他在第二轮对于阅读文章来源的选择将会发生改变；而当被试的态度是乐观时，他在第二轮对阅读文章来源的选择将保持一致。

这体现了短时间内的一致性选择。

在消费领域，存在另外一个与一致性选择的概念紧密相关又普遍存在的决策特征，即消费者的多样化选择。根据 Givon（1984）关于多样化寻求行为的定义，多样化选择实际上是一个一端是完全避免改变，另外一端是完全改变的改变倾向序列。本研究认为消费者的一致性选择与多样化选择是对立的两个概念，一致性选择意味着倾向于避免改变，多样化选择意味着倾向于改变。二者分布在改变倾向序列的两端。虽然二者是对立的概念，但在研究中，学者们一般并不把多样化选择与一致性选择捆绑在一起研究，也不把“提高多样化选择倾向”称为“减弱一致性选择倾向”。

（2）与其他相关概念的联系与区别

在消费者行为研究中，存在许多衡量消费者偏好特征的概念，例如多样化寻求、一致性寻求和偏好两极化等。这三种概念都是消费者日常消费中呈现出的重要特征，是消费者行为领域中被广泛研究和探讨的概念。三者之间存在较强的相似性和关联性，例如较高的选择一致性往往伴随着较低的选择多样性，而较低的选择多样性则常常意味着消费者只选择了自己最喜欢的而没有选择自己不喜欢的即偏好两极化。因此，本研究将对三者的区别进行详细阐述进而进一步明确本研究的因变量即一致性选择。

首先，多样化选择与一致选择的差异。在现有文献中，多样化寻求行为被定义为个体消费者因改变本身所带来的效用而进行的品牌转换行为，而该行为与被转换的品牌以及转换了的品牌无关（Givon，1984）。具体来讲，多样化行为涵盖了消费者在产品之间、品牌之间、消费活动之间以及服务之间进行的转换（McAlister & Pessemier，1982）。其内涵体现在两个方面：一方面是多样性，即在一次选择中选择的产品和品牌多样化的程度；另一方面是变化性，即个体在产品、品牌和消费活动之间进行改变和转换的意愿高低。相对应地，关于多样化寻求在行为层面的测量也主要有三种：第一种测量方法强调多样性，让被试在选择产品时（如酸奶、饼干、冰激凌、荧光笔等）一次选择不同口味、颜色、款式和品牌种类的数量，种类越多表明其多样化寻求倾向越强。第二种测量方法强调变化性，测量被试在已有选择集中选择变化的次数，变化次数的多少代表了多样化寻求行为倾向的高低。例如，让被试想象自己需要提前决定接下来25天中每天下午要吃的饼干，被试需要在7种品牌中依次做出25次选择，选择过程中品牌或产品类型变换的次数越多，说明其多样化寻求行为也越多（Kahn & Isen，1993；Pessemier，1985；Faison，1977）。第三种测量方法同样强调变化性，即把个体对于不熟悉产品和品牌的选择意愿作为多样化寻求倾向。当被试选择不熟悉、新的产品或品牌时，说明其不满足已有产品或品牌，想要去探索和尝试未知的产品和品牌类别。例如，Levav和Zhu（2009）在一项探讨空间受限对消费者多样化寻求行为影响的研究中通过测量被试对不熟悉慈善机构的捐赠意愿来测量其多样化寻求意愿。在三种测量方法中，第一种测量方法体现了多样化寻求行为的“多样性”的特征，第二种和第三种测量方法体现了多样化寻求行为的“变化性”的特征。

从以上多样化寻求行为的概念内涵可以看出，一致性选择只在“变化性”这一特性上与多样化选择相对立，而并不涉及种类多样的问题，即二者只在部分概念上是重叠的。一致性选择强调消费者在不同的选择次序中对于产品和品牌的选择变化较小，保持了一致。

其次，偏好两极化行为与一致性选择的差异。目前关于偏好两极化学者们并没有统一的定义，但根据已有相关研究来看，偏好的两极化是指个体对所要评价和选择的事物的偏好程度呈现差异非常大，呈现两极化的特征，即对于喜欢的对象十分喜欢，对于厌恶的对象十分厌恶，对于最喜欢和最厌恶对象的得分与平均值相差较大（Zhu & Ratner，2015）。消费者的偏好两极化则是指消费者对选择集中的不同品牌、产品、产品类型和产品口味等的偏好之间呈现出较大的差异，即喜欢的和不喜欢的之间存在较大差异，是消费者对于不同对象（如酸奶口味、蔬菜种类等）偏好程度分布不均，存在两极化的程度。偏好两极化这一概念主要出现在横向的内部对比中，并非次序选择之间的对比。一致性选择、多样化选择和偏好两极化三者的相关定义、特征和测量举例如表 6-1 所示。

表 6-1　一致性选择与相关概念的区别

构念	定义	特征	测量举例
一致性选择	一致性选择是消费者在产品选择中表现出的一致和稳定的偏好	一致、稳定、相同、不变	要求被试在 A、B 两款饮料中选择，A 是自己经常点的，B 是没有点过但是一直想尝试的。测量被试对于两种饮料的选择，越倾向于选择 A，表明一致性选择越强（Yang & Urminsky，2015）
多样化选择	消费者因改变本身所带来的效用而进行的品牌转换行为，而该行为与被转换的品牌以及转换了的品牌无关	变化、多样、改变、不同	要求被试在 6 种不同口味的糖果中选择 3 个，测量其选择口味种类多少，不同口味种类越多表明多样化选择倾向越强（Levav & Zhu，2009）
偏好两极化	消费者对选择集中的不同品牌、产品、产品类型和产品口味等的偏好程度之间呈现出较大的差异	两极、差异大	首先评价被试对 4 种不同蔬菜的喜欢程度，测量对比最喜欢、第二喜欢、第三喜欢和最不喜欢蔬菜的选择比例（Zhu & Ratner，2015）

资料来源：作者整理。

4. 一致性选择的影响因素

由于消费者的选择一致性可以体现在长期也可以体现在短期，因此本章将影响消费者一致性选择的因素分为长期因素和短期因素。

（1）长期因素

Cialdini 等（1995）认为个体人格的差异（如大五人格的外向性和开放性）是影响一致性选择偏好的重要原因。有一些个体比其他个体更偏好于做出一致性选择并避免做出不一致的选择。年龄也是影响消费者一致性选择偏好的重要因素。Brown 等（2005）研究发现年龄较大的被访者相比于年龄较小的被访者表现出更高的一致性偏好。这是由于不一致的选择往往带来心理上的唤起、压力和不悦。年龄越大，个体对于减少情感上的冲突和不悦的需求也越高，因此在选择中会呈现出较高的一致性。

文化因素也是影响消费者一致性选择偏好的重要原因。许多研究都表明西方人相比东方人在自我概念上更加一致和稳定（English & Chen, 2007）。Wilken 等（2011）研究发现文化维度之一的集体主义和个人主义会影响消费者一致性。个人主义下的消费者相比集体主义下的消费者呈现出更高的一致性选择偏好。

从营销视角来看，消费者对产品和品牌的忠诚和依恋是其一致性选择的最根本和最长久的影响因素。由品牌忠诚和品牌依恋理论可知，当产品和品牌表现良好取得消费者的满意后，消费者会逐步建立对品牌的忠诚和情感上的依恋，进而在后续的长期购买中表现出一致的购买行为（Johnson et al., 2006；Jones & Sasser, 1995；Oliver, 1999）。

（2）短期因素

消费者的一致性选择也可以受到偶然因素的影响。Kardes 等（2006）研究发现通过操控影响消费者的建构水平会影响其一致性选择偏好，并且减少竞争品牌的影响。在关于糖果品牌的选择实验中，如果让被试直接品尝糖果，会使其对于几种糖果形成具体的概念，在后续的选择中会呈现一致性的选择偏好；而如果只让被试观察糖果的包装，会使被试形成抽象的概念，进而在后续选择呈现的一致性选择偏好较低。Levav 和 Zhu（2009）研究发现狭窄的空间会激发个体获取自由的动机，进而在后续选择中呈现出较少的一致性选择。具体表现在选择捐赠机构时，相比于熟悉的捐赠机构更倾向于选择不熟悉的捐赠机构。

此外，由于一致性选择与多样化选择是紧密联系的概念，很多学者将二者放在一起进行研究，即探讨一对相反的概念（如乐观 VS 悲观）分别对一致性选择和多样化选择的影响。Yang 和 Urminsky（2015）研究了暂时性的对即将发生事情的乐观和悲观态度如何影响消费者的一致性选择和多样化选择。研究结果表明，当消费者对于马上要发生的事情态度较为乐观时，他们在后续次序选择中的一致性会增强；当消费者对于马上要发生事情的态度较为悲观时，他们在后续次序选择中的多样性会增强。这是由于暂时性的乐观态度增强了个体对于自我连续性的偏好，而暂时性的悲观态度降低了个体对于自我连续性的偏好。Fishbach 等（2011）研究了重复行为的积极概念和消极概念分别对消费者一致性选择和多样化选择的影响。研究发现，激发消费者关于重复行为的积极概念（如忠诚）可以构建其对于消费的偏好进而促进其一致性选择，而激发消费者关于重复行为的消极概念（如厌倦）会构建其对于消费的饱和感，进而会促进其多样化选择。

6.1.2　自我连续性偏好

1. 自我连续性理论

根据前人文献，个体的自我概念（self-concept）是不固定的，易改变的（Kunda & Sanitioso，1989；Markus & Kunda，1986）。而自我连续性的概念在此基础上发展而来。自我连续性可以看作是“部分的、重叠的自我的时间序列”的组合（Parfit，1984）。自我连续性的概念来源于美国著名精神分析师 Erikson（1963）的自我连续性理论。自我连续（self-continuity）是人们在自我发展过程中，在对自我和对自我发展不断认识中感受到的内在的一致感和连续感。在 Erikson（1963）早期的研究中，他用同一感缺失来描述在二战后士兵们经历的一致感和连续感的缺失。Erikson（1963）认为当个体拥有较强烈的自我同一感时，个体会感受到心理上的和谐、安宁与自在。自我连续性的概念建立在自我概念的基础上，自我连续性是自我发展和成熟的标志，也是自我形成的核心动力。

Erikson（1963）以自我连续性为核心建立了社会发展阶段理论。其中，第五个阶段是青少年时期，青少年时期是自我连续性确立的最关键的时期。处于青春期的青少年对自身更加关注，对“我是谁”等与自身相关的问题进行反复思考。他们在不断的思考、探索和尝试中逐渐形成和获得某种连续性。

Erickson（1963）认为自我连续性是个体在过去、现在和未来这样连续的时间维度中，个体主观感受的自我的一致性、不变性和连续性，即过去、现在和未来的我是同一个我，具有跨越时间的连续感；同时，自我连续性是个体内在与外在协调发展的结果。对自我连续性的考察还需要从社会环境和历史的角度来进行，个体清楚自己是谁，在社会上具有什么样的地位以及未来准备成为怎样的人等。自我连续性是个体对过去经验和对将来愿望之间达成的连续和统一，是在评价过去、思考将来，同时探寻社会、文化和他人对自己知觉的适宜性的过程中实现的。自我连续性对个体有着重要的意义。

2. 自我连续性偏好

Erikson（1963）指出个体需要自我是相同、稳定和连续的，只有这样个体才能以此为基准做出相应的行为。当个体的自我连续性受到破坏时，会出现负面的结果。Erikson 认为当个体失去了一种个人相同性和时间上的连续性时，个体会产生自我连续性危机，即个体无法感受到与过去的自我是同一个人。

关于自我连续性（self-continuity）的定义，Karniol 和 Ross（1996）认为自我连续性是个体把现在的自我与过去曾经经历的自我以及未来即将成为的自我联结起来的能力。Chandler（1994）认为自我连续性是个体把自己看作一个既可以向前追溯又可以向后延续的实体的能力。学者普遍认为，自我连续性感知使得个体认为自己在时间和环境的变化中是同一个自我，把个体的过去、现在和可预见的未来联结在一起，进而达到一种持续稳定的对自我的认识（Chandler et al.，2003）。

研究表明，个体的自我连续性会影响如何感知与未来自我的联结程度，进而影响个体如何做出关于未来的决策（Bartels & Urminsky，

2011）。这说明了个体感知到的过去和未来的连贯性会影响消费者后续的消费决策。Yang 和 Urminsky（2015）在自我连续性的基础上提出了自我连续性偏好的概念，即个体希望未来的自我能与过去和现在的自我是保持一致且紧密相连的，自我不发生改变。

3. 自我连续性的前置和后置变量

Bluck 和 Liao（2013）提出个体回忆过去的经历会强化自我连续性。在时序型的自我连续性（chronological self-continuity）和回顾型的自我连续性（retrospective self-continuity）中，个体通过系统性的回忆和自然发生的回忆强化了连续性的感知。许多怀旧的研究表明，怀旧回忆和怀旧情绪可以很好地缓解非自我连续性，促进自我连续性（Sedikides et al.，2015；Zhou et al.，2016）。

自我连续性对个体有着多方面的积极作用。首先，自我连续性可以帮助个体应对外界环境的变化。很多学者强调了自我连续性在应对文化冲击和文化适应中的作用。如 Karniol 和 Ross（1996）认为在文化适应过程中，不切断与过去的联系是十分重要的。Dien（2000）认为在文化适应中需要把个体过去文化中的身份认同与现在的自我整合在一起。其次，自我连续性可以帮助个体应对职业发展中的非连续的情况。研究表明，经历失业的人相比没有经历失业的人具有更低的自我连续性，那些具有较高自我连续性的人在处于失业状态的时间段内具有更强的应对能力，即可以更好地缓解失业带来的沮丧和焦虑（Sadeh & Karniol，2012）。

相反，非自我连续性则会给个体造成诸多不良后果。很多学者都认为非自我连续性是一种负面的，令人不安的状态（Chandler & Proulx，2008；Milligan，2003；Sadeh & Karniol，2012）。Chandler（1994）认为青少年的自杀行为是由于个体在青少年时期很容易无法感受到过去与未来的联结。

自我连续性还会影响消费者的消费选择。Bartels 和 Urminsky

（2011）研究表明，消费者感知到与未来的联结程度会影响消费者的耐心程度。当消费者在心理上感知到与未来的自己联结程度较低时，则不会放弃眼前的利益进而获得长远的利益，相反会接受报酬少却短时间可以获得的免费礼品。Bartels 和 Urminsky（2015）进一步研究发现，消费者感知到与未来的联结程度和机会成本的线索会影响其后续的消费支出的多少。

4. 自我连续性的测量

已有文献中，存在自我连续性和自我连续性偏好两种量表。首先，自我连续性量表的测项主要用于测量个体感知到的与过去自我的联结程度以及自己生活的一致性程度，量表来源于 Sedikides 等（2015）一项关于怀旧情绪对自我连续性影响前因及后果的研究，共包含四个测项（七级量表，1= 非常不同意，7= 非常同意），具体如表 6–2 所示。

表 6–2　自我连续性的测量

序号	测量题项
1	我感到我与我的过去紧密相连
2	我感到我与过去的我紧密相关
3	我的生活中存在一致性
4	我性格中的重要部分随着时间的变化保持了一致

资料来源：Sedikides C，Wildschut T，Routledge C，et al. Nostalgia Counteracts Self - Discontinuity and Restores Self - Continuity［J］. European Journal of Social Psychology，2015，45（1）：52–61.

其次，自我连续性偏好的问项主要用于测量在某一时刻对接下来是要保持自我还是改变自我的渴望程度，对于自己与过去保持连续和一致的偏好。量表来自 Yang 和 Urminsky（2015）关于一项悲观与乐观对个体自我连续性偏好影响的研究。这一量表共 6 个测项（如表 6–3 所示），包括自我连续偏好（preference for self–continuity）和自我改变偏好（preference for self–change）一正一反两个维度（七级量表，1= 非常不同意，7= 非常同意）。在后期数据处理时把自我改变偏好维度三个问题得分进行反向编码与自我连续偏好三个问题的得分取得的平均值用来表示个体的自我连续性偏好。

表 6-3　自我连续性偏好的测量

序号	测量题项
1	现在是一个做出改变的好时机（R）
2	我此刻想保持不变
3	我想把我此刻体验到的感觉延续下去
4	我现在想体验一些不一样的事情
5	现在非常适合尝试一个新奇的体验
6	相比于尝试新事物，我此刻更想保持原状

注：R 代表了反向测项。

资料来源：Yang A X，Urminsky O. the foresight Effect：Local Optimism Motivates Consistency and Local Pessimism Motivates Variety［J］. Journal of Consumer Research，2015，42（3）：361–377.

6.2　假设推导与研究模型

6.2.1　怀旧情绪对消费者自我连续性的影响

自我的连续性是人类自我生存和发展的基础之一。只有保持了自我的相同、稳定和连续，个体才能以此为准做出相应的行为，形成自有的态度和行为体系（Erikson，1963）。根据自我连续性的定义，自我连续性是个体在时间和空间的变化中，把过去、现在和未来的自我联结起来的能力（Chandler，1994；Chandler et al.，2003 ；Karniol & Ross，1996）。以往研究表明，当个体回忆起过去的经历时其自我连续性会得到增强（Bluck & Liao，2013）。无论是在主动发生的回忆还是自然发生的回忆中，个体都从现在出发追溯过去，再从过去返回现在，成为过去与现在的桥梁，拉近了过去与现在的联结。这说明，回忆过去可以提高个体把过去与现在联结起来的能力。

在怀旧的相关研究中，很多学者探讨了怀旧情绪与自我连续性的关系。Davis（1979）最先提出怀旧情绪可能会影响个体的自我连续性。Best 和 Nelson（1985）研究发现经历了强烈的自我非连续性的个体会表现出更高的怀旧倾向。Sedikides 等（2008）发现当个体感受到过去与现在不一致时，会产生强烈的怀旧情绪。Milligan（2003）发现员工会通过怀念过去使自己调整好状态进而适应新的工作环境。Goodson 等（2006）研究发现学校的老师们会凭借怀旧情绪来应对组织的变化。Sedikides 等（2015）首次对二者的关系进行了实证研究。研究结果表明怀旧情绪通过提高个体的自尊水平来缓解自我非连续性，提升自我连续性。

Zhou 等（2016）针对怀旧情绪与自我连续性正向影响关系的中介机制及其导致的结果进行了研究。研究认为怀旧情绪对个体自我连续性的正向促进作用来源于社会联系的增强。当人们怀旧时，回忆内容一般都与人际关系相关。在回忆时想起的亲人、朋友、家人可以让我们回想起过去的自己，同时个体感受到的亲近感和被接纳感可以缩短个体对于过去和现在的感知距离，使其把自己的生活看作一个连续的社会旅程而不是一系列的相互孤立的事件（Landau et al.，2010）。因此，怀旧情绪使得个体感知到过去的自我和现在的自我是紧密相关的。

6.2.2 自我连续性偏好对一致性选择的影响

消费选择是消费者个体自我表达的一种方式。消费者对自我的要求会呈现在其消费决策中。例如，消费自我一致性（self-congruity）理论认为消费者在选择产品和品牌时，总是会选择符合自我概念和自我形象的产品和品牌（Sirgy，1982）。再如，Yang 和 Urminsky（2015）认为当消费者想要寻求自我改变时，会选择新奇的选项，而当个体拒绝自我改变时，则会重复平时的选择。由此可以看出，个体对于自我的感知和要求会影响其后续的消费决策。自我连续性是个体感知到现在与过去、未来是联结的，认为自我在时间和空间的变化中是一个相同、稳定和连续的自我（Chandler，1994；Chandler et al.，2003；Karniol & Ross，1996）。当消费者感知较强的自我连续性时，很可能会将这种连续性体现在其后续的消费决策中。

以往研究表明自我连续性会影响消费者后续的消费选择。例如，Bartels 和 Urminsky（2011）研究表明，消费者感知到与未来的联结程度会影响消费者的耐心程度。当消费者在心理上感知到与未来的自己联结程度较低时，则不会放弃眼前的利益进而获得长远的利益，相反会接受报酬少却短时间可以获得的免费礼品。Bartels 和 Urminsky（2015）进一步研究发现，消费者感知到与未来的联结程度和机会成本的线索会影响其后续的消费支出的多少。这一系列的研究证实了消费者感知到的自我连续性会影响其后续的消费选择。

一致性选择是个体在产品选择中表现出的一致和稳定的偏好（Fishbach et al.，2011）。根据一致性理论，一致性选择可以保持消费者态度和行为的一致，提高决策的可预测性，减少消费者决策中的矛盾和冲突。当自我连续性得到提高时，消费者产生了内在的一致性和连续性感知，其处事原则和行为规范倾向于稳定和一致。因此，消费者的自我连续性很可能会体现在其后续的一致性选择上。

6.2.3　怀旧情绪对消费者一致性选择的影响及其中介机制

通过以上文献可以知道，怀旧情绪会提高消费者的自我连续性感知（Sedikides et al.，2015；Zhou，et al.，2016）。与自我连续性相关的一系列研究表明，个体的自我连续性感知会影响其后续的消费决策。例如，消费者感知到的与未来自我的联结程度会影响其后续消费时的耐心程度和消费支出高低（Bartels & Urminsky，2011、2015）。本研究认为，被唤起怀旧情绪的消费者在后续的消费中会呈现出一致和稳定的偏好。Huang 等（2016）研究发现被唤起怀旧情绪的消费者更倾向于享受、回味和延长怀旧的过程，进而更愿意推迟接下来的消费活动。由此可以推测，当被唤起怀旧情绪的消费者感受到与过去自我的联结时，他们更希望延长当前的状态，在接下来的消费活动中保持不变和稳定，不急于接受新的改变。因此，他们在后续的消费选择中更倾向于做出一致性选择。

本研究认为怀旧情绪对消费者一致性选择的中介机制是消费者的自我连续性偏好。自我连续性偏好是指个体希望未来的自我能与过去和现在的自我是保持一致且紧密相连的，自我不发生改变（Yang & Urminsky，2015）。当个体希望未来的自我在过去和现在的基础上不发生改变时，这种偏好会投射在其后续的消费选择中，即在未来的选择中保持以往的消费偏好和消费习惯，不做太大的尝试和改变。由此，我们得出本研究的假设 1 和假设 2：

假设 1：怀旧情绪会促进消费者的一致性选择。被唤起怀旧情绪后，消费者倾向于与自己（已有）的选择保持一致。

假设 2：自我连续性偏好在怀旧情绪对一致性选择的影响过程中起到了中介作用。怀旧情绪首先增强了消费者的自我连续性偏好，继而使其倾向于与已有的消费选择保持一致。

基于以上研究假设，本研究构建出研究模型，即怀旧情绪对消费者一致性选择行为的影响模型（见图 6–1）。

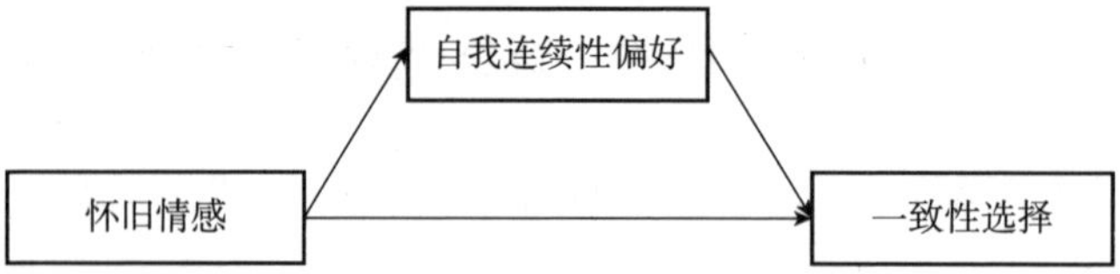

图 6–1　怀旧情绪对一致性选择的影响模型

6.2.4　研究模型阐述

本研究的焦点是消费者怀旧情绪对其一致性选择的影响及内在机制。基于以上对于各变量之间关系的阐述，本研究构建了一个基于实验方法的研究模型（如图 6–1 所示）。在此研究模型中，自变量是消费者的怀旧情绪，因变量是消费者的一致性选择，中介变量是自我连续性偏好。此研究框架的内涵是：基于个体偏好视角，本研究对怀旧情绪对消费者一致性选择偏好的影响及其内部机制进行了考察，即探索研究怀旧情绪如何影响了消费者的自我连续性偏好，进而又对其一致性选择产生怎样的影响。值得注意的是，这里的一致性选择偏好是个体倾向于与自己已有的选择偏好保持一致。

本研究的研究框架具有扎实的理论支持。首先，根据 S–O–R 消费者购买模型，当消费者受到内部生理、心理因素和外部环境因素的刺激后，其内部的认知过程会发生变化，进而做出相应的行为反应。已有文献表明，个体感官系统的刺激和怀旧广告等的刺激都会唤起消费者的怀旧情绪。被唤起怀旧情绪的消费者进一步感知到当前的自我与过去、未来的自我是相互联结的，为了保持这种自我的连续性，消费者在后续的行为反应中表现出与自己已有的偏好保持一致。其次，根据一致性理论，每一个个体都有寻求和保持一致的需求。很多因素都会引发消费者的一致性寻求行为。怀旧情绪对消费者一致性选择的影响是消费者一致性需求的具体体现。基于以上分析，本研究的基本思路是：首先对怀旧情绪对消费者一致性选择的正向影响作用进行检验。接着，验证自我连续性是消费者怀旧情绪正向影响一致性选择的中介机制，即验证怀旧情绪首先增强了个体的自我连续性偏好，继而促进了一致性选择。

已有的怀旧研究大多聚焦在怀旧营销、怀旧品牌和怀旧广告等概念上。而对于怀旧情绪这一类怀旧概念的研究则为数不多。在营销领域，以消费者怀旧情绪为自变量考察其对消费者后续消费决策影响的研究仍较为匮乏，无论从理论空缺还是从实践需要角度而言，都值得进行深入的探索研究。本研究在考察怀旧情绪对消费者保持一致行为之一的从众选择影响的基础上，继续探索怀旧情绪对消费者保持一致行为的影响。具体而言，本研究聚焦怀旧情绪对消费者保持一致行为的另一种形式，即一致性选择的影响。考察怀旧情绪对消费者一致性选择的影响及内在机制，进一步丰富了这一领域的研究。

6.3 研究设计与结果汇报

本研究通过三个实验对相关假设进行逐一检验，并对每个实验的实验设计、操作流程、变量测量、数据分析结果和结果讨论等内容进行详细的阐述，旨在通过严谨和规范的实验方法对怀旧情绪与消费者从众选择之间的关系及其背后的作用机制和边界条件进行深入的研究。本研究的实验旨在验证假设 1，即消费者怀旧情绪正向影响其一致性选择；实验二在实验一的基础上对假设 1 进行再次验证，对实验一结论再次进行检验并排除了情绪的潜在作用；实验三在主效应成立的基础上对自我连续性的中介机制进行了检验，即验证了怀旧情绪首先增强了消费者的自我连续性偏好，进而促进了其一致性选择。

本研究的三个实验具有以下特点：首先，在自变量的操控方面，是三个实验采用了相同的操控方法，即都是通过让被试回忆让其感受到怀旧的事情的方式完成，这一安排借鉴了 Huang 等（2016）的自变量操控安排，这样做有利于保证实验过程的稳定性。其次，在样本选择方面，三个实验涵盖了文化、国籍不同的样本，打消了不同国籍、不同文化对实验结果的影响。同时由于三个实验是在国内外著名的调查网站上发布的，因此参与者来自不同行业、职业、学历和不同年龄的被试，因此被试的背景更加多元化。最后，三个实验在因变量的测量方面做到了差异化和多样化，实验一采用了 Fishbach 等（2011）的测量方法，即让被试在购买洗发水、歌曲选择、选择入住酒店、选择旅游城市等方面决定是做出“相同”还是“不同”选择，当被试愿意做出相同选择时说明倾向于做出一致性选择；实验二的测量方法借鉴了 Yang 和 Urminsky（2015）的测量方法，让被试在两款饮料中做出选择，当被试更倾向于选择之前经常点的一款饮料时（VS 从未尝试过的），说明其愿意做出一致性选择；实验三的测量方法借鉴了实验二的测量方法，与其思路相似，即当被试更愿意选择之前经常点的一款快餐套餐时（VS 从未尝试过的）时，说明其愿意做出一致性选择。综上，研究二的实验三通过在样本选择、实验设计、因变量测量等方面做到差异化和多样性，从而提高实验的内部效度和外部效度，增强研究结论的稳定性。本研究的实验设计汇总情况如表 6–4 所示。

表 6–4　实验设计概览

实验顺序	实验目的	被试来源及构成	自变量测量	因变量测量	其他测量 & 操纵
实验一	验证主效应：怀旧情绪对一致性选择的影响	美国 Mturk 平台被试 87 名	回忆过去的一件使你感到怀旧的事件，并做简单描述	在多种消费决策下选择一样还是不同	
实验二	再次验证主效应，排除情绪影响	美国 Mturk 平台被试 92 名	同实验一	在两款饮料中选择经常点的还是没有点过的	情绪测量（PANAS 量表）
实验三	验证中介效应，排除可能的中介解释机制	问卷星被试 131 名	同实验一	在两款套餐中选择经常点的还是没有点过的	自我连续性偏好测量；乐观测量

6.3.1　实验一：怀旧情绪对一致性选择的影响

1. 实验设计与被试

实验一的目的是初步验证假设 1，即初步验证当消费者的怀旧情绪被唤起时，是否更加愿意在消费选择上保持一致。本次实验在美国著名的调查网站 Amazon’s Mechanical Turk（Mturk）上进行。在消费者行为研究领域，很多学者选择在 Mturk 网站上发放问卷和收集数据，而通过 Mturk 收集数据的文章也越来越多地发表在营销领域的顶级期刊上（Romero & Biswas，2016；Siddiqui et al.，2016；Tully et al.，2015）。这是由于该调查平台具有规模大、样本多样化等优势，可以大大提高研究的外部效度。在网站发布问卷时，为了隐藏真实的实验目的，问卷被命名为“市场调查问卷”。因此，被试对于此次问卷的真实目的并不了解。

在被试方面，此次实验共有来自 Mturk 网站的 87 名者被试参加，其中男性 43 人，女性 44 人，平均年龄 37.1 岁。每位被试在完成问卷之后可以收到 40 美分的报酬；在实验设计方面，此次实验采取单因素（怀旧情绪：怀旧组 VS 控制组）组间实验设计，进入实验流程后被试被随机分配到两组中，其中怀旧组 45 人，控制组 42 人；在自变量操控方面，实验一采用了运用最为广泛的回忆任务的操控方法（Huang et al.，2016）；在选择一致性测量方面，我们借鉴了 Fishbach 等（2011）发表在 JCP（Journal of Consumer Psychology）上的关于一致性选择文章实验一测量方法。

2. 实验流程与测量

本次实验采取单因素（怀旧情绪：怀旧组 VS 控制组）组间实验设计。实验开始后，被试被告知将完成几个不相关的任务。第一个任务——“书写任务（writing task）”中，怀旧组的被试看到如下任务描述“根据牛津英文词典的定义，怀旧是对过去饱含深情的渴望。请回忆过去的一件使得你感到怀旧的事件，并对该事件进行简单的描述”。而控制组的被试看到如下任务描述“你回忆过去的一件普通的事件，并对该事件进行简单的描述。”随后，被试完成了怀旧情绪的操控检验测项：①我现在感到挺怀旧的；②我现在产生了一些怀旧的感觉；③我在此时感受到了怀旧（七级量表，1= 非常不同意，7= 非常同意；Wildschut，2006）。接着，在第二个任务——“购物任务（shopping task）”中我们要求被试想象正面临的 4 种消费情境，并且需要选择“一样”或是“不同”的产品（Fishbach et al.，2011）。4 种消费情境分别是：①当打算购买洗发水时，是想购买一个牌子的一大桶洗发水还是很多小瓶的不同的洗发水；②当打算听歌时，是打算选取同一个歌手的歌还是不同歌手的歌；③当去一个城市旅行时，是打算住在不同的酒店还是同一个酒店；④当打算去欧洲旅游时，是打算去一个城市深度游，还是去不同的城市旅游（七级量表，1= 不同，7= 相同）。其中，得分越高表明其选择一致性越高。

3. 实验结果与分析

（1）操控检验

首先，我们进行了操控检验。独立样本 T 检验结果表明，怀旧组的被试（$M_{怀旧组}=4.88$，SD = 1.61）相比控制组（$M_{控制组}=3.77$，$SD=1.69$）表现出较高的怀旧感（$t=6.79$ ，$p=0.003$）。这说明，本实验对怀旧情绪的操控是成功的。

（2）主效应检验

接着，我们对主效应进行了检验（见图 6–2）。在检验主效应之前，我们先对因变量进行了处理，即把洗发水（shampoo）、歌手（artist）、酒店（hotel）和旅游城市（city）四个消费选择类别中的得分加总取平均值，平均值越高说明一致性选择倾向越高，得分越低说明一致性选择倾向越低（Fishbach et al.，2011）。方差检验结果表明，怀旧组被试的一致性选择（$M_{怀旧组}=4.79$，$SD=1.04$）得分显著高于控制组［$M_{控制组}=4.06$，$SD=1.11$；$F(1,\ 85)=9.77$，$p=0.002$］，假设 1 成立。

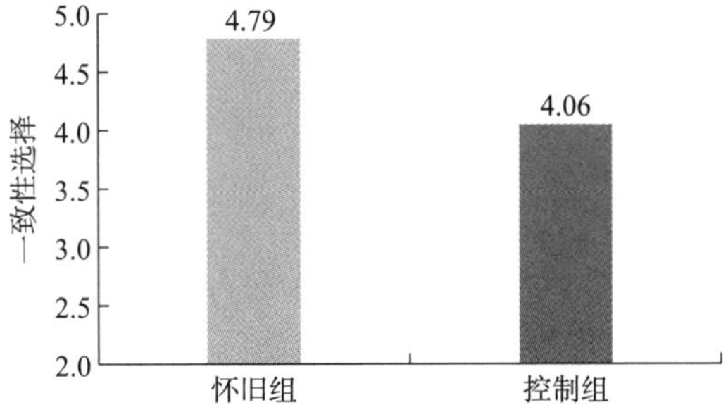

图 6–2　实验一主效应检验结果

表 6–5 展示了在四种消费选择中具体的每类消费决策中的得分情况。如表所示，除了歌手选择之外，在其他消费决策中怀旧组的平均得

分都显著高于控制组。尽管显著性不高，但在歌手选择中怀旧组被试的得分也高于控制组（$M_{怀旧组}=4.29$ VS $M_{控制组}=3.74$）。值得注意的是由于产品特征差异较为明显，各个产品类别中得分水平存在差异，例如在旅游城市选择中怀旧组合控制组的得分都较低，这说明在城市旅游中，消费者希望能变换旅游城市，在短时间内去更多的城市，选择一致性较低。

表 6–5　实验一各组结果汇总

类别	平均值	SD	T 值	显著性
洗发水	6.13	1.50	2.27	0.025
	5.29	1.95		
歌手	4.29	2.14	1.17	0.24
	3.74	2.22		
酒店	5.60	1.59	2.25	0.027
	4.79	1.79		
城市	3.13	1.97	1.7	0.091
	2.45	1.74		
汇总	4.79	1.04	3.13	0.002
	4.06	1.11		

4. 结论与讨论

实验一的数据结果支持了本研究的主假设，即相比没有被唤起怀旧情绪的消费者，被唤起怀旧情绪的消费者在后续的消费选择中会呈现出较高的一致性。然而，实验一仍然存在一些不足之处。根据相关文献，怀旧情绪是一种复杂的情感，包含了积极和消极的成分。而积极情绪有可能在怀旧情绪对一致性选择影响过程中起到中介作用。Yang 和 Urminsky（2015）的研究表明，当个体对即将发生的事情较为乐观时，其在后续选择中会做出更多的保持一致的选择。当个体对即将发生的事情较为悲观时，其在后续的选择中会呈现出较多的多样化选择行为。因此，通过回忆怀旧经历引发的积极情绪有可能会引发一致性选择。接下来的实验二需要对情绪的作用进行检验。

6.3.2 实验二：情绪的中介作用检验

1. 实验设计与被试

实验二的目的是在变换因变量测量方式的基础上再次验证怀旧情绪对一致性消费选择的影响，同时检验情绪在这一过程中的影响。本次实验在美国调查网 Amazon’s Mechanical Turk（Mturk）上进行，为了隐藏实验目的，在发布问卷时，问卷被命名为“消费者调查问卷（consumer survey）”。实验二在实验流程上与实验一基本相同，不同之处在于更换了因变量的测量方法，增加了情绪的测量问项。

在实验样本方面，来自 Mturk 网站的 92 名被试参加了实验，其中男性 43 人，女性 49 人，平均年龄 34.73 岁，每位被试在完成问卷后收到 40 美分的报酬；在实验设计方面，实验二同样采取单因素（怀旧情绪：怀旧组 VS 控制组）组间实验设计，进入实验流程后被试被随机分配到两组中，其中怀旧组 52 人，控制组 40 人；在怀旧情绪的唤起方面，操纵方法与实验一相同。在一致性选择的测量上，本研究借鉴了 Yang 和 Urminsky（2015）中实验 6 的测量方法，即要求被试完成一项选择饮料的任务。由于怀旧情绪是一种复杂的情感，在唤起时有可能引发被试的复杂情绪。因此，在情绪测量上，实验二选取了测量复杂情绪的 PANAS 量表，包含积极和消极两个维度。

2. 实验流程与测量

实验开始后，被试被随机分配到怀旧组或控制组。被试被告知，此次实验他们需要完成几个不相关的任务。首先，被试被要求完成一个书写任务（writing task）进行，该任务与实验一的任务 1 相同，真实目的是完成对怀旧情绪的操纵（Huang et al.，2016）。具体而言，怀旧组的被试看到如下任务描述："根据牛津英文词典的定义，怀旧是对过去饱含深情的渴望。请回忆过去的一件使得你感到怀旧的事件，并对该事件进行简单的描述。"控制组的被试看到如下任务描述："请你回忆过去的一件普通的事件，并对该事件进行简单的描述。"随后，被试完成了怀旧情绪的操控检验测项：①我现在感到挺怀旧的；②我现在产生了一些怀旧的感觉；③我在此时感受到了怀旧（七级量表，1= 非常不同意，7= 非常同意；Wildschut，2006）。

接下来，被试完成了第二个任务"决策任务（Decision Making Task）"。每个被试都看到如下一段任务描述："请想象现在你想买一杯饮料，你有两个选择，一种饮料是你比较喜欢的并且经常购买的，另外一种饮料是你从来没有尝试过，但一直很想尝试的。"被试被要求在一个七级量表上表示出自己的偏好，1 分表示从来没有尝试过的，7 分表示经常购买的，分数越高表明一致性选择倾向越高（Yang & Urminsky，2015）。随后，被试被要求回答关于情绪的测量问题。该量表采用了 PANAS 量表（Watson et al.，1988）。这一量表共包含了积极情绪和消极情绪两个维度，各包含 6 个测项，较为全面地测量了情绪。

3. 实验结果与分析

（1）操控检验

首先，实验二对怀旧情绪操控的有效性进行了检验。T 检验结果表明，怀旧组的被试（$M_{怀旧组} = 5.28$，$SD = 1.51$）相比控制组（$M_{控制组} = 3.42$，$SD = 1.94$）表现出较高的怀旧感（$t = 5.15$，$p = 0.0001$）。

（2）主效应检验

接着，本研究检验了怀旧情绪对一致性选择的影响（见图 6–3）。F 检验结果显示，怀旧组被试的一致性选择（$M_{怀旧组} = 4.73$，$SD = 2.02$）得分显著高于控制组（$M_{控制组} = 3.85$，$SD = 2.05$；$F = 4.23$，$p < 0.05$）。这一结果再次支持了假设 1。

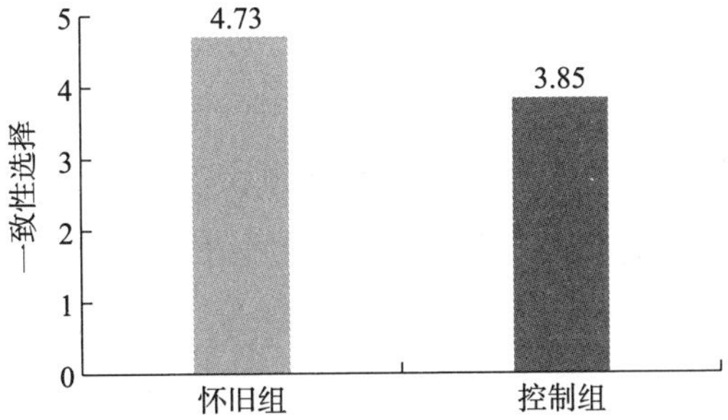

图 6–3　实验二主效应检验结果

（3）情绪的作用检验

最后，本研究对情绪的作用进行了检验（见图 6–4）。T 检验结果表明，怀旧组的积极情绪显著高于控制组（$M_{怀旧组} = 5.47$，$SD = 1.36$ VS $M_{控制组} = 4.9$，$SD = 1.34$，$t = 1.99$，$p = 0.049$）。而怀旧组和控制组在消极情绪上并不存在显著差异（$M_{怀旧组} = 1.64$，$SD = 1.04$ VS $M_{控制组} = 1.68$，$SD = 1.09$，$p = 0.85$）。

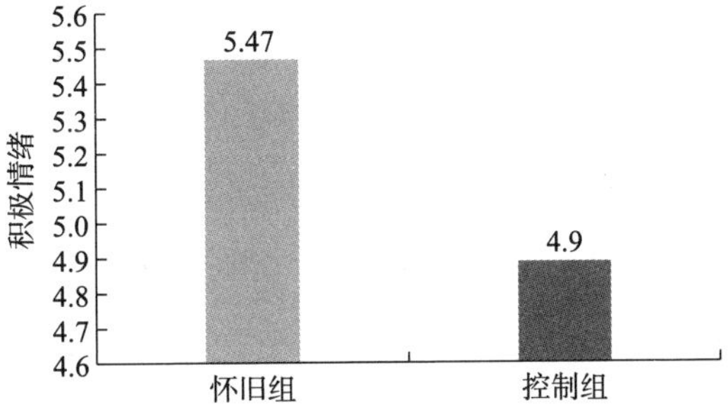

图 6–4　实验二积极情绪检验结果

然而，以从众选择倾向为因变量，积极情绪为自变量进行回归，结果显示积极情绪对从众选择并不存在显著差异（$\beta = -0.015$，$t = -0.94$，$p = 0.925$）。以上结果说明，无论是积极情绪还是消极情绪都不能在怀旧情绪对一致性选择影响过程中起到中介作用，由此排除了情绪的中介作用。

4. 结论与讨论

实验二的数据结果再次证明了本研究的主假设，即被唤起怀旧情绪的消费者相比没有被唤起怀旧情绪的消费者更倾向于在消费决策中做出一致性选择。同时，实验二的结果还排除了情绪在上述影响过程中的影响。数据结果显示，虽然怀旧组的被试相比控制组的被试产生了更多的积极情绪，但积极情绪并不能影响后续的一致性选择，即积极情绪并非怀旧情绪影响一致性选择的解释机制。实验二在实验一的基础上再次证明了本研究的主效应是成立的，两次实验结果相同说明了这一结论具有一定的可靠性和稳定性，本研究课题也具有较强的可行性。因此，在接下来的实验中需要对该结论背后的机制进行深入挖掘。

6.3.3 实验三：自我连续性偏好的中介作用检验

1. 实验设计与被试

实验三的目的主要是验证怀旧情绪对消费者一致性选择的影响机制，即验证自我连续性的中介作用。实验三与之前实验的不同之处在于以下五点：第一，实验一和实验二的被试都是美国的被试，而不同文化背景可能会对实验结果产生影响。实验三在国内最大的网络调查平台问卷星进行，样本为在该平台注册的中国被试，这可以使得本研究中在中国情景下验证本研究的假设。第二，实验三的问卷发放平台问卷星是国内最大的在线调查平台，涵盖了社会各个阶层、各个年龄段、各种职业的人群，使得样本更加多样化。第三，实验三对因变量测量方法进行了更换。第四，实验三在实验一和实验二的基础上增加了中介变量的测量，即自我连续性偏好的测量，旨在对怀旧情绪对一致性选择的心理机制进行深入挖掘。第五，前人研究发现怀旧情绪会提高消费者的乐观程度（Cheung et al.，2013），而短期内的乐观会引发消费者的一致性选择行为（Yang & Urminsky，2015），因此消费者在怀旧之后所提升的乐观程度有可能在其中起到中介作用。因此，实验三将对乐观程度进行测量。

在实验被试方面，来自问卷星网站的 131 名被试参加了此次实验，其中男性 59 人，女性 72 人，平均年龄 36.4 岁；学历方面拥有初中学历的占比 1.5%，高中学历的占比 6.9%，大学本科学历的占比 80.9%，硕士研究生学历的占比 10.7%；占比最高的前三大职业是管理人员（22.1%）、技术研发人员（15.3%）和行政后勤人员（11.5%）；占比最高的前三大行业是制造业（22.1%）、互联网（13%）和教育行业（12.2%），由此可以看出研究三在样本选择上达到了高度的多样化。问卷完成后每人获得 2 元报酬；在实验设计方面，本次实验仍为单因素（怀旧情绪：怀旧组 VS 控制组）组间设计。被试将被随机分配到其中一组，怀旧组 68 人，控制组 63 人；自变量操控保持了与实验一和实验二的一致；因变量测量在借鉴实验二的基础上进行了变化。

2. 实验流程和测量

实验开始后，被试被随机分配到怀旧组和控制组。被试被告知接下来将完成几个不相关的任务。首先，被试被要求完成一个书写任务（writing task），怀旧组的被试看到如下任务描述：“根据牛津英文词典的定义，怀旧是对过去饱含深情的渴望。请回忆过去的一件使得你感到怀旧的事件，并对该事件进行简单的描述。”控制组的被试看到如下任务描述：“请你回忆过去的一件普通的事件，并对该事件进行简单的描述。”随后，被试完成了操控检验的问题：①我现在感到挺怀旧的；②我现在产生了一些怀旧的感觉；③我在此时感受到了怀旧（七级量表，1= 非常不同意，7= 非常同意；Wildschut，2006）。

在回答完怀旧情绪的操控检验问项后，被试回答了关于自我连续性偏好的问题。在本研究中对于自我连续性的测量选择了 Yang 和 Urminsky（2015）量表中的自我偏好维度的三个测项，这是由于自我偏好维度更贴近本研究中介变量自我连续性偏好的内涵。三个测项分别是：①我此刻想保持不变；②我想把我此刻体验到的感觉延续下去；③相比尝试新事物，我此刻更想保持原状（七级量表，1= 非常不同意，7= 非常同意）。

接着，被试回答了关于乐观的4个问题（Cheung et al.，2014）：①我现在感觉我已准备好迎接新的挑战；②我现在感觉对我的未来十分乐观；③我现在感觉到天高任鸟飞，没有约束；④我现在感觉对我的未来充满希望（七级量表，1= 非常不同意，7= 非常同意）。

在第二个决策任务（Decision Making Task）中，被试完成了因变量的测量。被试看到如下任务描述：请想象你来到一家快餐店准备就餐，该快餐店提供了两款套餐，一款是你之前经常点的套餐，另一款是你之前没有点过但想尝试的（7表示愿意购买前者，1表示愿意购买后者）。被试需要回答在两款快餐套餐中更倾向于购买哪一款，分数越高表明越愿意购买前者，分数越低表明越愿意购买后者。最后，被试完成了年龄、学历、职业等人口统计变量的测量。

3. 实验结果与分析

（1）操控检验分析

首先，本研究对实验中对怀旧情绪操控的有效性进行了验证。独立样本T检验结果显示，怀旧组的被试（$M_{怀旧组} = 5.59$，$SD = 0.89$）相比控制组（$M_{控制组} = 4.81$，$SD = 1.01$）在怀旧情绪操纵检验问项上得分更高（$t = 4.66, p < 0.0001$）。这说明本次实验对怀旧情绪的操控是成功的。

（2）主效应检验

接着，本研究再次检验了主效应即怀旧情绪对一致性选择的影响（见图6–5）。以怀旧情绪为自变量（怀旧组 =1，控制组 =0），一致性选择偏好（被试两款套餐中的选择倾向）为因变量进行方差分析。数据结果显示，怀旧组在一致性得分的选择上得分显著高于控制组［$M_{怀旧组} = 4.32$，$SD = 1.57$ VS $M_{控制组} = 3.57$，$SD = 1.64$；$F(1, 129) = 7.18$，$p < 0.01$］。这说明在面对一款是自己经常点的，另一款是从未点过但想尝试的两款快餐套餐时，被唤起怀旧情绪的消费者更倾向于购买自己之前经常点的套餐，说明了怀旧组被试更愿意做出与自己之前偏好一致的选择，这一结果再次支持了假设1。

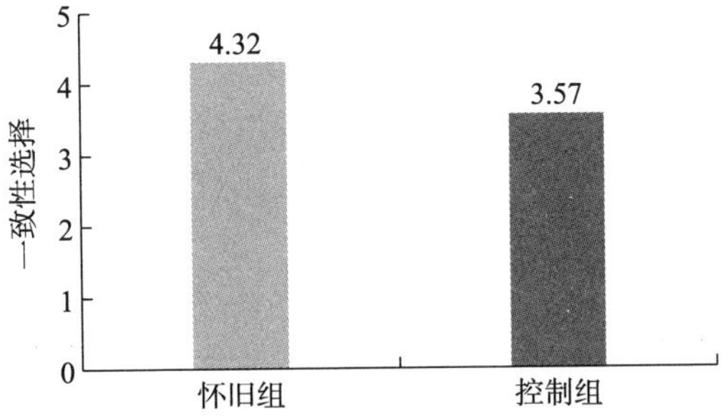

图 6–5　实验三主效应检验结果

（3）中介效应检验

最后，本研究对自我连续性偏好在上述影响过程中的中介作用进行验证即验证假设 2。本研究将被试在三个测项上得分的平均值作为被试的自我连续性偏好。以怀旧情绪为自变量（怀旧组 =1，控制组 =0），自我连续性偏好为中介变量，一致性选择偏好为因变量进行中介检验分析。本研究在 SPSS 软件中，运用 Bootstraping 分析方法（Hayes，2012），将怀旧情绪作为自变量、一致性选择得分作为因变量，自我连续性偏好作为中介变量放入 model 4 中，将重复测量的样本数设置为 5000，选取置信区间为 95%。在控制了中介变量自我连续性偏好后，自变量怀旧情绪对因变量一致性选择的影响变为边际显著（β = 0.52，p = 0.05）。同时，自变量通过对中介变量对因变量的间接影响效应量为 0.26，其所在的置信区间显著地偏离 0（95%，CI=0.0758~0.5570）。这说明自我连续性偏好在怀旧情绪对一致性选择的影响过程中起到了完全中介作用（中介检验结果见表 6–5）。

表 6–5　BOOTSTRAP 中介效应检验

（1）自变量对中介变量的回归结果

	系数	SE	t 值	p 值
常量	4.53	0.13	35.12	0.0000
怀旧情绪	0.54	0.18	3.07	0.0026

注：R–sq=0.07***

（2）自变量、中介变量共同对因变量的回归结果

	系数	SE	t 值	p 值
常值	1.44	0.63	2.30	0.0233
自我连续性偏好	0.48	0.13	3.55	0.0005
怀旧情绪	0.49	0.28	1.77	0.0786

注：R-sq=0.14**

（3）控制中介变量后，自变量对因变量的直接影响

	Effect	SE	t 值	p 值
自变量	0.49	0.28	1.77	0.0786

（4）自变量通过对中介变量对因变量的间接影响：

	Effect	Boot Se	BootLLCI	BootULCI
中介变量	0.26	0.12	0.0758	0.5570

注：*代表 p<0.10，**代表 p<0.05，***代表 p<0.01

同时，实验三还对消费者乐观的潜在中介作用进行了检验。回归分析结果显示，结果表明怀旧情绪对乐观存在显著影响（$\beta = 0.32$，$p = 0.068$），但乐观对一致性选择的影响不存在显著影响（$\beta = -1.46$，$p = 0.31$），这说明乐观在怀旧情绪影响一致性选择的过程中并未发挥影响，继而排除了其潜在中介作用。

4. 结论与讨论

实验三的数据结果再次证明了本研究的主假设，即被唤起怀旧情绪的消费者相比没有被唤起怀旧情绪的消费者更倾向于在消费决策中做出一致性选择。同时，实验三验证了自我连续性偏好的中介作用，即消费者怀旧情绪首先增强了个体的自我连续性偏好，进而使其更愿意做出一致性选择。同时，实验三还排除了消费者乐观在这一关系中起到的中介作用。

6.3.3 小结

本章首先回顾了怀旧情绪、自我连续性偏好和一致性选择三个变量之间的关系并通过扎实的理论推导得出了相关研究假设。接着，本章对研究的总体研究思路和三个实验的逻辑进行了阐述。最后，本章对三个实验的实验目的、实验流程和结果分析等内容进行了详细说明。

实验一的数据结果支持了本研究的假设 1，即被唤起怀旧情绪的消费者更倾向于做出一致性选择，即与自己之前的消费选择保持一致，具体表现在怀旧组的被试相比控制组的被试在购买洗发水、选择歌曲、选择酒店和选择旅游城市等消费场景中更倾向于选择“相同”选项；实验二的数据结果再次支持了假设 1，具体表现在购买饮料时，更倾向于点自己之前经常点的一款饮料。同时，实验二还排除了情绪在这一影响过程中的作用。虽然数据结果显示怀旧组的被试相比控制组的被试产生了更多的积极情绪，但积极情绪并不能影响后续的一致性选择；实验三对主效应背后的中介机制进行了探讨，验证了消费者连续性偏好在其中起到的中介作用。同时，实验三还排除了消费者乐观在其中起到的潜在中介作用。值得注意的是，本研究所用的实验刺激物都是非怀旧产品，实验刺激物本身并不会激发个体的怀旧情绪。因此，被试的怀旧情绪的产生与实验所用产品是相互独立的。

本研究通过三个实验发现，当消费者被唤起怀旧情绪时，他们更倾向于做出与自己之前偏好保持一致的行为。这一影响同样体现在多种消费场景中，例如：①在多种类型的产品和服务中，面对“相同”和“不同”两种选择时，更愿意选择“相同”的选择策略（洗发水、歌曲、酒店、城市旅游）；②在面对一款是经常购买的、另一款是从未尝试过的两款饮料时，更倾向于购买前者；③在面对快餐店中一款是经常点的、另一款是从未点过的两款快餐套餐，更倾向于购买前者。通过在以上多种消费情境下的验证，这一研究结论具有较高的一致性和可信度。而怀旧情绪之所以会正向影响消费者的一致性选择是由于在被唤起怀旧情绪之后，消费者自我连续性偏好得到增强，进而通过与自己之前消费选择保持一致的方式来延续这种自我连续性。这一结论与前人的相关研究成果是一致的。例如，Huang 等（2016）研究发现被唤起怀旧情绪的消费者在后续的消费选择中具有更多的耐心。这是由于怀旧情绪使得个体更倾向于享受、回味和延长怀旧的过程，进而更愿意推迟接下来的消费活动。这也从另一方面说明了产生怀旧情绪的消费者更愿意保持当前情况不变，保持更为一致的行为。由此可见，本研究看似新颖的结论具有较强的理论支持。

本研究实验结果证明，自我连续性偏好在怀旧情绪对一致选择的正向影响关系中起到了中介变量的作用，即当被唤起怀旧情绪时，消费者更希望保持、维持自身的连续性，进而在后续消费选择中更倾向于做出与之前选择偏好一致的行为。这一结论建立了怀旧情绪与消费者一致选择的关系，为之后的研究提供了新的思路。自我连续性及自我连续性偏好的概念常见于心理学研究中，而在消费者研究中则是一个较为新颖的概念。本研究把自我连续性纳入对消费者一致性行为的研究体系中，推进了自我连续性在营销领域中的研究与应用。怀旧情绪与自我连续性的关系已经被学者建立（Sedikides et al.，2015；Zhou et al.，2016）。但关于自我连续性对一致性选择、怀旧情绪对一致性选择影响的研究尚未被充分检验。本研究结论与已有研究结论具有一定程度的相似性。Bartels 和 Urminsky（2011）研究表明，消费者感知到与未来的联结程度会影响消费者的耐心程度。当消费者在心理上感知到与未来的自己联结程度较低即自我连续性较低时，则会变得缺乏耐心等待回报更高礼物。这说明高自我连续性相比于低自我连续性可能会具有更多的耐心，更可能保持不变。这从侧面证明了本研究结论的可靠性和可信度。这一结论建立了怀旧情绪与消费者一致选择的关系，为之后的研究提供了新的思路。

当然，鉴于研究时间和研究能力的制约，本研究也存在诸多不足，未来研究可以在此基础上进一步进行完善和补充。首先，本研究自变量的操控相对单一。怀旧情绪是本研究的自变量，也是最关键的变量。在三个实验中，本研究共采用了两种操控方式。这两种操控方法都是让被试通过回忆的方式产生怀旧情绪，而未结合营销实践进行操控方法的开发。在真实的怀旧营销的实践活动中，唤起消费者怀旧情绪的方法一般是通过广告文案、广告图片、产品包装等方式进行，因此如果能够运用营销方式唤起消费者的怀旧情绪将更符合营销实践的真实情况。未来研究可以在探索怀旧情绪的影响时开创更多的操控方法，例如通过在产品包装、广告宣传、品牌形象等方面运用怀旧元素唤起被试的怀旧情绪。

其次，本研究在怀旧情绪对一致性选择影响的研究中，对边界条件探索不足。本研究对怀旧情绪对消费者一致性选择的影响及背后的作用机制、自我连续性的中介作用进行了探究，然而并未在此基础上进一步探究这一影响机制的边界条件。虽然实验证明被唤起怀旧情绪的人更愿意与之前的选择保持一致，但这一影响是否受到个体人格特质的影响呢？不同的心理特征是否会产生调节作用？此外，不同的情景是否也会产生影响，例如怀旧时光与当前生活的反差程度是否会影响个体后续的一致或不一致的选择？本研究对以上这几种可能存在的边界条件缺乏进一步的探索。

最后，本研究未针对怀旧情绪对两种一致性决策的影响进行对比研究。结合一致性偏好理论、从众理论和一致性理论，从众选择是指与他人保持一致，一致性选择是保持与自身的一致。许多情况下，从众选择和一致性选择是不矛盾的，例如在早餐选择中如果选择豆浆油条是因为大多数人都选择了豆浆油条，那么这种选择是从众选择；如果是因为自己昨天或之前一直选择豆浆油条，那么这种选择就是一致性选择。然而，本研究对与他人保持一致和与自己保持一致的行为是独立进行研究的，而没有将其放在一起进行对比研究。与他人保持一致（从众选择）和与自己保持一致（一致性选择）在某些情况下也可能是相互冲突的，例如个体本来就偏好一款较为小众的产品，当被唤起怀旧情绪后，面对两款产品供选择，一款是自己之前经常选择的、大众接受程度不高的一款产品，另一款是大众喜欢程度较高的一款产品，那么此时消费者会与自己之前的选择保持一致还是与大众的选择保持一致呢？即当两种保持一致行为出现矛盾时，个体会做何选择呢？本研究对以上问题并未做出回答。在未来研究中，学者们可以进一步探讨与他人选择保持一致和与自己选择保持一致这两种行为之间的区别和联系，并检验当二者作为对立选项出现时消费者会做出何种选择。

6.4 实践启示

1. 顾客关系维护和顾客忠诚建立方面

根据本研究的结论，被唤起怀旧情绪的消费者更倾向于做出一致性选择。根据消费者满意和忠诚的相关理论，当消费者持续购买某一品牌的产品时，说明消费者对这一品牌形成了态度忠诚和行为忠诚。顾客忠诚对企业有着十分重要的意义，是推动企业维持长久利润的重要力量，对减少营销费用有着重要的作用。一致性选择是消费者品牌忠诚的体现。因此，企业在客户关系的建立与维持、顾客忠诚计划的实施中可以多采用一些怀旧元素，通过这种方式激发消费者的怀旧情绪，进而促进其做出一致性选择，最终提高其对企业和品牌的忠诚。例如，企业在春节、元旦、中秋等重要节日发送给顾客的问候信息中，可以采用怀旧的文案风格，回顾企业发展历史，或强调企业与顾客交往的历史，唤起消费者的回忆并激发其怀旧情绪，最终促使其在后续的消费活动中对该企业品牌更加忠诚。

2. 产品推荐方面

本研究发现怀旧情绪会促使消费者做出与以往的选择一致的消费行

为。在大数据时代，很多商家开始利用消费者在网络上留下的消费足迹为消费者画像，基于大数据技术为消费者提供个性化和精准化的产品推荐。淘宝、京东和唯品会等网上购物平台基于消费者以往的购物记录，在消费者浏览页面时为其推荐以往购买或浏览过的商品，大大提高了消费者购物的便捷性。因此，企业在进行产品推荐时，可以采用怀旧元素从而取得良好推荐效果。例如，购物网站在为消费者推荐其曾经购买过的或相似的商品时，可以适当运用带有怀旧元素的文字和图片进行介绍，通过这种方式激发起怀旧情绪，进而促使消费者接受网站推荐，提升消费者的满意度。再如，购物网站对于那些已经采用了怀旧营销的产品，可以减少推荐其他产品的频率，这是由于消费者对于带有怀旧元素的产品很大程度上会做出一致性购买行为，减少对其他种类产品的推荐避免引发消费者的反感，同时可以提高推荐的精准度。

3. 消费者满意和幸福感方面

本研究结论表明，被唤起怀旧情绪的消费者更容易做出保持一致的选择。无论是与他人保持一致的行为（从众选择）还是与自己保持一致的行为（一致性选择）都是跟随已有的态度和行为，减少了变化性和多样性，一定程度上减轻了决策困难和决策压力。在如今纷繁复杂、五花八门的消费环境中，面对多种多样的诱惑和层出不穷的新产品、新品牌和新的消费模式，消费者难免会产生困惑与不安。同时，企业却层出不穷地推出新的产品、新的品牌和新的消费模式等，这在某种程度上也给消费者带来了困扰。因此，为了缓解消费者在当前纷繁复杂消费背景下的焦虑和不确定感，消费者可以通过怀旧营销引导消费者做出相对一致的选择，人性化地提高消费者的消费体验和幸福感，进而在企业竞争中赢取消费者的青睐和认可，获得竞争优势。

在消费升级的背景下，各大企业和商家为了覆盖更多的消费人群和占领更多的市场份额，不遗余力地扩大产品线的长度和宽度。然而，琳琅满目多种多样的品牌给消费者带来了选择困难和心理压力。在生活节奏加快、时间越来越稀缺的情况下，消费者缺乏足够的精力和时间去进行比较和转换选择，过多的选择给消费者带来了一定的心理压力。因此，企业和商家应适当采用某些方式满足消费者减少选择变化的需求，同时引导消费者做出相对一致的消费行为。这不仅对提升消费者的幸福感有着重要意义，在一定程度上也可以减轻企业和商家在品牌管理、产品及库存管理等方面的压力。

参考文献

[1] 白玉苓，侯玉硕 . 新媒体时代“内联升”品牌传播策略与新途径［J］. 对外经贸实务，2015（2）：50-53.

[2] 毕圣，庞隽，吕一林 . 压力对怀旧偏好的影响机制［J］. 营销科学学报，2016，12（1）：38-50.

[3] 柴俊武，赵广志，张泽林 . 自我概念对两类怀旧广告诉求有效性的影响［J］. 心理学报，2011，43（3）：308-321.

[4] 陈晨 . 国民奶糖大白兔“潮”出新风尚［J］. 中国新时代，2020（101）：70-74.

[5] 陈东，谢艳群，陈珺 . 土家族母语音乐艺术研究系列之七：土家族打溜子艺术的当代人文价值研究［J］. 北方音乐，2015，35（9）.

[6] 陈欢，毕圣，庞隽 . 权力感知对怀旧偏好的影响机制［J］. 心理学报，2016，48（12）：1589-1599.

[7] 陈家怡，陈琳，马钰妍等 . 老字号“百雀羚”怀旧营销研究［J］. 企业技术开发（下旬刊），2016（1）：129-131.

[8] 陈丽芬，果然 . 中华老字号发展现状、问题与对策［J］. 时代经贸，2018（19）：30-38.

[9] 陈明亮，李敏乐 . 消费者在线购物从众为何如此普及——从冲突视角的一个神经学研究［J］. 管理工程学报，2013（3）：183-188.

[10] 陈瑞，陈辉辉，郑毓煌 . 怀旧对享乐品和实用品消费决策的影响［J］. 南开管理评论，2017（6）：14.

[11] 陈增祥，何云，刘博群 . 怀旧弱化中国消费者对外国品牌的评价：物质主义的中介作用［J］. 营销科学学报，2014（3）：113-127.

[12] 崔白露 . 银幕记忆中的女排精神［J］. 今日中学生，2021（26）.

［13］ 崔立勇．中华老字号，新春拥抱新技术［J］．中国战略新兴产业，2019(5)．
［14］ 代祺，周庭锐，胡培．情境视角下从众与反从众消费行为研究［J］．管理科学，2007，20（4）：38–47.
［15］ 董婷婷．综艺节目怀旧元素研究［D］．哈尔滨：黑龙江大学，2018：8–16.
［16］ 段一．类型电视剧研究：理论与实践［D］．上海：华东师范大学，2008：45–48.
［17］ 郭会斌．温和改善的实现：从资源警觉到资源环境建构——基于四家“中华老字号”的经验研究［J］．管理世界，2016（6）：133–147+188.
［18］ 韩笑．基于消费者怀旧情怀的广告营销战略——以大白兔奶糖为例［J］．新闻文化建设，2021（13）：137–138.
［19］ 何佳讯，李耀．品牌活化原理与决策方法探窥——兼谈我国老字号品牌的振兴［J］．北京工商大学学报（社会科学版），2006（6）：50–55.
［20］ 何佳讯，秦翕嫣，杨清云，等．创新还是怀旧？长期品牌管理“悖论”与老品牌市场细分取向——一项来自中国三城市的实证研究［J］．管理世界，2007（11）：96–107.
［21］ 何景明．“红与黑”：论精神旅游产品的开发向度［J］．旅游学刊，2012，27（2）：88–93.
［22］ 黄诗娴．台湾地区文艺作品中的乡愁叙事变迁（1949–2019）［J］．中国文化研究，2021，(4)．
［23］ 金太军，姚虎．国家认同：全球化视野下的结构性分析［J］．中国社会科学，2014（6）：4–23+206.
［24］ 江红艳，王宇，吉峰，等．社会排斥对老字号品牌激活策略效果的影响——时间取向的中介作用［J］．管理评论，2016，28（11）：95–105.
［25］ 李东进，张成虎，马明龙．脱销情境下消费者会购买相似品吗——自我建构视角的分析［J］．南开管理评论，2016，19（3）：98–109.
［26］ 李艳芳，罗子明．论国产化妆品的品牌文化塑造与创新——以百雀羚品牌为例［J］．生产力研究，2016(5)：147–149.
［27］ 林茜．事件·记忆·共同体:《夺冠》的叙事机制与文化记忆建构［J］．艺苑，2021（3）．
［28］ 刘惠亭，周志民．动荡时代的怀旧营销［J］．销售与市场（管理版），2009（12）：52–54.
［29］ 刘蕾，郑毓煌，陈瑞．选择多多益善？——选择集大小对消费者多样化寻求的

影响［J］. 心理学报，2015，47（1）：66–78.
［30］ 刘琳. 中国女排精神银幕记忆的书写与构建［J］. 电影评价，2021（4）.
［31］ 龙梅. 怀旧文化与城市怀旧旅游开发［J］. 学术论坛，2009，32（11）：95–98+106.
［32］ 潘辉. 德州红叶国际旅行社品牌战略发展研究［D］. 石河子：石河子大学，2019.
［33］ 孙明贵. 怀旧消费，购买意愿与品牌依恋研究综述［J］. 经济与管理评论，2015，31（5）：48–57.
［34］ 尚会芳，王娇艳. 自媒体视域下微电影的发展和传播新模式研究［J］. 大众文艺，2018（5）：161.
［35］ 谭杰倪，曾文萍，刘学强. 怀旧旅游及其开发探索［J］. 市场论坛，2010（1）：82–84.
［36］ 田玉垒. “老字号”的知识产权保护研究［D］. 武汉：华中科技大学，2013.
［37］ 汪涛，周玲，彭传新. 消费者不安全感与怀旧产品购买行为研究［J］. 经济管理，2011，33（1）：83–92
［38］ 王财玉，雷雳. 网络购物情境下的羊群效应：内涵、影响因素与机制［J］. 心理科学进展，2017，25（2）：298–311.
［39］ 王芳. 转型期电视综艺节目发展刍议——基于娱乐功能的视角［J］. 重庆工商大学学报（社会科学版），2019，36（6）：99–104.
［40］ 王庚兰，张玮. 基于消费者怀旧的品牌营销策略［J］. 企业经济，2011，30（11）：46–49.
［41］ 王敏，焦志楠. “大白兔”品牌传播策略研究［J］. 老字号品牌营销，2021（7）：3–4.
［42］ 王琦娜. 怀旧旅游中怀旧情绪及景观偏好影响因素研究［D］. 蚌埠：安徽财经大学，2015.
［43］ 王天甲. 基于“修旧如旧”理念的老字号品牌价值重塑研究［J］. 包装工程，2020，41（2）：84–88
［44］ 王志春. 中国女排金牌记忆［J］. 新天地，2016（9）.
［45］ 文心. 台湾怀旧热［J］. 乡音，2003（8）.
［46］ 吴必虎. 区域旅游规划管理［M］. 北京：中国旅游教育出版社，2001.
［47］ 吴佳佳. 社会记忆视角下的怀旧广告研究［D］. 苏州：苏州大学，2019：26–30.

[48] 徐克帅．红色旅游和社会记忆［J］．旅游学刊，2016，31（3）：35–42.

[49] 项载霞．消费者怀旧研究进展及应用初探［J］．现代电信科技，2008，38（8）：64–67.

[50] 熊剑峰，王峰，明庆忠．怀旧旅游解析［J］．旅游科学，2012，26（5）：30–37.

[51] 许晖，张海军，冯永春．传承还是重塑？本土老字号品牌活化模式与机制研究——基于品牌真实性与价值迁移视角［J］．管理世界，2018，34（4）：146–161+188.

[52] 徐伟，王新新．商业领域“真实性”及其营销策略研究探析［J］．外国经济与管理，2012，34（6）：57–65.

[53] 薛婧，黄希庭．怀旧心理研究述评［J］．心理科学进展，2011，19（4）.

[54] 余志远，游姣．现代性视域下古镇旅游场中的怀旧旅游体验研究——以安仁古镇为例［J］．旅游科学，2018，32（5）：67–80.

[55] 尹晓颖，朱竑，甘萌雨．红色旅游产品特点和发展模式研究［J］．人文地理，2005（2）：34–37+76.

[56] 杨德锋，李清，赵平．分享中社会联结，假想观众对品牌至爱的影响——他人回应分歧性的调节作用［J］．心理学报，2014，46（7）：1000–1013.

[57] 杨桂菊，徐秀秀，曲旸．机会窗口、文化传承与老字号创新成长［J］．科学学研究，2020，38（12）：2271–2281.

[58] 杨丽，武晓蕾．基于广告视角的百事可乐弄臣原型分析［J］．北京经济管理职业学院学报，2018，33（1）：38–44.

[59] 杨宜苗，邓京京，郭佳伟．产品属性一致性对老字号品牌延伸评价的影响机制［J］．学术研究，2021（3）：92–99，178.

[60] 尹伟华，肖宏伟．我国国内市场规模和潜力测算及发展趋势展望［J］．中国物价，2021（7）：25–28.

[61] 姚小兰．中国古诗词歌曲的特点及其语言特色对演唱风格的影响［J］．黄河之声，2018（24）：128–129.

[62] 张景云，陈碧莹，白玉苓．老字号年轻化转型的现状、问题与建议——以“内联升”为例［J］．商业经济研究，2019（15）：78–80.

[63] 张楠，彭泗清．品牌本真性的三个层级与心理机制［J］．心理技术与应用，2018，6（6）：321–333.

[64] 张祎，孙琳．《中国诗词大会》的文化传播研究［J］．西部广播电视，2017

（22）：123+133.

［65］ 张义，孙明贵．消费者怀旧情绪对品牌忠诚的影响［J］．商业研究，2012（2）：32–36.

［66］ 张义，孙明贵．消费者怀旧的产生机制与营销功能［J］．华东经济管理，2012（4）：105–108.

［67］ 张莹，孙明贵．中华老字号品牌资产增值：一个创新与怀旧契合的案例分析［J］．当代经济管理，2010，32（4）：21–25.

［68］ 张莹，孙明贵．怀旧消费的形成机制与营销启示［J］．理论探讨，2011（4）：118–121.

［69］ 卓素燕．怀旧消费行为模式及形成路径分析［J］．消费经济，2011（1）：69–71.

［70］ 左冰．红色旅游与政党认同——基于井冈山景区的实证研究［J］．旅游学刊，2014，29（9）：60–72.

［71］ Aaker，D.A.，1991，Managing Brand Equity，NewYork：FreePress，pp.238–262.

［72］ Abeyta A A，Routledge C，Juhl J. Looking back to move forward：Nostalgia as a Psychological Resource for Promoting Relationship Goals and Overcoming Relationship Challenges［J］. Journal of Personality and Social Psychology，2015，109（6）：1029.

［73］ Allen V L. Situational Factors in Conformity1［M］.Advances in Experimental Social Psychology. Academic Press，1965，2：133–175.

［74］ Arnould，E. J.，and Price，L. L.（2000）. Questing for self and community. The Why of Consumption：Contemporary Perspectives on Consumer Motives，Goals and Desires，1（1），140.

［75］ Asch S E. Studies of independence and conformity：I. A Minority of one Against a Unanimous Majority［J］. Psychological Monographs：General and Applied，1956，70（9）：1.

［76］ Baldwin M，Biernat M，Landau M J. Remembering the Real Me：Nostalgia offers a Window to the Intrinsic Self［J］. Journal of Personality and Social Psychology，2015，108（1）：128.

［77］ Bass B M. Conformity，Deviation，and a General theory of Interpersonal Behavior［J］. Conformity and Deviation，1961：38–100.

[78] Baumgartner H. Remembrance of Things Past: Music, Autobiographical Memory, and Emotion [C]. ACR North American Advances, 1992.

[79] Barrett F S, Grimm K J, Robins R W, et al. Music-evoked Nostalgia: Affect, Memory, and Personality [J]. Emotion, 2010, 10 (3): 390.

[80] Baker S M, Kennedy P F. Death by nostalgia: A Diagnosis of Context-Specific Cases [C]. ACR North American Advances, 1994.

[81] Batcho K I, Shikh S. Anticipatory Nostalgia: Missing the Present Before It's Gone [J]. Personality and Individual Differences, 2016, 98: 75-84.

[82] Batcho K I. Personal Nostalgia, World View, Memory, and Emotionality [J]. Perceptual and Motor Skills, 1998, 87 (2): 411-432.

[83] Baldwin M, Landau M J. Exploring Nostalgia's Influence on Psychological Growth [J]. Self and Identity, 2014, 13 (2): 162-177.

[84] Baumeister R F, Leary M R. The Need to Belong: Desire for Interpersonal Attachments as a Fundamental Human Motivation [J]. Psychological Bulletin, 1995, 117 (3): 497.

[85] Bartels D M, Urminsky O. On Intertemporal Selfishness: How the Perceived Instability of Identity Underlies Impatient Consumption [J]. Journal of Consumer Research, 2011, 38 (1): 182-198.

[86] Bartels D M, Urminsky O. To Know and to Care: How Awareness and Valuation of the Future Jointly Shape Consumer Spending [J]. Journal of Consumer Research, 2015, 41 (6): 1469-1485.

[87] Beverland, M. B., and Farrelly, F. J. The quest for authenticity in consumption: Consumers' purposive choice of authentic cues to shape experienced outcomes [J].Journal of Consumer Research, 2010, 36 (5), 838-856.

[88] Bem D J. Self-perception theory [M], Advances in experimental social psychology. Academic Press, 1972, 6: 1-62.

[89] Bernstein M J, Sacco D F, Young S G, et al. Being "in" With the In-crowd: The Effects of Social Exclusion and Inclusion are Enhanced by the Perceived Essentialism of In-groups and Outgroups [J]. Personality and Social Psychology Bulletin, 2010, 36 (8): 999-1009.

[90] Bearden W O, Netemeyer R G, Teel J E. Measurement of Consumer Susceptibility to Interpersonal Influence [J]. Journal of Consumer Research,

1989, 15（4）: 473–481.

[91] Best J, Nelson E E. Nostalgia and Discontinuity: A Test of the Davis Hypothesis [J]. Sociology & Social Research, 1985, 69（2）, 221–233

[92] Belk R W. The Role of Possessions in Constructing and Maintaining a Sense of Past [C]. ACR North American Advances, 1990.

[93] Bentham J. The Collected Works of Jeremy Bentham: An Introduction to the Principles of Morals and Legislation [M]. Clarendon Press, 1996.

[94] Bussey N. Does Nostalgic Advertising Work? [M]. Campain, March 2008, 7（11）.

[95] Burnkrant R E, Cousineau A. Informational and Normative Social Influence in Buyer Behavior [J]. Journal of Consumer research, 1975, 2（3）: 206–215.

[96] Brown S, Kozinets R V, Sherry Jr J F. Teaching Old Brands New Tricks: Retro Branding and the Revival of Brand Meaning [J]. Journal of Marketing, 2003, 67（3）: 19–33.

[97] Braun–LaTour K A, LaTour M S, Zinkhan G M. Using Childhood Memories to Gain Insight into Brand Meaning [J]. Journal of Marketing, 2007, 71（2）: 45–60.

[98] Bowlby J. Attachment and Loss: Attachment; John Bowlby [M]. Basic books, 1969.

[99] Brewer M B. The Psychology of Prejudice: Ingroup Love and Outgroup Hate? [J]. Journal of Social Issues, 1999, 55（3）: 429–444.

[100] Brown S L, Asher T, Cialdini R B. Evidence of a Positive Relationship Between Age and Preference for Consistency [J]. Journal of Research in Personality, 2005, 39（5）: 517–533.

[101] Bluck S, Liao H W. I was therefore I am: Creating Self–continuity through Remembering our Personal Past [J]. The International Journal of Reminiscence and Life Review, 2013, 1（1）: 7–12.

[102] Cavanaugh J C. I Have this Feeling About Everyday Memory Aging [J]. Educational Gerontology: An International Quarterly, 1989, 15（6）: 597–605.

[103] Cialdini R B, Trost M R, Newsom J T. Preference for Consistency: The Development of a Valid Measure and the Discovery of Surprising Behavioral Implications [J]. Journal of Personality and Social Psychology, 1995, 69（2）:

318.

[104] Cialdini R B, Goldstein N J. Social influence: Compliance and conformity [J]. Annu. Rev. Psychol., 2004, 55: 591-621.

[105] Chandler M. Self - continuity in Suicidal and Nonsuicidal Adolescents [J]. New Directions for Child and Adolescent Development, 1994, 1994 (64): 55-70.

[106] Chandler M J, Proulx T. Personal Persistence and Persistent Peoples: Continuities in the Lives of Individual and Whole Cultural Communities [J]. Self-continuity: Individual and Collective Perspectives, 2008: 213-226.

[107] Chandler M J, Lalonde C E, Sokol B W, et al. Personal Persistence, Identity Development, and Suicide: A Study of Native and Non-native North American Adolescents [J]. Monographs of the Society for Research in Child Development, 2003: i-138.

[108] Cheung W Y, Wildschut T, Sedikides C, et al. Back to the Future: Nostalgia Increases Optimism [J]. Personality and Social Psychology Bulletin, 2013, 39 (11): 1484-1496.

[109] Cheung W Y, Sedikides C, Wildschut T. Nostalgia Proneness and Reduced Prejudice [J]. Personality and Individual Differences, 2017, 109: 89-97.

[110] Cullen F T. Social Support as an Organizing Concept for Criminology: Presidential Address to the Academy of Criminal Justice Sciences [J]. Justice Quarterly, 1994, 11 (4): 527-559.

[111] Davis F. Yearning for yesterday: A sociology of nostalgia [M]. Free Press, 1979.

[112] Deutsch M, Gerard H B. A Study of Normative and Informational Social Influences upon Individual Judgment [J]. The Journal of Abnormal and Social Psychology, 1955, 51 (3): 629.

[113] Dien D S. The Evolving Nature of Self-identity Across Four Levels of History [J]. Human Development, 2000, 43 (1): 1-18.

[114] Dovidio J F, Gaertner S L, Saguy T. Another View of “We”: Majority and Minority Group Perspectives on a Common Ingroup Identity [J]. European Review of Social Psychology, 2008, 18 (1): 296-330.

[115] Dong P, Zhong C B. Witnessing Moral Violations Increases Conformity in

Consumption [J] . Journal of Consumer Research, 2017, 44 (4): 778-793.

[116] Duclos R, Barasch A. Prosocial Behavior in Intergroup Relations: How Donor Self-construal and Recipient Group-membership Shape Generosity [J] . Journal of Consumer Research, 2014, 41 (1): 93-108.

[117] English T, Chen S. Culture and self-concept Stability: Consistency Across and Within Contexts among Asian Americans and European Americans [J] . Journal of Personality and Social Psychology, 2007, 93 (3): 478-490.

[118] Erikson E H. Childhood and Society (Rev. ed.)[M] . 1963.

[119] Escalas J E, Bettman J R. Self-construal, Reference Groups, and Brand Meaning [J] . Journal of Consumer Research, 2005, 32 (3): 378-389.

[120] Faison E W J. The Neglected Variety Drive: A useful Concept for Consumer Behavior [J] . Journal of Consumer Research, 1977: 172-175.

[121] Festinger L. Cognitive Dissonance theory [J] . 1989) Primary Prevention of HIV/AIDS: Psychological Approaches. Newbury Park, California, Sage Publications, 1957.

[122] Fishbach A, Ratner R K, Zhang Y. Inherently Loyal or Easily Bored ? : Nonconscious Activation of Consistency versus Variety - seeking Behavior [J] . Journal of Consumer Psychology, 2011, 21 (1): 38-48.

[123] Gardner W L, Pickett C L, Knowles M. Social Snacking and Shielding [J] . The Social Outcast: Ostracism, Social Exclusion, Rejection, and Bullying, 2005: 227-242.

[124] Givon M. Variety Seeking through Brand Switching [J] . Marketing Science, 1984, 3 (1): 1-22.

[125] Grayson, K., and Martinec, R. (2004) . Consumer perceptions of iconicity and indexicality and their influence on assessments of authentic market offerings [J] . Journal of Consumer Research, 31 (2), 296-312.

[126] Griskevicius V, Goldstein N J, Mortensen C R, et al. Going along versus Going alone: When Fundamental Motives Facilitate Strategic (non) Conformity [J] . Journal of Personality and Social Psychology, 2006, 91 (2): 281.

[127] Goulding C. Romancing the Past: Heritage Visiting and the Nostalgic Consumer [J] . Psychology & Marketing, 2001, 18 (6): 565-592.

[128] Guadagno R E, Asher T, Demaine L J, et al. When Saying Yes Leads to Saying

no: Preference for Consistency and the Reverse Foot-in-the-door Effect [J] . Personality and Social Psychology Bulletin, 2001, 27 (7): 859-867.

[129] Heider F. The Psychology of Interpersonal Relations [M] . Psychology Press, 2013.

[130] Hertz D G. Trauma and Nostalgia: New Aspects on the Coping of Aging Holocaust Survivors [J] . Israel Journal of Psychiatry and Related Sciences, 1990, 27 (4): 189-198

[131] Hepper E G, Ritchie T D, Sedikides C, et al. Odyssey's end: Lay Conceptions of Nostalgia Reflect its Original Homeric Meaning [J] . Emotion, 2012, 12 (1): 102-119.

[132] Helson H, Blake R R, Mouton J S, et al. Attitudes as Adjustments to Stimulus, Background, and Residual Factors [J] . The Journal of Abnormal and Social Psychology, 1956, 52 (3): 314-322.

[133] Hobsbawm E. Mass-producing Traditions: Europe, 1870-1914 [J] . The Invention of Tradition, 1983, 263: 279-80.

[134] Holak S L, Havlena W J. Nostalgia: An Exploratory Study of themes and Emotions in the Nostalgic Experience [C] . ACR North American Advances, 1992.

[135] Holak S L, Havlena W J. Feelings, Fantasies, and Memories: An Examination of the Emotional Components of Nostalgia [J] . Journal of Business Research, 1998, 42 (3): 217-226.

[136] Holbrook M B. Nostalgia and Consumption Preferences: Some Emerging Patterns of Consumer Tastes [J] . Journal of Consumer Research, 1993, 20 (2): 245-256.

[137] Holbrook M B, Schindler R M. Age, Sex, and Attitude toward the Past as Predictors of Consumers' Aesthetic Tastes for Cultural Products [J] . Journal of Marketing Research, 1994: 412-422.

[138] Holbrook M B, Schindler R M. Some Exploratory Findings on the Development of Musical Tastes [J] . Journal of Consumer Research, 1989, 16 (1): 119-124.

[139] Holbrook M B, Schindler R M. Echoes of the Dear Departed Past: Some Work in Progress on Nostalgia [C] . ACR North American Advances, 1991.

［140］Huang X，Dong P，Mukhopadhyay A. Proud to belong or proudly different ? Lay theories determine contrasting effects of incidental pride on uniqueness seeking［J］. Journal of Consumer Research，2014，41（3）：697–712.

［141］Huang X，Huang Z，Wyer Jr R S. Slowing Down in the Good Old Days：The Effect of Nostalgia on Consumer Patience［J］. Journal of Consumer Research，2016，43（3）：372–387.

［142］Holak S L，Havlena W J. Feelings，Fantasies，and Memories：An Examination of the Emotional Components of Nostalgia［J］. Journal of Business Research，1998，42（3）：217–226.

［143］Huang X I，Zhang M，Hui M K，Et Al. Warmth and Conformity：The Effects of Ambient Temperature on Product Preferences and Financial Decisions［J］. Journal of Consumer Psychology，2014，24（2）：241–250.

［144］Huertas S C，Powell L. Effect of Appointed Leadership on Conformity［J］. Psychological Reports，1986，59（2）：679–682.

［145］Jones E E，Gerard H. Foundations of Social Psychology［M］. 1967.

［146］Jones T O，Sasser W E. Why Satisfied Customers Defect［J］. Harvard Business Review，1995，73（6）：88–&.

［147］Johnson M D，Herrmann A，Huber F. The Evolution of Loyalty Intentions［J］. Journal of Marketing，2006，70（2）：122–132.

［148］Kahn B E，Isen A M. The Influence of Positive Affect on Variety Seeking Among Safe，Enjoyable Products［J］. Journal of Consumer Research，1993，20（2）：257–270.

［149］Kapferer J N. Strategic brand management：New approaches to creating and evaluating brand equity［M］. London：Kogan Page，1992.

［150］Karniol R，Ross M. The Motivational Impact of Temporal Focus：Thinking About the Future and the Past［J］. Annual Review of Psychology，1996，47（1）：593–620.

［151］Keller K L. Conceptualizing，Measuring，and Managing Customer–Based Brand Equity［J］. The Journal of Marketing，1993：1–22.

［152］Keller K L. Managing Brands for the Long Run：Brand Reinforcement and Revitalization Strategies［J］. California Management Review，1999，41（3）：102–124.

[153] Kelman H C. Compliance, Identification, and Internalization Three Processes of Attitude Change [J] . Journal of Conflict Resolution, 1958, 2 (1) : 51–60.

[154] Kessous A, Roux E, Chandon J L. Consumer–Brand Relationships: A Contrast of Nostalgic and Non - Nostalgic Brands [J] . Psychology & Marketing, 2015, 32 (2) : 187–202.

[155] Kohut H Kardes F R, Cronley M L, Kim J. Construal - Level Effects on Preference Stability, Preference - Behavior Correspondence, and the Suppression of Competing Brands [J] . Journal of Consumer Psychology, 2006, 16 (2) : 135–144.

[156] Kohut H. How Does Analysis Cure ? [M] . University of Chicago Press, 2009.

[157] Kunda Z, Sanitioso R. Motivated Changes In the Self–Concept [J] . Journal of Experimental Social Psychology, 1989, 25 (3) : 272–285.

[158] Kotre C J. Parametric Image Display of Electrocardiograms [M] . IEEE Colloquium on Signal Processing in Cardiography, Conference Proceedings, 1995.

[159] Landau M J, Meier B P, Keefer L A. A Metaphor–Enriched Social Cognition [J] . Psychological Bulletin, 2010, 136 (6) : 1045.

[160] Lasaleta J D, Sedikides C, Vohs K D. Nostalgia Weakens the Desire for Money [J] . Journal of Consumer Research, 2014, 41 (3) : 713–729.

[161] Latané B. The Psychology of Social Impact [J] . American Psychologist, 1981, 36 (4) : 343.

[162] Lau R W. Tourist sights as semiotic signs: A critical commentary [J] .Annals of Tourism Research, 2011, 38 (2): 711–714.

[163] Lascu D N, Zinkhan G. Consumer Conformity: Review and Applications for Marketing theory and Practice [J] . Journal of Marketing theory and Practice, 1999, 7 (3) : 1–12.

[164] Latané B. the Psychology of Social Impact [J] . American Psychologist, 1981, 36 (4) : 343.

[165] Lam V L, Seaton J A. Ingroup/Outgroup Attitudes and Group Evaluations: The Role of Competition in British Classroom Settings [J] . Child Development Research, 2016.

[166] Leary M R, Baumeister R F. The Nature and Function of Self–Esteem:

Sociometer theory [M], Advances in Experimental Social Psychology. Academic Press, 2000, 32: 1–62.

[167] Levav J, Zhu R. Seeking Freedom Through Variety [J] . Journal of Consumer Research, 2009, 36 (4) : 600–610.

[168] Lee R M, Draper M, Lee S. Social connectedness, dysfunctional interpersonal behaviors, and psychological distress: Testing a mediator model [J] . Journal of counseling psychology, 2001, 48 (3) : 310

[169] Lee R M, Robbins S B. The Relationship Between Social Connectedness and Anxiety, Self–Esteem, and Social Identity [J] . Journal of Counseling Psychology, 1998, 45 (3) : 338–345.

[170] Lehu J.M., "Back to Life ! Why Brands Grow Old and Sometimes Die and What Managers Then Do: An Exploratory Qualitative Research Put into the French Context" [J] . Journal of Marketing Communications, 10 (2), 2004: 133–152.

[171] Lichtenstein S, Slovic P. Reversals of Preference Between Bids and Choices in Gambling Decisions [J] . Journal of Experimental Psychology, 1971, 89 (1) : 46.

[172] Loveland K E, Smeesters D, Mandel N. Still Preoccupied With 1995: The Need to Belong and Preference for Nostalgic Products [J] . Journal of Consumer Research, 2010, 37 (3) : 393–408.

[173] Luo Y L L, Liu Y, Cai H, et al. Nostalgia and Self–Enhancement: Phenotypic and Genetic Approaches [J] . Social Psychological and Personality Science, 2016, 7 (8) : 857–866.

[174] Marchegiani C, Phau I. Away From "Unified Nostalgia" : Conceptual Differences of Personal and Historical Nostalgia Appeals in Advertising [J] . Journal of Promotion Management, 2010, 16 (1–2) : 80–95.

[175] Markus H, Kunda Z. Stability and Malleability of the Self–concept [J] . Journal of Personality and Social Psychology, 1986, 51 (4) : 858–866.

[176] Milligan M J. Displacement and Identity Discontinuity: The Role of Nostalgia in Establishing New Identity Categories [J] . Symbolic Interaction, 2003, 26 (3) : 381–403.

[177] Milgram S. Behavioral Study of Obedience [J] . The Journal of Abnormal and

Social Psychology, 1963, 67 (4): 371-378.

[178] Milligan M J. Displacement and Identity Discontinuity: The Role of Nostalgia in Establishing New Identity Categories [J]. Symbolic Interaction, 2003, 26 (3): 381-403.

[179] Mikulincer M, Florian V, Hirschberger G. The Existential Function of Close Relationships: Introducing Death into the Science of Love [J]. Personality and Social Psychology Review, 2003, 7 (1): 20-40.

[180] Mccracken G D. Culture and Consumption: New Approaches to The Symbolic Character of Consumer Goods and Activities [M]. Indiana University Press, 1990.

[181] Mcalister L, Pessemier E. Variety Seeking Behavior: An Interdisciplinary Review [J]. Journal of Consumer Research, 1982, 9 (3): 311-322.

[182] Mehrabian A, Stefl C A. Basic Temperament Components of Loneliness, Shyness, and Conformity [J]. Social Behavior and Personality: An International Journal, 1995, 23 (3): 253-263.

[183] Muehling D D, Pascal V J. An Empirical Investigation of the Differential Effects of Personal, Historical, and Non-Nostalgic Advertising on Consumer Responses [J]. Journal of Advertising, 2011, 40 (2): 107-122.

[184] Moscovici S. Social Influence and Social Change [M]. Academic Press, 1976.

[185] Nawas M M, Platt J J. A Future-Oriented theory of Nostalgia [J]. Journal of Individual Psychology, 1965, 21 (1): 51.

[186] Oliver R L. Whence Consumer Loyalty ? [J]. The Journal of Marketing, 1999: 33-44.

[187] Orth U R, Bourrain A. The Influence of Nostalgic Memories on Consumer Exploratory Tendencies: Echoes from Scents Past [J]. Journal of Retailing and Consumer Services, 2008, 15 (4): 277-287.

[188] Parfit D. 1984, Reasons and Persons [M]. 1985.

[189] Pessemier E A. Varied Individual Behavior: Some theories, Measurement Methods and Models [J]. Multivariate Behavioral Research, 1985, 20 (1): 69-94.

[190] Reisenwitz T H, Iyer R, Cutler B. Nostalgia Advertising and the Influence of Nostalgia Proneness [J]. Marketing Management Journal, 2004, 14 (2):

55–66.

[191] Reicher S D. The Determination of Collective Behaviour [J] . Social Identity and Intergroup Relations, 1982: 41–83.

[192] Routledge C, Wildschut T, Sedikides C, et al. The Power of the Past: Nostalgia as A Meaning–Making Resource [J] . Memory, 2012, 20 (5): 452–460.

[193] Routledge C, Arndt J, Sedikides C, et al. A Blast from the Past: The Terror Management Function of Nostalgia [J] . Journal of Experimental Social Psychology, 2008, 44 (1): 132–140.

[194] Routledge C, Arndt J, Wildschut T, et al. The Past Makes the Present Meaningful: Nostalgia as An Existential Resource [J] . Journal of Personality and Social Psychology, 2011, 101 (3): 638.

[195] Ross L, Bierbrauer G, Hoffman S. The Role of Attribution Processes in Conformity and Dissent: Revisiting the Asch Situation [J] . American Psychologist, 1976, 31 (2): 148–157.

[196] Romero M, Biswas D. Healthy–Left, Unhealthy–Right: Can Displaying Healthy Items to the Left (Versus Right) of Unhealthy Items Nudge Healthier Choices ? [J] . Journal of Consumer Research, 2016, 43 (1): 103–112.

[197] Sadeh N, Karniol R. The Sense of Self–Continuity as A Resource in Adaptive Coping with Job Loss [J] . Journal of Vocational Behavior, 2012, 80 (1): 93–99.

[198] Sarason B R, Pierce G R, Shearin E N, et al. Perceived Social Support and Working Models of Self and Actual Others [J] . Journal of Personality and Social Psychology, 1991, 60 (2): 273–287.

[199] Schindler R M, Holbrook M B. Nostalgia for Early Experience as A Determinant of Consumer Preferences [J] . Psychology & Marketing, 2003, 20 (4): 275–302.

[200] Sedikides C, Wildschut T, Cheung W Y, et al. Nostalgia Fosters Self–Continuity: Uncovering the Mechanism (Social Connectedness) and Consequence (Eudaimonic Well–Being) [J] . Emotion, 2016, 16 (4): 524.

[201] Sedikides C, Wildschut T, Gaertner L, et al. Nostalgia as Enabler of Self–Continuity [J] . Self–Continuity: Individual and Collective Perspectives, 2008: 227–239.

[202] Sedikides C, Wildschut T, Routledge C, et al. Nostalgia Counteracts Self - Discontinuity and Restores Self - Continuity [J]. European Journal of Social Psychology, 2015, 45 (1): 52–61.

[203] Sedikides C, Wildschut T, Cheung W Y, et al. Nostalgia Fosters Self–Continuity: Uncovering the Mechanism (Social Connectedness) and Consequence (Eudaimonic Well–Being) [J]. Emotion, 2016, 16 (4): 524.

[204] Siddiqui R A, May F, Monga A. Time Window as A Self–Control Denominator: Shorter Windows Shift Preference Toward Virtues and Longer Windows Toward Vices [J]. Journal of Consumer Research, 2016, 43 (6): 932–949.

[205] Sirgy M J. Self–Concept in Consumer Behavior: A Critical Review [J]. Journal of Consumer Research, 1982, 9 (3): 287–300.

[206] Slater J S. Collecting Brand Loyalty: A Comparative Analysis of How Coca–Cola and Hallmark Use Collecting Behavior to Enhance Brand Loyalty [C]. ACR North American Advances, 2001.

[207] Slater J S. Collecting Brand Loyalty: A Comparative Analysis of How Coca–Cola and Hallmark Use Collecting Behavior to Enhance Brand Loyalty [C]. ACR North American Advances, 2001.

[208] Shields A B, Johnson J W. What Did You Do to My Brand ? The Moderating Effect of Brand Nostalgia on Consumer Responses to Changes in A Brand [J]. Psychology & Marketing, 2016, 33 (9): 713–728.

[209] Shiv B, Fedorikhin A. Heart and mind in conflict: The interplay of affect and cognition in consumer decision making [J]. Journal of consumer Research, 1999, 26 (3): 278–292.

[210] Simon H A. Rational Choice and the Structure of the Environment [J]. Psychological Review, 1956, 63 (2): 129.

[211] Sierra J J, Mcquitty S. Attitudes and Emotions as Determinants of Nostalgia Purchases: An Application of Social Identity theory [J]. Journal of Marketing theory and Practice, 2007, 15 (2): 99–112.

[212] Slovic P. The Construction of Preference [M]. American Psychologist, 1995, 50 (5): 364.

[213] Stephan E, Wildschut T, Sedikides C, et al. The Mnemonic Mover: Nostalgia Regulates Avoidance and Approach Motivation [J]. Emotion, 2014, 14 (3):

545.

[214] Turner J C. Towards A Cognitive Redefinition of the Social Group [J] . Social Identity and Intergroup Relations, 1982: 15–40.

[215] Tajfel H, Billig M G, Bundy R P, et al. Social Categorization and Intergroup Behaviour [J] . European Journal of Social Psychology, 1971, 1 (2): 149–178.

[216] Tesser A. Emotion in Social Comparison and Reflection Processes [J] . 1991.

[217] Tian K T, Bearden W O, Hunter G L. Consumers' Need for Uniqueness: Scale Development and Validation [J] . Journal of Consumer Research, 2001, 28 (1): 50–66.

[218] Tully S M, Hershfield H E, Meyvis T. Seeking Lasting Enjoyment with Limited Money: Financial Constraints Increase Preference for Material Goods Over Experiences [J] . Journal of Consumer Research, 2015, 42 (1): 59–75.

[219] Tversky A, Kahneman D. Rational Choice and the Framing of Decisions [J] . Journal of Business, 1986: S251–S278.

[220] Tversky A, Sattath S, Slovic P. Contingent Weighting in Judgment and Choice [J] . Psychological Review, 1988, 95 (3): 371.

[221] Tobolski F P, Juliano C V, Kerr W A. Conformity and Success in the Field of Dramatics [J] . The Journal of Social Psychology, 1956, 43 (2): 269–273.

[222] Tullett A M, Wildschut T, Sedikides C, et al. Right - Frontal Cortical Asymmetry Predicts Increased Proneness to Nostalgia [J] . Psychophysiology, 2015, 52 (8): 990–996.

[223] Turner R N, Wildschut T, Sedikides C, et al. Combating the Mental Health Stigma with Nostalgia [J] . European Journal of Social Psychology, 2013, 43 (5): 413–422.

[224] Van Tilburg W A P, Igou E R, Sedikides C. In Search of Meaningfulness: Nostalgia as An Antidote to Boredom [J] . Emotion, 2013, 13 (3): 450–461.

[225] Van Tilburg W A P, Sedikides C, Wildschut T. The Mnemonic Muse: Nostalgia Fosters Creativity Through Openness to Experience [J] . Journal of Experimental Social Psychology, 2015, 59: 1–7.

[226] Vess M, Arndt J, Routledge C, et al. Nostalgia as A Resource for the Self [J] . Self and Identity, 2012, 11 (3): 273–284.

[227] Van Der Pligt J, Van Dijk J A. Polarization of Judgment and Preference for Judgmental Labels [J]. European Journal of Social Psychology, 1979, 9 (3): 233–241.

[228] Walter T. Dark tourism: Mediating between the dead and the living [A] // Sharpley R, Stone P R. The Darker Side of Travel: Theory and Practice of Dark

[229] Watson D, Clark L A, Tellegen A. Development and Validation of Brief Measures of Positive and Negative Affect: The PANAS Scales [J]. Journal of Personality and Social Psychology, 1988, 54 (6): 1063.

[230] Werman D S. Normal and Pathological Nostalgia [J]. Journal of the American Psychoanalytic Association, 1977, 25 (2): 387–398.

[231] Weisel O, Böhm R. "Ingroup Love" and "Outgroup Hate" In Intergroup Conflict Between Natural Groups [J]. Journal of Experimental Social Psychology, 2015, 60: 110–120.

[232] Wildschut T, Sedikides C, Routledge C, et al. Nostalgia as A Repository of Social Connectedness: The Role of Attachment–Related Avoidance [J]. Journal of Personality and Social Psychology, 2010, 98 (4): 573–586.

[233] Wildschut T, Sedikides C, Arndt J, et al. Nostalgia: Content, Triggers, Functions [J]. Journal of Personality and Social Psychology, 2006, 91 (5): 975–993.

[234] Wilken B, Miyamoto Y, Uchida Y. Cultural Influences on Preference Consistency: Consistency at the Individual and Collective Levels [J]. Journal of Consumer Psychology, 2011, 21 (3): 346–353.

[235] Winter C.Tuorism, social memory and the Great War [J].Annals of Tourism Reasearch, 2009, 36 (4): 607–626.

[236] Yang A X, Urminsky O. The foresight Effect: Local Optimism Motivates Consistency and Local Pessimism Motivates Variety [J]. Journal of Consumer Research, 2015, 42 (3): 361–377.

[237] Zhou L, Wang T, Zhang Q, et al. Consumer Insecurity and Preference for Nostalgic Products: Evidence from China [J]. Journal of Business Research, 2013, 66 (12): 2406–2411.

[238] Zhou X, Wildschut T, Sedikides C, et al. Nostalgia: The Gift That Keeps on Giving [J]. Journal of Consumer Research, 2011, 39 (1): 39–50.

[239] Zhou X, Sedikides C, Wildschut T, et al. Counteracting Loneliness: On the Restorative Function of Nostalgia [J]. Psychological Science, 2008, 19 (10): 1023–1029.

[240] Zimmer M R, Little S K, Griffiths J S. The Impact of Nostalgia Proneness and Need for Uniqueness on Consumer Perceptions of Historical Branding Strategies [C]. American Marketing Association. Conference Proceedings. American Marketing Association, 1999, 10: 259.

[241] Zhou X, Wildschut T, Sedikides C, et al. Heartwarming Memories: Nostalgia Maintains Physiological Comfort [J]. Emotion, 2012, 12 (4): 678.